【岭南中医药文库·产业系列】

德在药中
药为大众
——佛山德众药业有限公司发展史

主 编 杨雄辉

广东省出版集团
广东科技出版社
·广州·

图书在版编目（CIP）数据

德在药中　药为大众：佛山德众药业有限公司发展史/杨雄辉主编.—广州：广东科技出版社，2011.8
（岭南中医药文库.产业系列）
ISBN 978-7-5359-5502-9

Ⅰ.①德…　Ⅱ.①杨…　Ⅲ.①制药厂—工厂史—广东省　Ⅳ.①F426.7

中国版本图书馆CIP数据核字（2011）第065612号

责任编辑：李希希
封面设计：丁青云
责任校对：陈　静
责任印制：罗华之
出版发行：广东科技出版社
　　　　　（广州市环市东路水荫路11号　邮政编码：510075）
E-mail：gdkjzbb@21cn.com
http：//www.gdstp.com.cn
经　　销：广东新华发行集团股份有限公司
印　　刷：广州伟龙印刷制版有限公司
　　　　　（广州市沙太路银利工业大厦1幢　邮政编码：510507）
规　　格：889mm×1194mm　1/32　印张9.625　字数230千
版　　次：2011年8月第1版
　　　　　2011年8月第1次印刷
定　　价：40.00元

如发现因印装质量问题影响阅读，请与承印厂联系调换。

内 容 提 要

德众药业，一个经历了明清的繁华盛世、动乱的战争年代的药业先锋，一个沐浴在新中国的曙光和改革开放的春风中的民族企业，在新世纪的今天日益焕发着生机和活力。《德在药中　药为大众》一书将带你走进德众药业王国。在这里，你将亲历德众人百年风雨的艰苦创业史，见证秉承传统的"德"式文化与现代企业管理的激情碰撞，体验德众药业以人为本、以德治企的企业文化。在这里，你将会欣赏到一幕幕精彩绝伦的德众群英会，聆听德众药业精英们的打拼故事。在这里，你可以领略德众药业未来的宏伟蓝图，感受一个百年企业振兴民族药业的决心。一个全面、积极、与时俱进的德众药业将在你面前慢慢展现。

《德在药中　药为大众》一书，从企业

风雨百年的创业史之艰辛，到企业管理现代化改革的与时俱进，再到企业"家"文化的浓郁气息、企业大事记的辉煌成就，无不体现出一个中药老字号务实诚恳的优良品格。全书对企业的历史与现状作了全方位的深度透视，内容丰富翔实，图文并茂，融科学性、知识性、趣味性、可读性以及实用性于一体。在对企业发展历史的梳理中，读者不仅可以了解德众药业这个老字号创立、转制与改革的历程，更可以通过历史的折射窥探佛山医药事业的发展状况，品味中国中医药传统的博大精深与悠悠药香。

《岭南中医药文库》组委会

总顾问　张德江　黄华华

顾　问　林　雄

主　任　钟阳胜

副主任　雷于蓝　姚志彬

委　员（按姓氏笔画排序）
　　　　王桂科　朱仲南　刘　昆　刘富才　关则文
　　　　杨　健　杨以凯　杨兴锋　杨建初　李兴华
　　　　李夏铭　陈　兵　陈元胜　陈俊年　罗伟其
　　　　郑广宁　秦　颖　顾作义　黄　斌　黄小玲
　　　　黄达全　黄尚立　梁国标　梁耀文　彭　炜

《岭南中医药文库》编委会

总顾问　邓铁涛

总主编　徐志伟　彭　炜

编　委（按姓氏笔画排序）
　　　　王新华　邝日建　刘小斌　吕玉波
　　　　朱家勇　李　剑　李昭醇　李梓廉
　　　　陈　群　陈蔚文　陈德伟　曹礼忠

《岭南中医药文库》出版工作委员会

主　　　任　陈　兵　黄达全

副　主　任　崔坚志　应中伟　严奉强　苏北建

项 目 策 划　李希希　邵水生　苏北建

项目组成员　李希希　吕　健　苏北建　邵水生
　　　　　　邓　彦　曾永琳　丁嘉凌　郭怡甘
　　　　　　严建伟　吴丽霞　谢志远

《岭南中医药文库·产业系列》编委会

主　编　朱家勇　陈德伟

副主编　朱盛山　罗耀辉　李楚源　吴长海
　　　　郑荣波　魏大华　欧阳强　马兴田
　　　　严志标　邬威尧　涂瑶生　周路山
　　　　杨雄辉

编　委（按姓氏笔画排序）
　　　　马兴田　王静文　孔　箭　叶琼莹
　　　　白　娟　朱家勇　朱盛山　邬威尧
　　　　许冬瑾　严志标　杜丽华　李晓庆
　　　　李楚源　杨雄辉　吴长海　邱锡伟
　　　　汪令来　沈志滨　陈　斌　陈必根
　　　　陈德伟　邵仲刚　林沃亮　罗仲利
　　　　罗庆琼　罗耀辉　周路山　周毅生
　　　　郑荣波　袁旭江　涂瑶生　黄一文
　　　　黄益明　梁生旺　覃　平　程学仁
　　　　曾令杰　谭登平　欧阳强　禤　洪
　　　　黎月雯　魏大华

《德在药中 药为大众——佛山德众药业有限公司发展史》编委会

主　编　杨雄辉

副主编　白　娟　覃　平　朱盛山

编　委（按姓氏笔画排序）
　　　　于晓雪　毛福林　卢志刚　叶汉泉
　　　　白　娟　刘贵中　孙兴林　朱盛山
　　　　江　凯　何巨昌　劳健强　张伟南
　　　　张兆棠　张志欣　李少芳　李　苗
　　　　李彩萍　李梓良　罗　吉　杨雄辉
　　　　辛年香　邵　伍　陈志锋　郑　爽
　　　　胡建成　唐旭东　袁旭江　梁炳辉
　　　　黄珠好　程之永　覃　平　摆　琴
　　　　源汝霜　蔡智辉

序

岭南，在传统上是指越城、大庾、骑田、都庞、萌渚五岭以南的地区。这个地区的地理和人文环境富有特色，是我国地域文化中的重要分支。广东是岭南地区的核心地域，近代以来社会经济和科技文化发展均走在地区的前列。在这里，传统中医药以独特的作用深得人们信赖，一直呈现生机勃勃的局面。

2006年以来，广东省委、省政府先后出台了多个促进广东中医药发展的重要文件，提出要将广东从"中医药大省"建设成为"中医药强省"，这无疑为广东中医药的腾飞增添了巨大的推动力。其中，《岭南中医药文库》（以下简称《文库》）的出版就是一项具体的措施。遵《文库》编委会之嘱作序，略述感言如下。

一

从中国文化发源来看，中国文化的主流发源于中原一带。中医药学是从中原传入岭南的。晋代有葛洪、支法存、仰道人等活跃于广东，唐代开始有李暄《岭南脚气论》等以岭南为名的方书，可见医学与岭南挂钩，岭南医学成为中医药学科的一个分支，为时至少已有千多年了。

晋唐时期，岭南的中医学就已经体现出自身的特色，例如在研究当时流行的脚弱病（脚气病、维生素 B_1 缺乏症）方面成果突出。唐代《千金要方》卷七论风毒状第一："论曰，考诸经方往往有脚弱之论，而古人少有此疾，自永嘉南渡，衣缨仕人多有遭者，岭表江东有支法存、仰道人等，并留意经方，偏善斯术，晋朝仕望多获全济，莫不由此二公。"可见岭南医学善于创新。另外，从《千金要方》、《外台秘要》、《肘后备急方》等书中还可见葛洪、支法存等对蛊毒、沙虱热（恙虫病）、疟疾、丝虫、姜片虫等传染病有不少治疗方药，对岭南热带地区传染病的研究成就亦较为突出。这些成就不是由中原带来，而是吸取多地民间医药精华，加以总结得之。

宋代开始，岭南医学界人才辈出。先有陈昭遇，开宝初年至京师为医官。陈昭遇与王怀隐等3人历时11年编成《太平圣惠方》；又与刘翰、马志等9人编成《开宝新详定本草》20卷。绍兴年间（1137），潮阳人刘昉著的《幼幼新书》为岭南儿科学的发展奠定了良好的基础。可见宋代岭南已有国家级的医家出现。元代释继洪撰《岭南卫生方》，其中就收录了不少宋代医家的经验方，标志着具有岭南特色的方药学已初步形成。

明清时期是岭南中医学大发展的年代。明代，有丘濬、盛端明等有名望的医家出现；还有浙江人王纶所著的《明医杂著》，是其在广东布政司任内完成的；一代名医张景岳的《景岳全书》，亦是在粤地一再印行方传世。上述著作对岭南医学的影响很大。清代，对全国有较大影响的医家何梦瑶，被誉为"南海明珠"；儋州罗汝兰著《鼠疫汇编》，丰富了对急性传染病的诊治经验；清末，西洋医学传入我国，岭南首当其冲，出现了朱沛文等主张中西汇通之医家。岭南医学的中医小儿科继续取得突出成就，在清代中期刊行了罗浮山人陈复正的《幼幼集成》后，清末又有程康甫著《儿科秘要》，由博返约，把儿科证候概括为八门（风热、急惊风、慢惊风、慢脾风、脾虚、疳积、燥火、咳嗽）；治法约以六字（平肝、补脾、泻心），举一反三，给人以极大的启发。民国时期儿科名医杨鹤龄继承程氏学说，著《儿科经验述要》。杨氏在育婴堂从17岁起独立主诊病婴，每天巡视、处理危重病婴数次，故育婴堂可称儿童医院之雏形。他积累了丰富的治疗危重病儿的经验，后来自己开业，日诊两三百人。西医张公让曾不断观察其诊证，亦深为佩服其医术之精也！

而广东草药在清代至民国时期也得到很好的整理，名作有何克谏的《生草药性备要》、《增补食物本草备考》和萧步丹的《岭南采药录》等，为中药材增加不少岭南草药品种。

上述可见，岭南医学至清代挟其岭南之特色已达相当高的水平。光绪三十二年（1906）广州就有医学求益社之成立，相当于今天的医学会，以文会友，每月一次。被评得第一名者，发表论文于报端。上月头名即为下一届论文的主审员，无形中开展学术之竞争。后继者有广州医学卫生社。但岭南医学之发展达到高峰则是在民国时期后，主要是在医学教育培养人才方面成绩突出。民国时期,学校教育开始举办,著名的有广东中医药专门学校与广东光汉中医专门学校,均为岭南中医学界培养了许多人才。虽然民国时期受国民党政府消灭中医的压迫,但岭南医学学术仍然日益繁荣,影响至香港和东南亚一带。中医药为岭南人民健康事业立下了不朽的功勋。

回顾岭南医学发展的脉络,晋代中原移民带来的先进医术与岭南地区医药相结合;宋代以后,长江流域的医药学术带入岭南,又促进岭南医药学的发展,加上自身的成就,岭南医药学成为有浓郁的岭南特色的医药学派。历史同时也表明,医药事业与地区社会经济发展状况紧密相关。当代广东改革开放已先行多年,经济文化各方面都打下了厚实的基础,在有力的政策推动下,聚集人才。可以寄望今后,岭南中医药学必将产生飞跃式的发展,实现中医药强省的目标。

二

研究地方医药学,其实也是为中医药学事业整体作贡献。自1977年美国恩格尔教授提出医学模式理论以来,西方医学正在由"生物医学模式"向"生物—心理—社会"医学模式转变。其实我国传统医学一开始就重视心理因素、环境因素,中医药学研究还不能脱离地理环境、社会环境、个人体质、时间因素,故应该因时、因地、因人制宜地去研究疾病预防和治疗。

对于环境与人类社会的关系,古今中外都有过各种讨论。我国伟大的历史学家司马迁,在《史记》中分别论述了4个主要经济区域与人的性格和社会风俗的关系。西方的亚里士多德也将地理环境与政治制度相联系,认为地理位置、气候、土壤等影响个别民族特征与社会性质。德国哲学家黑格尔的《历史哲学》也将地理环境看做是精神的舞台，认为是历史的"主要的而且必要的基础"，不同的环境会有不同的历史进程。至于自然科学，虽然研究的是事物普遍的客观规律，但科学也具有社会性的一面，客观规律在实际应用中总是有着对特定时间、地点与人群的针对性，不同地区的客观条件也对科学实践与发展有不同程度的影响。

医学既属于自然科学，又具有很强的社会性。医学技术的基本规律是一致的，但其实际应用必须考虑到个体的特点。中医自古以来就深刻地认识到这一点，注意地理环境、气候与人的体质对疾病和医药的影响，提出了"因时制宜、因地制宜、因人制宜"的原则。唐代《千金要方》指出："凡用药，皆随土地所宜，江南岭表，其地暑湿，其人肌肤薄脆，腠理开疏，用药轻省，关中河北，土地刚燥，其人皮肤坚硬，腠理闭塞，用药重复。"就是具体的例子。

我国幅员辽阔，由于地理环境的差异和历史上开发的先后，各个地区医学发展水平不一。而每一个地区医学水平的提高，往往也充实了中医药学理论的实际内涵。元代朱丹溪对南方人体质和疾病的认识，就很好地补充了此前以北方经验为主的医疗知识。明清时期江南瘟疫流行，又促使了温病学派的形成。岭南地区的气候、地理环境和疾病谱也有特殊性，药材资源又相当丰富，若加以认真研究，完全有可能产生创新性理论。每一个地区中医药特点的形成，必然是对传统医学理论的继承性与实际运用的创造性相结合的结果。小的突破，至少丰富了中医临床的风格，增加了地方性的应用经验；大的突破，有可能形成新学说，带来整体性的变革。所以，研究地方医药学，其意义同样是相当深远的。

三

　　现代中医药研究，必须坚持以临床为出发点。近代岭南有许多临床水平出众的名医，饮誉国内外。现代岭南中医药发展应继承这一良好传统，抓好临床学术的传承。建设中医药强省的文件中很重视对名医学术的整理和对基层中医的培训，是十分有远见的。本套《文库》也注重对当代名中医学术经验的整理，这种整理就是学术传承的一种方式，并可为更多临床中医提供参考。

　　另外，岭南中医药的发展也应加强理论的研究。岭南医学发展历程如果横向比较，有全国影响或有重大突破的中医学理论著作还是不多的。这也许与以前岭南远离北方的传统政治文化中心有关。但在学术交流频繁、信息渠道通畅的今天，要想中医药理论有大的发展，关键还是要加强研究，提高水平，要对临床经验进行凝练和升华，对中医药理论进行务实的思考。近年，我们提出的"五脏相关学说"就在全国引起较大的反响，并被纳入国家"973 计划"中医药理论基础研究专项。在处于思想解放前沿的广东，完全应该迈出更大的步伐，促进中医药理论的现代化。

　　现代中医药的研究，又完全可以应用最新科学技术。葛洪《肘后备急方》记载的青蒿治疗疟疾，经过多年的不断研究实践，目前已发展成为世界最先进的抗疟新药。中医药治疗艾滋病、SARS，在临床有效的基础上，对其机制的深入研究有助于阐明其科学原理。但这种研究必须坚持中医药学主体性和中医药理论的主导性。

　　同样，现代中医药的发展也离不开产业的支持。广东中药产业有着非常好的基础，中药的种植和中成药的生产销售成为许多地方的支柱产业之一。正像民国时期创立广东中医药专门学校的前辈所说:"中国天然之药产,岁值万万(现在已远不止此数了),民生国课,多给于斯。"产业的发展既带动了地方经济,又为中医药的研究提供了良好的条件。研究中医药产业的发展策略,也是重要的课题。

《文库》囊括了前述各方面。这些学术、临床、科研及产业等的成果和经验得以系统整理出版,是岭南中医药界的盛事。岭南先贤梁启超先生诗云:"世纪开新幕,风潮集远洋。"相信《文库》能以海纳百川的气魄,汇集新知,刊布精义,成为21世纪岭南中医药腾飞的基石!是为序。

2008年4月

前 言

中药产业系列丛书是《岭南中医药文库》板块之一，是广东建设中医药强省的重大文化工程，由广东药学院和广东省食品药品监督管理局负责，组织数百人，充分调研，深入挖掘，精心策划，依据丰富的档案史料编纂而成的一套具有标志性意义，集中反映广东中药产业发展历史和水平的系列丛书。

广东中药产业历史悠久，中成药生产有1 300多年历史。早在东晋时代，海幅禅院制造的金汁水是岭南中成药的原始产品。明万历元年（1573），佛山梁仲弘蜡丸馆的创立标志着岭南药业正式诞生。明清时期涌现了前店后作坊形式的药铺，有些发展成为了今天的药厂，其中200年以上历史的药铺如陈李济药铺（1600）、冯了性药铺（1659）、黄中璜药铺（1662）、保滋堂药铺

（1669）、敬修堂药铺（1790）、采芝林药铺（1806）。新中国成立后，逐渐形成了独立的、较为完整的中成药工业体系，特别是改革开放以来，广东中成药工业发展迅猛。2006年，广东省委、省政府作出"建设中医药强省"的决定，广东中药产业继续保持增长态势，中成药产量近12万吨，占全国13%，名列全国第一，广东已成为名符其实的中药大省。为充分挖掘广东中药产业的企业文化内涵，扩大企业影响力，促进广东中药产业的可持续发展，我们组织编纂了《岭南中医药文库·产业系列》丛书，这对提升广东中医药产业的地位和水平具有现实和深远的意义。

本丛书内容真实可靠、图文并茂，具可读性、趣味性和参考性，既紧扣岭南传统中医药特色，又兼具新兴中药产业的代表性。该系列组织了11家广东知名品牌中医药企业：广州中一药业有限公司、广州王老吉药业股份有限公司、广州潘高寿药业股份有限公司、广州白云山和记黄埔中药有限公司、广州陈李济药厂、康美药业股份有限公司、广州敬修堂（药业）股份有限公司、佛山冯了性药业有限公司、广东一方制药有限公司、广州采芝林药业有限公司、佛山德众药业有限公司，每家企业自成书稿1部。这些中药企业中，有历经百年、基业常青的中华老字号，也有近年诞生崛起的药业新秀。它们独特的品牌优势、卓越的产品质量、严谨的科研态度、科学的现代管理、不懈的创新精神、准确的市场定位、有效的营销推广、顾客至上的服务理念以及清晰前瞻的发展思路渗透在每本书的字里行间。读者在研读中将得到享受和启迪，掩卷紫思，回味无穷，收益良多。

丛书编写工作量较大，前后历经近10次会议交流、讨论和修改，特别是材料收集筛选方面，有些企业发展历史悠久，历史资料有所失散或断层,这些都给编写带来很大难度。由于编写时间紧迫,难免出现错误和不妥之处,欢迎各位同行和广大读者提出宝贵意见和建议。

2010年2月

编者的话

药香悠悠，书香韵韵。

盛世修志，著书立说，是中国的传统。由广东省政府主持编撰的《岭南中医药文库》系列丛书，旨在收集、记录岭南中医药文化的方方面面，是一套能够最大限度地涵盖岭南中医药文化意蕴的大型丛书。为岭南地区的著名中医药企业著书立说，是其中的重要组成部分，《德在药中　药为大众》一书即在此背景下诞生。

中国5 000年的历史积淀熏陶出举世闻名的中医药文化，中医药文化有着与汉民族一样的中和品格与优良品质。在岭南这片神奇的土地上，中医药文化更是源远流长，出现了众多历史悠久的中药企业，它们各具特色，独树一帜，不仅驰名国内，并且蜚声海外。今天，这些被称为"老字号"的中药企业正在继往开来，在传统继承中开拓发展,以民族特色与现代品格相融合的姿态走向世界。在这一批优秀的岭南中药企业中,德众药业是其中的一株奇葩,它秉承"天和"与"人和"的中医传统,从传统作坊的手工制作到现代化企业的机器化生产,正循着中西结合、传统与现代融合的开拓之路迈进。

百年传统,百年德众。"德在药中,药为大众"一语来自德众药业的企业理念,虽取在当代,却是秉承着医德传统,用之作为书名,正是为了彰显本企业为普罗大众服务的做药本心。

最后,感谢为德众药业作出贡献的人们,感谢为编写《德在药中　药为大众》一书付出辛勤劳动的德众员工和暨南大学品牌战略与传播研究中心的专家。

编者

2010 年 8 月

目录

1	**第一章 企业概况**
3	第一节 佛山明珠 实力德众
3	一、百年风雨淬炼 成就魅力德众药业
3	二、袖珍厂区 精良装备
4	三、精兵强将 广纳贤才
5	四、资产规模与先进设备
7	五、德众药业的荣誉与收获
8	第二节 研发新药为本 构筑企业核心竞争力
8	一、新药研发是第一生产力
8	二、强强联合 与医院、研究机构联姻
9	三、产品创新推动技术革命
10	第三节 品质恒久远 德药永流传
10	一、明星产品家族 共创市场奇迹
12	二、德在药中 药为大众

第二章　企业发展史

第一节　德众药业的佛药基因

一、久负盛名的佛药传奇 ... 16

二、人才济济　佛山成药名声赫赫 ... 17

三、踯躅蹒跚风雨路，焕发新生中成药 ... 18

第二节　风风雨雨　德众药业前身国营路

一、欣欣向荣的联合制药厂时代 ... 20

二、德众药业前身——计划经济时代的佛山市制药二厂 ... 26

第三节　新旧交替　走上市场经济之路的佛山市制药二厂

一、兵分三路　营销中学习营销 ... 40

二、积极的奖励政策　用经济杠杆促效益 ... 41

三、事半功倍　药材交流会上打胜仗 ... 43

四、调整销售策略　拓展传播渠道 ... 43

第四节　实行承包责任制　体制改革前奏曲

一、大包干　企业经营上台阶 ... 48

二、综合创优　努力跻身国内制药名优企业 ... 52

三、引入 ABC 管理法　优化产品结构 ... 53

四、吸取教训　保护知识产权 ... 54

五、人力资源管理　企业引入现代管理体系 ... 55

第五节　企业改制　德众药业的崛起

一、政府做媒　拉开转制序幕 ... 60

二、全员动员　做好转制思想工作 ... 62

三、明晰股权分配　确定转制方案 ... 63

四、职工持股　第一次股东大会 ... 65

67	五、药为大众　转制中不忘建设
69	六、成立庆典　德众药业品牌揭幕
73	七、行使职能　董事会全面运转企业管理
74	**第六节　可持续发展　德众药业中药现代化的步伐**
74	一、GMP改造纪实录
86	二、新营销理念　制定全方位营销策略
93	三、应对危机　增强企业应变能力
94	四、新生产理念　加快产品更新换代
95	五、新管理理念　完善制度保证生产
98	六、提高企业整体素质　向现代化管理进军
102	七、政府做主　德众药业进入二次转制
103	八、知识产权保护　让企业的知识财富装上专利的盾甲
105	九、双中心　勇担中药高新生产技术研发重任
106	**第七节　德药家族明星产品成长史**
106	一、源吉林甘和茶　跨越三个世纪的传奇
112	二、维C银翘片起死回生的故事
116	三、哪里有药店　哪里就有鼻炎康——自创国优产品鼻炎康片
121	**第三章　企业管理**
122	**第一节　以人为本的"德"式管理文化**
122	一、三个历史时代　三种不同管理
123	二、人本化　新世纪的科学管理模式
125	**第二节　企业管理的核心——国标化生产管理**
125	一、严谨规范　国标化生产管理新制度

128	二、厂区管理　绿色、环保、安全、现代化
135	三、粮草先行的设备管理　让一线生产没有后顾之忧
138	四、技改与创新　先进节能型生产设备
142	五、研发管理　创新研发打造专业领先
148	六、生产工艺创新成果
148	第三节　科研管理——兴厂之策
148	一、加大科研投入　创建省级企业技术中心
152	二、借助"外脑"　打开双赢局面
155	三、三大目标管理　创新战略迎未来
158	第四节　质量管理——德众品牌和声誉的保证
159	一、质量管理的新模式
160	二、质量管理职能部门的提升
162	三、质量管理的新体系
165	四、质量管理的施行
179	第五节　保持企业持续竞争力的人力资源管理
180	一、三"招"显示企业唯才是举
182	二、与时俱进的职业培训理念
185	第六节　信息化管理——高效之网
185	一、e时代的QC网络化管理
186	二、日常事务管理的信息化
189	三、生产管理的信息化
193	第七节　产品营销策略篇
193	一、德众商标源起
194	二、申请品牌保护　打造品牌核心价值
195	三、适时调整营销架构　保证销售渠道畅通

第四章　企业文化

第一节　德众的品牌文化——以德制药，服务大众

一、朴素的中医药文化传承 …… 200
二、CIS系统　彰显企业风貌 …… 201

第二节　永不停步的学习型企业

一、务真务实　踏实学习 …… 206
二、知识武装　跟上时代 …… 208
三、勤于总结　不断提高 …… 209

第三节　温馨"家"文化　精诚德众人

一、温暖大家庭 …… 210
二、生活多姿彩 …… 212
三、精神花园《德众人》 …… 214
四、员工心声　德众为我，我为德众 …… 215

第四节　奉献社会　企业公民

一、关切社会　奉献爱心 …… 220
二、保护环境　绿色标兵 …… 224

第五章　德众之星

第一节　2006"德众之星"

一、为争取关键项目挺身而出的唐旭东 …… 226
二、中央空调节能优化改造功臣蔡智辉 …… 229
三、创新业务模式　创造经济效益的郑卫 …… 230
四、新组合新战场的"新官"孙兴林 …… 231

第二节　2007"德众之星"

一、坐镇东岳的销售大将李明涛 …… 234
二、勇于创新的"智多星"万斌 …… 236

239	三、护"花"使者　申报专家冼少华
240	四、企业神经系统的护理师黄仕煊
241	**第三节　2008"德众之星"**
241	一、勇于接受挑战　功勋卓著的孙加亚
242	二、致力于节能减排的锅炉专家欧阳健安
244	三、顾全大局的知心大姐黄远女
247	四、兢兢业业的污水处理站长何景明
250	**第六章　企业大事记**
261	**第七章　企业未来**
262	**第一节　根本　可持续发展**
263	**第二节　根基　五大优势**
263	一、在鼻炎药领域的优势
263	二、产品工艺优势
263	三、产品质量优势
264	四、人才优势
264	五、设备优势
265	**第三节　灵魂　企业创新**
265	一、企业创新战略的制定
267	二、技术创新的基本框架和内容
268	三、创业创新的目标
269	四、管理创新
272	**第四节　历程　升级改造**
275	**第五节　目标　科学发展**
275	一、建设具有德众特色的企业文化
276	二、构建人力资本竞争优势
277	三、信息化工作

第一章 企业概况

本章导读：

从喧嚣的历史中走来，拥有百年文化积淀的德众药业，在今天，依然绽放着自己独有的魅力，她的众多产品仍然是市场的宠儿，消费者的最爱。那么，作为佛山市制药企业的奇迹，她是如何在滚滚市场浪潮中力争上游，保持领先的呢？本章作为全书的序幕，将从以下三个方面向你展示德众药业的概貌。

◆ 历史留给德众药业的"礼物"：百年奋斗铸就今日德众药业

◆ 德众药业新魅力：创新与发展构筑核心竞争力

◆ 药为大众构筑和谐德众药业：责任重于泰山

德在药中 药为大众

德众药业全景图

岭南成药享誉中外,药业品牌璀璨夺目,佛山是岭南成药的发祥地,更是目前岭南地区仅次于广州的众多中成药知名企业和知名品牌的汇集之地。

"禅城"佛山,一个美丽富庶而富有文化底蕴的城市,如同一颗明珠辉映在珠江三角洲的西北角。在这个岭南文化的发祥地一角,中成药驰誉中外,药业品牌群星灿烂,佛山德众药业有限公司(以下简称德众药业)也是其中璀璨的一颗。德众药业,如其名,修德为上,以德制药,一脉相承,以"德在药中,药为大众"为企业宗旨,谱写着一曲传承中医药文化的时代乐章。

第一节　佛山明珠　实力德众

一、百年风雨淬炼　成就魅力德众药业

德众药业是1998年11月由原佛山市制药二厂转制成立的中外合资企业，是国家国内贸易部认定的"中华老字号"。虽然自转制至今才短短11年，但论起她的历史脉系，却可追溯到一百多年前！今天的德众药业，是众多老字药号聚聚散散、分分合合，从几代中药作坊逐渐发展演变而来的，今天的德众药业，可以说是度过了几代风风雨雨日月星辉，见证几世沧海桑田斗转星移。

追根溯源，德众药业源远流长，无论是源自明清的"敬寿阁"、"黄颂昌"、"源吉林"，还是清光绪十二年（1886）出品的"少林跌打止痛膏"，或是清光绪十八年（1892）出品的"源吉林甘和茶"，这些药号和药谱，都是德众药业的宗祖和滥觞。

历史更替，店号盛衰，与佛山这个岭南成药的发祥地一起，作为德众药业前身的中药作坊由清朝的鼎盛转入民国的衰败，直至新中国成立后才又复苏，前身佛山市联合制药厂在1958年已率先生产出质量优良的中药片剂，奠定了其现代中药先驱者的地位。

二、袖珍厂区　精良装备

历经几十年曲折发展，佛山市制药二厂于1998年11月转制成为今天的德众药业。

位于佛山东郊隔沙的德众药业，占地面积2.3万平方米，

总建筑面积约 3.5 万平方米，占地面积虽不算很大，但布局合理，厂区所有路面均用混凝土铺设，各主要建筑物之间及主干道两旁均为绿化区，绿化面积约占厂区总面积的 11%。其中固体制剂楼主体 4 层，局部 6 层，建筑面积 6 810 平方米，土建投资达 800 万元，装修投资达 1 200 万元。提取前处理楼为 6 层框架结构，局部 7 层，建筑面积 9 800 平方米，土建投资达 1 000 万元，装修投资达 500 万元。综合制剂大楼为 5 层，局部 6 层，建筑面积为 4 200 平方米，土建及装修改造投资达 1 250 万元。上述车间按封闭式净化厂房设计。车间宽敞整洁，按工艺流程布局合理，功能室设置齐全。仓库为 6 层，建筑面积 1 万平方米，装修改造投资达 300 万元，是全封闭式药材及成品仓库。

目前，德众药业拥有国内最先进的中成药制药工艺，并引进了一大批国际上最先进的制药设备，包括德国 Alexanderweek 干压机、德国 Fette 压片机、英国 Manesty 压片机等，通过国家 GMP 认证的固体制剂大楼，是国内最先进的中成药制剂大楼之一。制药工艺核心技术包括喷雾干燥、干压制粒、压片、包衣等，其生产效率体现在：利用先进的全自动控制的离心式喷雾干燥技术，仅用 5 秒就能够完成药液干燥成粉；全自动控制的制粒、压片和包衣技术，确保了药品质量的稳定性，最大限度地保留了药物的有效成分和减少质量损耗。德众药业的综合生产能力以及企业竞争力由此得到全面提高，从此跨进国内最先进的中成药生产企业行列。

三、精兵强将　广纳贤才

21 世纪是知识经济的年代，科技日新月异。对制药行业来说，企业内、外部环境发生急剧变化，医药行业"洗牌式"竞争十分激烈，几年内，将会有一批工商企业被淘汰。企业能否在未来竞争中求得生存和发展，关键是人才！

吸纳贤才，唯才是举，是提高企业整体素质，向现代化管理迈进的重要条件。德众药业重视人才，招聘大学毕业生给企业增添新生力量。2001年上半年招聘了35人，2002年上半年招聘了30人，2003年再招聘了36人，将他们安排到专业对口的合适岗位工作，对企业走向现代化管理发挥了重要的作用。

如今的德众药业拥有职工总数486人；硕士研究生以上学历7人，占职工总数的1.4%；本科学历91人，占职工总数的18.7%；大专学历59人，占职工总数的12.1%；大专以上学历科技人员157人，占职工总数的32.3%；各类研究开发人员69人，占职工总数的14.2%；按技术职称来分，高级职称6人，中级职称22人，初级职称73人；管理人员147人，按管理职能分为新产品研发、工艺管理、设备设施及厂房管理、产品质量及质量标准管理、信息技术管理、人力资源管理、生产管理、营销管理、财务管理、行政管理等各类管理人才。这些企业管理层人员多来自中山大学、华南理工大学、南京大学、中国人民大学、中国药科大学、北京中医药大学、同济医科大学、华西医科大学、沈阳药科大学等国内知名高校。此外，德众药业每年都根据外部的技术发展及管理需要的变化，组织各级管理人员进行药学、机电、营销、企业管理等等方面课程的培训，确保各级管理人员的知识得到及时更新。

四、资产规模与先进设备

除了厂区的不动产和品牌人才的无形资产之外，德众药业拥有总资产2.09亿，年销值超3亿、利税5 000万元，产品除畅销全国30个省、市、自治区外，更远销东南亚等地，成为岭南中医药的知名企业。据工业部信息产业部2007年中成药独立核算企业按利润总额排序，德众药业名列第77位。

随着中医药市场竞争越来越激烈，德众药业为了增强企业未来的市场竞争力和生命力，培植新的利润增长点，投入巨资，设立了设备先进的科研所，负责中成药高精尖产品的研制和开发，将传统的中医理念与现代技术完美结合，打造德众药业的核心竞争力。2008年9月1日，德众药业正式获政府批准组建佛山市中药开发与生产工程技术研究开发中心，这是暨2007年德众药业被认定为广东省"省级企业技术中心"之后在科研技术方面的又一重要举措。此两大科研平台，可大大提升德众药业的核心竞争力，利于德众药业更高、更快、更强地发展。

工欲善其事，必先利其器。时至今日，德众药业已经发展成为一家内集高素质员工队伍、先进工艺、设备于一身，外与科研机构、医院密切合作的现代中医药著名企业。

如采用离心式雾化器喷雾干燥，配有先进的自动控制系统，水分蒸发量达245～300千克/小时，喷雾干燥过程瞬间完成，药液干燥成药粉仅需5秒，从而最大限度地保留了药物的有效成分，使产品质量更有保证。喷雾干燥后的药粉和其他辅料按生产指令配出再经充分混匀，然后在德国Alexanderweek干压制粒设备中被压实成块、破碎过筛面形成颗粒，整个生产过程全自动化，并采用电脑监控。

再如中药片剂的压片技术。中药片剂是德众药业的主导剂型，为确保药品质量的稳定性，德众药业根据各药品不同处方，而分别采取单层片、双层片生产工艺。德众药业引进了德国 Fette 高速压片机（目前世界上最高速的压片机，本公司拥有此型号压片机 3 台，时产单层片 100 万片，双层片 50 万片）和英国 Manesty 的 BB4 压片机，均适用于单层片或双层片的生产工艺。这些设备采用计算机系统控制，整个生产过程全自动化，具有自动上料、在线检测、对不合格药片自动剔除等功能，确保德众药业所生产的每一片药品均达到质量标准。

五、德众药业的荣誉与收获

德众药业注重生产技术升级和市场战略运筹，严守"德在药中，药为大众"的经营宗旨，赢得了无数的荣誉与骄傲：1989 年，获"省级先进企业"称号；1991 年又被国家医药局授予"全国医药系统先进集体"称号；1996 年被国家国内贸易部认证为"中华老字号"；1997 年和 1998 年先后两次被评为"全国中成药生产国有重点企业 50 强"。2004 年"德众"品牌被评为广东省著名商标，并被中国中药协会推荐为驰名商标；2005 年被广东省科学技术厅认定为高新技术企业；2006 年被评为中国中成药制药企业销售 100 强、广东省医药产业 50 强、广东省中成药制造业 20 强企业；2007 年"德众"再次被评为广东省著名商标；2008 年获得广东省药品安全信用等级 A 级、广东省医药企业信用等级 AAA 级、广东省医药行业企业自律管理 A 级的荣誉证书。2008 年，佛山德众药业有限公司被认定为广东省省级企业技术中心。同年，佛山市中药开发与生产工程技术研究开发中心坐落德众药业。2009 年，"德众药业"成为中国驰名商标。可谓是硕果累累，让人惊叹。

第二节 研发新药为本 构筑企业核心竞争力

一、新药研发是第一生产力

雄厚的研发力量＋好的产品＋成功的营销模式＝现代企业的成功。德众药业人也以此构建了属于自己的成功模式。近十几年来，德众药业锐意创新，在新药研制开发方面投入大量的资源，完成维C银翘片、鼻炎康片、复方珍珠暗疮片、鼻炎滴剂、源吉林甘和茶等9个品种的国家标准提高的艰巨任务，同时由德众药业承担的"中药提取液高效膜分离浓缩集成化设备"项目获"粤港关键领域重点突破项目"政府立项。

德众药业还获得了国家知识产权局授予的5个发明专利证书，分别是腰肾膏、鼻炎康片、鼻炎滴剂（喷雾型）、胃痞消颗粒、乌鸡白凤颗粒的产品与制备方法的发明专利，德众药业将拥有这5个品种的独家生产权，其科技形象日益提高。研发新中医药的累累硕果，为企业注入活力之源。

二、强强联合 与医院、研究机构联姻

中国的市场环境瞬息万变，靠一个企业单枪匹马，是无法在变化的市场中取得成功的，唯有实现强强联合，形成联合优势，才能在与对手的博弈中立于不败之地，获得真正的双赢。德众药业深刻认识到这个道理，一直与多家医院、研究机构联姻，建立竞争优势。德众药业与华南理工大学、中国中医研究院、中山大学医学院、北京协和医院、湖南中医大学、广东省人民医院、广东药学院、广州中医药大学等多

所高等院校和科研机构建立了长期合作关系，各方优势互补，共同对国内、省内空白的药品进行开发求证，至今已取得国家二、三类药品证书多个，并逐步形成畅销一批、生产一批、储备一批、研制一批、论证一批的良性机制。

例如，"中药提取液高效膜分离浓缩集成化设备"项目是德众药业与华南理工大学共同合作开展的。经过多次洽谈，双方在项目目标、知识产权、项目进度要求、资金支付方式等方面已达成共识，签订了合作研究的合同。目前，双方已开展了三次高温中药提取液膜浓缩试验，并在总结试验的基础上进行了小试设备的改进。相信该项目在未来的前景将更加广阔。

另外，"3 000升真空浓缩锅双效节能改造"也是德众药业与华南理工大学合作开展研究的项目，经过多次对700升真空浓缩锅进行双效节能改造、试验、再改造、再试验的过程，700升真空浓缩锅双效节能改造试验获得成功。该项目最后5批次试验结果表明：700升真空浓缩锅双效生产能力达1 560吨/时以上，蒸汽耗用为原来的58%，节约蒸汽42%。参与合作的双方通过不断的改造试验摸索出了一套较为稳定的生产自动控制方案，实现了节能提效的目标。

三、产品创新推动技术革命

创新是企业生而不竭的发展动力。德众药业近年来不断加强自主创新的能力，如在技术层面，除上文提到的"中药提取液高效膜分离浓缩集成化设备"项目外，还有维C银翘片双层压片是佛山德众药业自主研发的新工艺，一层中药、一层西药，加上采用独特的西药制剂处理办法，解决了处方中西药（维生素C等）含量在贮藏过程中下降的难题，确保了德众药业维C银翘片的质量与疗效。此外，德众药业还建立了高于国家药典标准的内控标准与三级质量管理网，从物料供应商的选择、购进物料的检验、生产过程管理至成品的检验，每个细节均在严格的监控下进行，每批中间产品都要经过严格的检验，确保生产出的药品高于国家药品标准。

第三节 品质恒久远 德药永流传

一、明星产品家族 共创市场奇迹

德众药业于2008年12月被认定为国家高新技术企业。2009年4月，"德众"商标被国家工商行政管理总局商标局认定为"中国驰名商标"。

德众药业目前产品种有75个，包括7个剂型，主导产品"德众"牌鼻炎康片年销值超1亿；"德众"牌维C银翘片和牛黄解毒片等在广东省成为同类产品的领导品牌，在消费者当中拥有良好的声誉。

德众药业的系列产品中，既有驰名百年、历久不衰的源吉林甘和茶、少林跌打止痛膏、过江龙片，又有独家生产的腰肾膏；另外还有自主研发、行销全国的鼻炎康片、鼻炎滴剂（喷雾型）；近几年新研制开发的乳结康丸、复方依那普利片、胃痞消颗粒等具有广阔的市场前景。

这些产品中，鼻炎康片、腰肾膏、鼻炎滴剂（喷雾型）、胃痞消颗粒、乌鸡白凤颗粒等产品获得了国家的发明专利；肝达康片、复方珍珠暗疮片等8个品种被列入国家二级中药保护品种；源吉林甘和茶被认定为国家非物质文化遗产；"德众"牌维C银翘片被认定为广东省名牌产品；鼻炎康片、牛黄解毒片、银翘解毒片被评为广东省优质产品。鼻炎康片、腰肾膏、鼻炎滴剂（喷雾型）、维C银翘片被认定为广东省高新技术产品和自主创新产品。

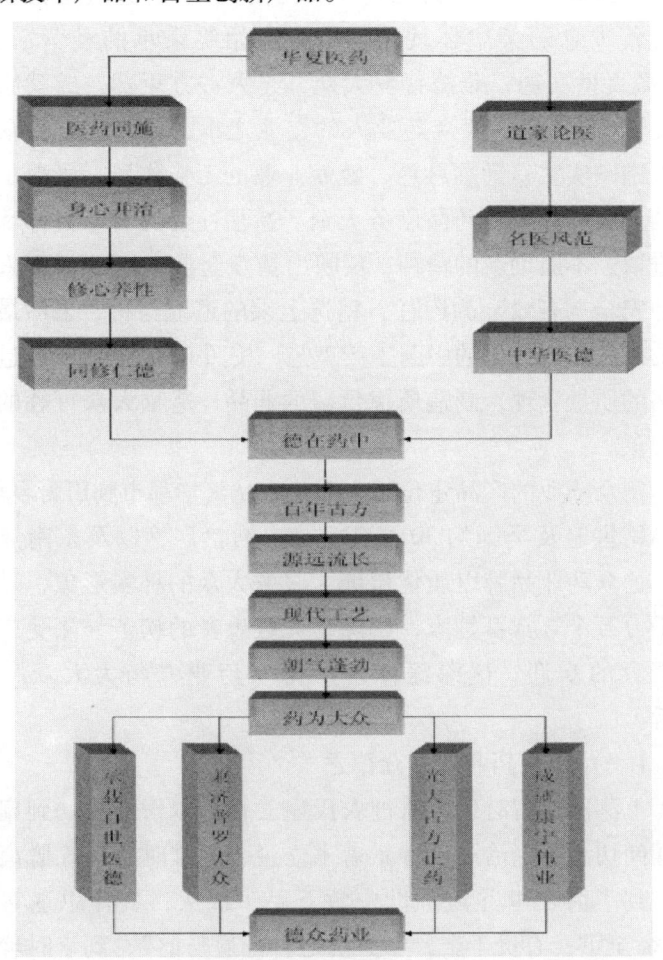

德众药业企业理念结构图

二、德在药中 药为大众

"德众"意为"德在药中,药为大众",这既是德众药业经营理念的集中体现,也是企业始终秉承的经营宗旨。"承载百世医德,兼济普罗大众,光大古方正药,成就康宁伟业",这是几代德众药业人的立业之本,它体现了德众药业人踏踏实实、勤勤恳恳、兢兢业业的工作作风;凝聚了德众药业人以优质的药品服务大众、造福社会的奋斗目标和不断进取、不断创新的精神;反映出德众药业人以"保证人民用药安全、有效"为己任,精选上乘的道地药材,采用最先进的设备和现代化的中药生产工艺,按照 GMP 的要求,进行严格的质量管理,制造质优价廉的药品,造福大众百姓的朴实形象。

德众药业的产品定位是大众化,从繁华都市到田野乡村,产品销售遍及全国的 30 个省、市、自治区,以及东南亚等地。德众药业品牌以质优价廉,服务大众的朴实形象,进入千千万万个寻常百姓家,解除了无数患者的疾苦,深受广大消费者的欢迎。这深深体现了德众药业"药为大众"的宗旨。

(一)德众药业者 众德之

上溯至上古时代,从神农氏遍尝百草以辨药性,到扁鹊望闻问切悉心论治;从仲景著书立说、危难时解百姓脱离病痛,到华佗表里并治乱世中救万民于水火;从孙思邈宣扬"人命至重,有贵千金,一方济之,德逾与此",到李时珍踏遍千山著《本草纲目》以利后世……数代名医言传身教,从不同角度诠释了中华医德、药德的深刻内涵。

德众药业的药德文化早为美传。说起德众药业"心系苍生，惠世济民"的药德文化，那要追溯到一百多年前。早在清朝光绪年间，广东中北部一带流行性感冒蔓延，德众药业的主要产品源吉林甘和茶创始人源氏家族，动员全部力量向大众赠饮源吉林甘和茶。人们服用后，轻者即获痊愈，重者也减轻病症。患者在感激之余，一传十、十传百地推介源吉林甘和茶，并且写来感谢信，或是登门致谢，送赠牌匾，颂扬备至，源吉林甘和茶的名声也因此而大振。

当历史的车轮行至繁华如锦的现代社会，德众药业人始终如一地贯彻着老祖宗的药德文化。"雪灾"、"滞留"、"地震"、"救灾"……2008年，这些字眼充斥着每个人的视野，也刺激着全国人民的神经。在这一场场没有硝烟的战争中，社会各界都纷纷伸出援手。而在此时，千百年来以"悬壶济世"为特殊使命的医药工作者，更是义不容辞。每每在这些关键时刻，心系苍生的德众药业，是以最快速度作出救灾反应的药企之一。无论洪灾、雪灾，还是地震，德众药业都是在第一时间，将受灾前线最为急需的药品及时捐献、发出。德众药业有关负责人表示，中药品牌企业众多，但有一点是共通的，就是制药人的药德。德众药业只不过是用真心、用实际行动，向社会展现了作为中华老字号企业的优秀文化和"德在药中"的美德。

德众药业人自豪地说，每逢时艰，德众药业人不忘品牌教诲，光大其"德"。繁如星海的中药品牌文化中，药德是不断被强调和丰富的。德众药业直截了当地提出"德在药中"的诚信文化，并身体力行到经营之中，所以，德众药业产品一直保持着以优质产品回馈大众的形象特点。

(二) 以德制药　德行如一

德众药业是以生产中成药为主的现代化医药企业。德众药业在中西医药文化的大融合阶段,与各界医药同仁共同承担起了保持和发扬中华传统医药文化的历史使命,并致力于实现传统中医药与现代化生产方式的成功对接,赋予传统中医药文化以生生不息的朝气,从而使之在新时代里焕发出新的活力,让普罗大众远离各种身心病痛。

德众药业作为"中华老字号"医药企业,从中国传统医药理论中汲取了充分的医理和药理经验,在传统的中医学基础理论和各代名医宣扬的医德的基础上建立了自己独特的企业文化。中国传统医学要求在医治疾病过程中不但要根据发病机制和发病者的个人身心状况,着医用药,医药同施,做到对症下药;还应顺应身心调节之道,探求发病的根源,标本兼顾,身心并治。在中国传统医学理论体系中具有核心地位的《黄帝内经》讲"虚邪贼风,避之有时,恬淡虚无,真气从之,精神内守,病安从来",从疾病的发病机制和养生学的角度讲述了修身养性,使精气神足,才是治病、养生之道。修身养性要从修养德行着手,以至德行如一,德性清逸,"志闲而少欲,心安而不惧,行劳而不倦,气从以顺,各从其欲,皆得所愿",这样才能远离现代人长期忍受的各种精神和身体上的疾病,使得年幼的可享受纯真童年,年轻的能够自强不息,年长的可以家业两旺,年高的更能颐养天年,女士可永葆青春靓丽。

作为传统的中医药企业,德众药业承袭了道家对中医医理、药理的深刻阐释,推崇并发扬各代名医对传统医学以及医德的独到见解,将医德作为德众药业各种生产经营活动的核心理念。制方选药强调从药性配伍着眼,治病救人且不伤其元气,使得患者在病好后精神也好。

德众药业怀着对患者的一颗责任心,修仁德以保证品质,润医德以保证质量，做老百姓信得过的好中药。

同时通过对传统中医药理论的深刻把握，德众药业依托传统古方正药，并以现代人不断进取的精神将其发扬光大，使得诸多民间的百年古方，以崭新的面貌出现在现代医药界，造福世人。德众药业的多种产品，如源吉林甘和茶、少林跌打止痛膏等，都具有悠久的历史。这些产品在新的时代里依然具有很强的生命力。

德众药业通过几代人的共同努力，使古色古香的传统中医药企业充满了新的活力和朝气，以现代化的生产工艺和科学的管理体系生产出质优价廉的药品，为普罗大众的身体健康和内心安宁服务。

德众药业人将一如既往地秉承"德在药中，药为大众"的企业宗旨，共同奋斗使德众药业成为现代中医药界的一颗明珠，既沉淀着悠久的古典文化底蕴，又闪烁着璀璨的现代文明之光！

第二章 企业发展史

本章导读：

本章以德众药业的发展历史为脉络，全面展示德众药业从明清时期至现代的百年风雨之路。重点记录了德众药业两次转制带来的企业革命，以及由此带动企业在管理理念上的创新和飞跃。

◆ 德众药业百年之路：经历风雨，终见彩虹

◆ 两次转制走上飞跃：现代企业管理制度科学治企

◆ 明星产品家族：从历史喧嚣中走出的源吉林甘和茶

第一节 德众药业的佛药基因

一、久负盛名的佛药传奇

佛山成药始于明代，盛于清代。乾隆时期，佛山是各省

药材的集散地之一，这有效刺激了佛山药业的发展。在20世纪以前，铁路尚未兴建，公路交通不便，广东与外省的商路，除了粤北的南雄进入江西这一陆路之外，主要靠货船往返于珠江流域的支流。水运较之路运，有省钱、省力、运载量大、沿途较为安全等优点，故被商家采用。佛山因此地利而得以成为四川、云南、贵州乃至东三省地道药材的集散地，不愁供给。

自清代中叶以后，我国与外界通商口岸在广州，不少境外原产地的药材都可以由广州进口到佛山，如安息香、番木鳖、高丽参、胡椒等，包括制蜡丸壳所必需的石蜡。直到新中国成立前，佛山的北胜街仍然是各省药材的交易中心，佛山制成的中成药也就源源运往外地。

佛山涉药的手工业非常发达，很早便有银朱、丹粉等制造行业，制造外用药的原料如线丹（主含四氧化三铅）、密陀僧（一氧化铅）、三仙丹（红粉，化学成分是氧化汞）、轻粉（氯化亚汞）、铅粉（碱式碳酸铅）和盖蜡皮用的着色料银朱（硫化汞）等，完全可以本地生产解决，大大有利于佛山中成药的发展。制作中成药蜜丸、水蜜丸所需的蜂蜜和制蜡壳用的蜂蜡，均可取之于佛山所处的珠江三角洲各县农村。本地养蜂采蜜收蜡业也非常发达，不仅满足了佛山制药业的需求，而且还有蜂蜜、蜂蜡出口。

二、人才济济　佛山成药名声赫赫

佛山从事中医和中药的人员众多，各大名医在长期的制药实践中积累了独特的中成药炮制方法，总结出丰富的医疗经验，并将整理出的祖传秘方投入自己冠名的中成药生产中。这些中成药又继续投入临床医疗实践，不断改进，从而出现了许多长盛不衰的古方正药。如始于明代天启年间（1621~1627）的黄恒庵蜡丸馆，以生产乌金丸而盛名，乌金丸有活血散瘀之功，又有健脑安神之效。这不仅被冶炼工人、建筑业人士和武术界人士视为跌打良药，而且连习儒举子也购置囊中以醒脑提神，助文思之通畅。

著名的梁仲弘药丸铺创建于明代万历年间（按《佛山市药业志》记载），"梁仲弘抱龙丸"是佛山历数百年而声誉益隆，专治幼儿扁、呕或急、慢惊风的儿科良药。清人屈大均著《广东新语》称"抱龙丸为天下所贵"。

乾隆初年创立的刘诒斋药丸铺，所生产的"卫生丸"，也畅销两广，刘氏因此而发家致富。此外，清乾隆三十二年（1767），佛山仅在200米的豆豉巷中，就有27家药店经营参茸和熟药，其中有兼营丸、散成药生产者，如保滋堂、人和堂就生产珠珀保婴丹、六味地黄丸等丸药。清嘉庆至光绪这百年间，佛山中成药更增添了敬寿阁万应茶（嘉庆）、马百良七厘散（道光）、黄祥华如意油（咸丰）、源吉林甘和茶、李众胜堂保济丸、梁家园少林真传膏药（光绪）等数十个品种。

佛山于是成为岭南中成药的发祥地之一，膏、丹、丸、散、茶、油、酒品种齐全，内服药和外用药式式俱备，而且所有中成药都符合劳动者消解常见时病，解除他们疾患痛苦的需要，药真价廉、使用简单，服用方便，药效显著。古方正药，服务大众这一制药传统，一直保留至今。

三、踯躅蹒跚风雨路　焕发新生中成药

从20世纪初到20世纪末，经历了战争灾祸和戡乱时代的佛山中成药业，饱受摧残，几经凋敝。到20世纪40年代

末，佛山中成药业仅存几个家庭作坊。家庭作坊由长辈掌权，秘方由一人掌握，关键的配伍药也谨慎收藏，连家族中的其他人也不得而知，神秘得很。有些医生凭借祖传秘方生产一些成药，以门诊面对患者为这些成药主要销售途径，能够在省城、境外设立分号的寥寥无几。

1949年10月15日，佛山解放。从新中国成立到1955年底，佛山成药业恢复了元气，全行业逐渐恢复到57家，从业人员近400人，药品品种增至100多个。

不过当时生产成药仍是靠明火炉灶，人力推磨，手工操作和包装，除了源吉林、马百良、梁家园这三家具有一定规模的厂房以外，其余仍然是前店后厂的作坊式经营。生产规模小，而且分散，生产力相当低下，产销也有不少困难。1953年起，佛山市邮局帮助各厂、店办理邮购业务，成药由佛山市土产公司收购包销，使零星贩卖变成统一推销，扩大了销售范围。1956年，国家对私营的57家厂、店实行了公私合营，组建成佛山中药厂、源吉林茶厂、三联制药厂和一间设有国药加工场的国药商店。

据《佛山市药业志》记载："1956年1月，市政府宣布对全行业105家私营厂店实行公私合营，分别把敬寿阁、黄颂昌、源吉林三厂店合营为源吉林制药厂。马百良、梁财信、梁仲弘、梁家园等16家厂店合营为佛山中药厂。将私营三联制药厂、陈善性等9家厂店合为三联药厂。把集兰堂、保滋堂、冯了性等66家厂店合为国药商店（其中，有30家厂店组成国药商店加工场）。将永安药房、钜记药房、中法药房等11家西药店铺合并成立为新药商店"。经过这一番"手术"，将105家私营厂店整合为公私合营的"三厂二店"以后，中成药行业的管理体制理顺了，佛山市制药和售药第一次实现了分离，也发展成为独立的工业体系。佛山制药业一个新的时代开始了。

合营后的佛山中药厂主要生产膏、丹、丸、散、酒等剂型，厂址在佛山市升平路29号；源吉林制药厂在佛山市庆宁路南擎街1号，仓库晒茶场设在佛山市东郊的隔沙村（即佛山市佛平路89号，佛山德众药业就是在此加以扩建的），主要生产茶剂；三联制药厂主要生产西药，厂址在佛山市升平路松桂里。

1957年3月1日，佛山中药厂、源吉林制药厂和三联制药厂合并成立佛山市联合制药厂，厂址在佛山市庆宁路南擎街2号，全厂干部职工311人，当年实现产值168万元。

第二节　风风雨雨　德众药业前身国营路

一、欣欣向荣的联合制药厂时代

佛山市联合制药厂建厂伊始，以佛山市庆宁路43号三联丝织厂几间简陋的平房作为临时生产场，总面积不足5 000平方米。厂房布局凌乱，厂区道路窄小，机械设备落后又缺乏。当时只有12台主要设备，其中电动磨粉机1台、电动混合机1台、电动筛粉机1台、下棚石磨5台、大煎锅几个，这算是当时丸散生产的主要粉碎设备。1台剪蒂机器，是生产大蜜丸的专用设备。3台咭盒机，1台切纸机，1台平板印刷机，是源吉林甘和茶及部分其他产品的包装招纸印刷、制盒的主要设备。

除上述12台主要设备以外，其他一些生产工具就更加原始和简单了。药材的前处理工具都是箩筐、木范、竹筛、竹箩、木桶、瓦缸、铁锤、刀锯、木棒、簸箕等；大蜜丸的"埋丸"工序，也是用春臼春成团块。"出条"、"分粒"工序，是用木头做成"搓丸合"；制蜡壳，则是用蜡丸大小的木头珠子数次蘸蜡成形以后，剖开蜡壳，取出木珠，然后装药丸入蜡壳；干燥则用直火焙房；小丸"泛丸"工序，用簸箕筛。大量原料、辅料的运输，全凭人抬肩扛，不仅没有提升机械，就连个手推车都没有。装箱的辅料，是就近在市郊农村大量收购的稻草。每天大量的生产用水，都是工人用木桶从水井里一桶一桶地吊上来的，经过消毒后使用。老工人回忆说：当时生产工具简单，生产力落后，增加生产只能靠用时间加体力劳动来拼搏。

（一）故事：土法上马"过江龙"

佛山市联合制药厂成立的头一年，正值大跃进年代，国家提出了"十五年超过英国，二十年赶上美国"的口号，总路线、大跃进、人民公社三面红旗在全中国飘扬，各行各业你追我赶，人们精神奋发，志气昂扬。佛山市联合制药厂也在跃进中成立了机修组。机修组除担任厂里机械设备的维修和安装外，还着手研新的制药机械设备，提高生产效率。

机修组技术人员克服资金紧缺、中成药定型设备少、技术资料缺乏等困难，结合生产实际，外出取经，回来就挑灯苦战，绘画机械图纸，又到机械厂的露天废旧仓库去挑拣齿轮、轴承等部件，自制出一批经济实用的设备，投入到生产使用，甚至连源吉林甘和茶等产品的包装和"招纸"都是自己印刷的。至1966年，分别自制出16冲压片机、f—400夹套冷却高速粉碎机组、炒药机、油压压茶机、涂布机、小丸泛丸机、筛丸机等一批生产上急需的设备，减轻了部分工人的体力活，提高了劳动生产率。

在研制制药机械的同时，佛山市联合制药厂还成立了新产品试制组，开始走上了用现代制剂技术改革传统中药和研制新的中药产品的道路。

合并初期，佛山市联合制药厂接管了源吉林制药厂生产的甘和茶、午时茶、回春散；佛山中药厂的少林寺跌打膏药，还有参加合营的寿草园的榄葱茶，释济堂的金丝膏（疮科膏药），罗恕斋的疮疖膏药和集兰堂的榄葱茶、熊麝膏等。

随着生产规模不断扩大，佛山市联合制药厂开始发展现代化的中药片生产，厂方从广州市公私合营普济药厂商调了一位片剂技工进来，启用了1956年从江门制药厂购进的一批上海生产的制片剂设备，与本厂自有的糖衣机、焙房、石灰柜等设备，建立了片剂组，从1958年开始投产。初期生产妇科调经片、少林强身片、辣蓼止痢片、鸡血藤片、平胃片、过江龙片，以后又逐渐增加了磺胺噻唑片、酵母片、硫酸亚铁片等，后来为了适应城乡需要而生产桑菊感冒片、银翘解毒片、清毒消炎片（穿心莲片）、解热消炎片（复方大青片）、肺咳宁片、牛黄解毒片、橘红片等。这其中最值得骄傲的要数过江龙片的挖掘与生产了。

过江龙是一种豆科植物，木质大藤本，茎扭曲、粗大，原产地在广东、广西、云南和台湾，生于大山沟或山坡密林中，常缠绕在大树上，外皮棕褐色。花后结长可达1米扁平而弯曲的豆荚，内有数个扁平近圆形种子，像眼镜，所以又叫"眼镜豆"，有圆龙、扁龙两个品种，药用部位为藤及种子。民间验方用草药过江龙干藤煎水给患有风湿痹痛患者服用，有较好的效果。但是，过江龙熬成药液，苦涩难服，患者非常渴望能将其制成片剂吞服。

佛山市联合制药厂看到开发过江龙片剂的医疗价值，于

1960年通过查医问药的社会调查征得药方，并根据提供药方的医生建议，用草药过江龙提取浸膏，用煎后干燥的残渣适量磨粉制成颗粒压制成过江龙片，治疗风湿痹痛病症，交由医生作临床试验，后获得广东省卫生厅批准生产。

佛山市联合制药厂大量生产的过江龙片，销区遍及广东、广西、江苏、山东、华北、东北多省，每年天津及北京在入冬前进货也不少。水网之乡、湖沼城市海滨城市，地处潮湿，风湿痹痛多发，也较多用过江龙片治疗；过江龙片起祛风通络止痛作用，严寒地区也用它来抵御风寒。所以，在60年代的医药市场上，过江龙片享有盛名。

（二）机构拆分　中西药分道扬镳

佛山制药业历来以中成药生产为主，公私合营后，机构几经分合，到1960年，由佛山市联合制药厂分出佛山市化学药厂，专门生产西药。当时已经出现了中、西药制剂分别发展的局面。

1962年，佛山中医院制药厂按产品属性分别并入佛山市联合制药厂和佛山市化学制药厂，从此，佛山中医药行业出现了制售分离，逐步成为相对集中的独立的工业体系，并且成为佛山市与纺织、陶瓷、铸造等并列的四大支柱产业之一。

1965年3月，地方国营的佛山市联合制药厂改名为中国医药工业公司佛山市联合制药厂，由地方和中国医药工业公司广州分公司双重领导，人事、产、供、销由广州分公司主管。佛山市联合制药厂按剂型专业分工生产散剂12个品种，年产量7 000万包，外用药水20个品种，年产量1 000万瓶。散剂生产是依靠自制的3台装散机，大量工序仍靠手工操作。随后，厂领导、技术人员和工人三结合仿制出4部0.4克散剂自动包装机，接着又自行设计制造了3台70—A型2.6克散剂自动包装机，实现了散剂包装机械化。酊水剂包装技术也进行了机械化改造，灌装机、洗瓶机也同时投入使用。佛山市制药厂当年实现年产值173万元，利润45万元，超额完成了国家计划。

（三）响应成药下乡 催生新的制药技术

1965年8月，根据中央"把医疗卫生工作的重点转移到农村去"的指示和国家有关部门《积极做好成药下乡的联合通知》，佛山市联合制药厂也被列入成药下乡的选点厂。伤湿止痛膏、神曲茶等成药是重点的下乡药品。为了制造伤湿止痛膏，厂方派出技术人员、技术工人到广州、上海学习热压法和涂布生产技术。在涂布机方面，由技术人员、机修技工到广州医机厂设法取得部分资料回来自行设计制造。除涂布机外，还自行制造了切片机、浸沥设备流水线、药液回收乙醇浓缩锅、松香捣碎机，外购入粉粗炼胶机、精炼胶机、电烘箱、缝纫机等。

（四）"文革"中的艰难生产

1966年5月，"文革"开始，佛山市联合制药厂党组织受到很大的冲击，正常生产、工作秩序受到了极大的破坏。佛山联合制药厂在"破旧立新"的革命声和改名风中，易名为佛山市人民制药厂。

1968年，佛山市人民制药厂成立了革命委员会（简称革委会）。佛山市轻化工业公司革委会派杨明灿担任佛山市人民制药厂革委会主任和党支部书记。工厂"精兵简政"设立了三组一室：政工组管组织、人事和宣传；生产组管产、供、销和设备；后勤组管行政、财务、生活；办公室管文秘、协调和综合平衡。车间改为连队建制，管理人员称指导员、连长，一连管片剂生产，包括机修；二连管茶剂、膏剂生产，包括锅炉。

1969年，为了扩大片剂生产，晒茶工场增设了一个水提组，安装起好几台自制的蒸气夹层敞口浓缩锅，并开始安排三班轮值生产。1970年，何建桐等技术工人参照奶粉和洗涤剂的喷雾干燥技术，结合中成药生产实际，在水提组装配了一台离心式喷雾干燥器，这是当时一台比较先进的，产量达20千克浸膏粉的设备。使用燃煤作燃料的热风交换炉提供热风烘干，在不断试验改革中，在砖砌水泥灰砂批荡的塔身内壁装嵌上了不锈钢板，以加强辐射和保温作用。同时，又自制成功一台薄膜蒸发器。制药厂将水提组由竹棚式的加工作坊，改造为配备喷雾干燥器、五台直喷煮药锅的较有规模的生产车间。

尽管处在混乱年代，在为数不多的技术人员和工人的努力下，车间机器在艰难地运转着，生产出来的药品依然为大众服务着。

有关资料统计表明，从1956年到1970年间，几经沧桑的佛山市联合制药厂到佛山市人民制药厂的各项经济指标增长都是比较快的。

1970年比1956年，工业总产值增长了10.22倍；固定资产增长14.75倍；利税总额增长7.51倍。1958年至1965年间，佛山市联合制药厂是佛山市实现税利的主要大户之一，其中的1959年、1960年和1964年，实现税利在佛山市排在第一位。

从建厂的1957年到分厂前的1970年间，佛山市联合制药厂改革和新研制开发的产品就有38种。随着生产规模的扩大，现行价产值从1957年的171万元上升到1970年的894万元，利润从16万元上升到217万元。

二、德众药业前身——计划经济时代的佛山市制药二厂

进入20世纪70年代,佛山市人民制药厂产品种类已经相当繁杂,集膏、丹、丸、散、茶、油、酒、片、酊等剂型于一厂,因而在安排生产和企业发展上常有顾此失彼的现象,佛山制药业实行生产管理专业化,进行产品结构的调整以及开发新的中药剂型已经势在必行,1971年,经上级批准,佛山市人民制药厂按生产剂型划分,分别成立佛山市制药一厂和佛山市制药二厂。

(一)分家初期 穷则思变

佛山市制药二厂,就是今日之佛山德众药业的前身,成立于1971年7月1日,厂址是原人民制药厂的茶剂车间,位于佛山市东郊隔沙村。全厂职工289人,厂区占地面积9 544平方米,剂型包括茶剂、膏剂、片剂三类,品种31个。1971年工业总产值(现行价)334万元,利润总额14万元,固定资产原值34万元。

建厂初期,厂房破烂、简陋而且分散。分厂时,设备分家,片剂组、制锄组、磨粉组、机修组所分得的设备,从人民制药厂全部或部分拆迁到晒地安装起来投产。生产设备陈旧、落后,连1台1.5吨的锅炉也是从旧船上拆下来的卧式炉。浓缩设备只有4只敞口锅,供电设备仅有30千瓦,16冲压片机也只有5台,提取工序采用直火加热,干燥采用直火焙炉,所有工序基本上都靠手工操作。厂区道路狭窄泥泞,晴日一天尘,下雨一地泥。

1. 苦干加巧干 人人作贡献

为了改变落后的生产力条件,杨明灿、邵伍、李金泉等

几任领导干部，在任内带领全厂干部、职工发扬了"穷则思变，自力更生，艰苦创业"的精神，寻求新的生产出路，积极改革机械设备。

为了组织好浸膏片的生产，企业积极改革机械设备。何建桐等工程技术人员受奶粉和洗涤剂喷雾干燥设备的启发，结合中成药生产实际，制造出一台离心式喷雾干燥器，使浸膏粉的时产量达到20千克。试制成功的喜悦，大大鼓舞了职工改进生产设备的信心和决心，他们精益求精，继续完善这台机器，将原来砖砌的塔身内壁，嵌上了不锈钢板，以加强辐射和保温。6年以后，1977年，这台喷雾干燥器获得了市科学大会成果奖。

为了提高浓缩药液的能力，工程技术人员累计自制了36个蒸汽夹层锅，后来，又研制了4台薄膜蒸发器，将0.5吨的锅炉改造为1.5吨，又再增加了一座2.5吨的锅炉，使生产用器得到了改善。

药物的提取、浓缩、干燥，从原来的直火加热改为用蒸汽加热。一向手工生产的神曲茶，从混合到成型，整个生产实现了机械化。将水提组的人工出药渣改用大吊机机械出渣，大大减轻劳动强度，有效地提高了生产效率。建厂初期的16冲压片机被19.33冲压片机取代，片剂的大量生产又促进了包装机械的发展，研制了一批简易入片机，实现了片剂包装工序半机械化生产，用电设备增至180千瓦。

为了适应生产发展的需要，佛山市制药二厂扩建和新建了一批厂房，包括伤湿膏车间、水提车间、甘和茶车间、制酊车间、糖浆车间以及锅炉房等。老职工都会记得以"以药换塘鱼，以塘鱼换材料，以山货换砖瓦，以砖瓦换五金"的那一段历史。

当时佛山市制药二厂具有一支技术力量还算不错的机械制造、维修和电工的队伍，他们在容锡礼、陈秉衡、何建桐、钟伟章、叶树伟等骨干的带领下，刻苦攻关、大胆实践，常常不是学好了再干，而是一边学习一边干。从1971年到1983年，根据生产的需要，容锡礼主持设计制造了真空浓缩锅、常压浓缩锅、直喷式提取锅和吊车装置。陈秉衡主持设计、制造了旋转灭菌机。何建桐主持设计、制造了喷雾干燥器、薄膜蒸发器、半自动包装的PBJ100A型圆盘式多工序片剂包装机、药䊆压块机。钟伟章主持设计、制造了洗瓶机及隧道式玻璃瓶干燥机、包糖衣机、泛丸缸、喷雾制颗粒机、蒸汽（夹层）干燥房、无声拍柜、糖衣片装片机、团块破碎机、碟子磨等多种设备。何建桐与机工、电工合作制造的PBJ100A型圆盘式多工序片剂包装机，于1983年6月由广东省制药工业公司主持技术鉴定获得通过。

制药设备的更新，有力地配合了试制组的工作，直接促进了佛山市制药二厂生产的发展。到1977年止，佛山市制药二厂已试制肺咳宁片、穿心莲片、风湿宁片、紫花杜鹃片、安神健脑片、银翘解毒片、喉舒宁片、上炎清片、上感片、牛黄解毒片、橘红片、壮腰健肾片、复方感冒宁、莲柏治癌片、过江龙片、翠莲解毒片、复方大青片、毛冬青片等品种，并有多个品种获得了佛山市科技奖。1978年，佛山市制药二厂和中山医学院合作生产的广东蛇药片获全国科学大会蛇药蛇毒研究合作完成成果奖。1982~1990年，是佛山市制药二厂"评优产品"的丰收年代，甘和茶1982年、1986年获省优产品，1988年获部优产品；银翘解毒片、牛黄解毒片都获全国质量同品种评比第二名及省优产品。骨刺平、鼻炎康片、少林跌打止痛膏、羚羊感冒片、腰肾膏等产品获省或部优产品。鼻炎康片和腰肾膏获得市科技进步三等奖和省优秀产品奖。

2. 广结社会关系　丰富工厂"药方"

20世纪70年代，研究与发展中草药盛行，许多专科医院和高等医学院校都愿意和制药厂联合试制新药，将科研成果尽快转变成生产力。广州肿瘤医院谭道彩医师等很希望在病人中试用中草药治癌，他们的研究表明，中草药能抑制癌细胞的生长，控制癌细胞的扩散，如果配合手术、放疗或化疗，会有较好的疗效，起码能够扶正祛邪，培元补气，减轻病人的痛苦，改善生活质量，延长寿命。1975年，佛山市制药二厂将联合试制的莲柏治癌针剂、莲柏治癌片交付医院作临床试验，其较好的药效获得了省级部的认可，从而争取了一笔专款，用于修建一间占地面积300平方米，建筑面积975平方米，三层半混凝土框架结构的生产莲柏治癌针剂的车间。1978年前，中山医学院药理教研组正在开展"蛇毒蛇药"的课题研究，他们看好佛山市制药二厂生产蛇药的设备和工艺流程，特别看好药厂工程技术人员的钻研劲头和领导班子合作试制新药的诚意，于是同意合作研制广东蛇药片。新产品试制成功，临床效果良好，当年就获得了全国科学大会蛇药蛇毒的研究合作完成成果奖，中山医学院和佛山市制药二厂同为受奖单位。佛山市制药二厂走出院校与工厂挂钩，产、学、研结合，研制开发新药的路子，引起了省卫生部门的重视，吸收了国际、国内多个团体来厂参观生产。可惜广东蛇药片需用鲜药材原料，且其提取后的浸膏，需要送到中山医学院进行效价检验合格才能继续生产，后来因各种原因无法生产。

科技人员合作研制广东蛇药片的成功，进一步提高了佛山市制药二厂的公信度。广州军区总医院内二科冠心病课题组、佛山地区治慢性支气管炎药"山龙止咳片"和某部队"复方木麻黄片"等研制，也主动和佛山市制药二厂挂钩合作。

新制剂、新设备、新技术、新工艺投入使用，给佛山市制药二厂开拓了视野的机遇。1976年，佛山市制药二厂卢继忠，与佛山市制药一厂邝庆、李森两位老药工同时被挑选为全国九人支援柬埔寨建设专家组，在柬埔寨指导建设成一间主要生产片剂和小药丸的中药厂，培训了数批柬埔寨学员。1978年4月回国前，全国人大常委会副委员长邓颖超在柬埔寨首都金边中国大使馆接见了他们并合影留念。1978年，佛山市制药二厂迎来了联合国世界卫生组织副总干事兰波先生和非洲六国卫生部长参观团。1980年日本国救心株式会社一行以及越南、扎伊尔、伊朗、伊拉克、美国、巴基斯坦、斯里兰卡等医药代表团，也先后被安排到佛山市制药二厂参观。这是佛山市制药二厂在20世纪70年代为弘扬祖国医药和使世界认识中医中药所作出的重要贡献。

3. 质量监控　层层把关

抓质量自然离不开质检。厂领导从建厂伊始，就重视派出药检人员参加省、市举办的中药检验、生物检验、化学检验等专业培训，建立厂内药品质量三级检验制度，药材、半成品、成品检验，都要严格按照《中华人民共和国药典》和省、部颁标准进行。

用作制药原料的药材进厂，通常是质检的第一关。旧的传统，全凭收货员用经验鉴别。经验诚可贵，检测更科学。雄黄的二硫化二砷的含量和三氧化二砷的砷斑检测、有毒药材经炮制后的含量检测、石膏含砷检测、蜂蜜内混杂质检测、虫蜡熔点检测、金银花绿原酸及异绿原酸检测、紫花杜鹃双氢黄酮检测、毛冬青提取物检测等，就绝非凭个人经验靠肉眼所能鉴别清楚的。半成品，通常是指在包衣之前的药品。厂领导经常对化验员说："对药厂而言，那是半成品，而对患者来说，就是成品了。半成品必须按照规定项目检测合格，才能投入包衣，这是对人民健康负责的职业道德。"

佛山市制药二厂为成品检验，建立了一整套科学的取样制度，处处设卡，层层把关，产品完成后，再从仓库抽样检查。1979年以后，厂里普及了 TQC 质量管理。将"质量月"变成了"质量日"。厂领导让每位职工明白，决定药品取舍的标准是质量，是市场，只有优质品才能享有较高的市场占有率，有市场，产品的销售才有出路。

质量是企业的生命，质量上不去的项目，只能停产。莲柏治癌针剂停产后，该针剂大楼转产生脉饮、四逆汤改为生产糖浆。佛山市制药二厂正是把握住"德在药中，药为大众"这个经营理念，才端正了生产的大方向。

人们不会忘记，在20世纪七八十年代的医药市场，佛山市制药二厂生产的牛黄解毒片、银翘解毒片、甘和茶、橘红片、少林风湿跌打止痛膏、过江龙片、藿香正气丸和保和丸等，都是畅销的中成药。在药名相同而不同厂家生产的成药中，人们也认定佛山生产的产品最值得购买。这说明佛山成药在省内外具有一定的知名度。

4. 鸟枪换大炮——锅炉、水电的改革

（1）四代锅炉的更新的故事　每当人们问老工人陈成满在佛山市制药二厂时是干什么工作的时候，他都会自豪地回答："我是个锅炉工。"是啊，陈成满从"小陈"，"大陈"到"老陈"，都一直没有离开锅炉组，锅炉的改朝换代他都

亲身经历了。当年改造时，他在攻关方面没有少花气力，并曾经在本市开展沸腾炉推广辅导方面做了不少工作。1971年分厂时，从佛山市人民制药厂分配来的唯一的动力设备是一台从旧船舶上拆下来的0.5吨卧式锅炉。没有人知道它在船上服役了多少年，但可以确切地说，它从1967年就已经在佛山市人民制药厂投入使用了。随着生产的发展，中成药生产对锅炉供气提出了新的要求。1971年，锅炉组将它改装成1.5吨水火管混合式炉，以扩大供气量。这是佛山市制药二厂第一代的锅炉，一直到1973年从佛山市溶剂厂购置了一台火管锅炉改装的2.5吨沸腾炉和1.5吨的水火管混合炉才被淘汰。

陈成满回忆当年，燃煤来自四面八方，大部分是北煤南运。这些煤有优质的，有低质的，甚至有劣质的，质量不同，燃烧的热值就各异。生产过程中常遇到供煤紧张，优质无烟煤来得少，低质的甚至是劣质的白煤来得很多。劣质煤含硫量大，燃烧时火力不足，燃烧后产生大块结渣，要锅炉工用铁笔一一插碎，拉出炉外，因而炉内温度大降，再加煤以后需要很长时间才能把温度升起来。负责改炉的容锡礼说：沸腾炉先进的地方，在于它采用了沸腾床的原理，送入的煤粒能够像万花筒焰火般燃烧，能解决锅炉在燃烧劣质煤时所面临的困难，维持供气，正常生产。容锡礼、陈成满等人当年对锅炉技术改革还缺乏知识和经验，厂领导就让他们到江门、四会等地，寻找实体研究锅炉改革技术。沸腾炉的技术控制有一套原理，锅炉组根据对沸腾床截面风速是不低于0.7米/秒的要求，研究改革锅炉膛的尺寸，研究负压加煤和改进碎煤流程的方法，终于获得成功。此后，容锡礼和陈成满还被邀请到佛山市内一些工厂推广沸腾炉改革的经验。

佛山市制药二厂第二代锅炉是1981年购入的产自广西梧州锅炉厂的2吨卧式快装炉，与原有一台2.5吨沸腾炉一同并气使用，当时成为"双龙出海"的供气局面。1982年，生产步伐进一步发展，蒸气量需求增大，佛山市制药二厂又再从广西梧州锅炉厂购进一台4吨沸腾炉，取代了之前的2.5吨沸腾炉；投资40万元，在厂区的西北角新建一座建筑面积为200平方米的锅炉房，1983年建成投产；将原来的2吨卧式快装炉，作为备用炉，同时预留了一台4吨炉的位置，以备发展生产添加锅炉的需要，是为第三代锅炉。

第四代锅炉是在4吨炉供气不能满足生产发展需要的情形下增添的。1990年，厂领导决定投资100万元，其中设备费占45万元，土建费26万元，配套设施和设备安装费29万元；在原来预留4吨炉的位置，扩大占地120平方米，建筑面积360平方米，建设新的锅炉车间；新安装一台上海四方锅炉厂生产的10吨链条炉，与原有的4吨沸腾炉共同使用一条烟道，各自配备除尘等设施。该炉配有8平方米的空调控制室，机械化、自动化程度很高，自动化给水，自动监测炉温、水位、蒸气压力、炉膛负压，装有自动报警系统，进煤、燃烧、排渣全部实现机械化。新锅炉1992年投产使用，2吨快装炉被淘汰，4吨沸腾炉在改装后备用。佛山市制药二厂的锅炉进入了"鸟枪换炮"的新时代。

（2）供电系统的不断扩容　佛山市制药二厂供电的增容，标示着生产力的发展。自20世纪七八十年代起，厂领导就筹划着增加供电设备，使之成为发展生产的先行官。

当时佛山市供电局受到广东省供电局的限制，常因超负荷而被拉闸停电。佛山市也采取了限峰的措施，在限峰期间内不能用电，或者拉闸不供电，或者在制定的峰期内，自行发电并入大电网，冲减企业在电网上的用电。1972年，佛山市制药二厂新建了一座占地60平方米，建筑面积120平方米的电房，供电能力是30千瓦，救了当时发展生产的燃眉之急。1980年，邵伍任正厂长，将供电能力增加到320千瓦，8年提高供电能力10倍。1988年，请佛山市第一建筑设计室设计新的供电房。新的供电房建筑面积138平方米，2层，框架结构，总建筑面积360平方米，总投资41万元，新的供电房在原有400千瓦的变压器容量的基础上，新增一台400千瓦变压器，两台并联运行。开关屏由原来的4面增加到12面，使配电能力增加到800千瓦，采用高压变压器室内安装及控制。同时，电房重新布局安装全厂的高压线路，将管、线埋入地下，分布到各机台，原先横七竖八、像蜘蛛网状的线路不见了，用电安全有了保证，厂容厂貌也有了较大的改善，厂内供电、配电达到了市内较先进的水平。1987年以后，佛山市供电局从法国进口多台发电机组，沙口电厂也建成投产，电力供应才基本解决。

（3）供水设施的不断更新　从建厂到1988年，厂内一直使用10厘米口径的水管供水。当时由于市区供水能力不足，加上工厂处于市区供水管道的末端（军桥另一侧则属南海水厂供水），工厂虽然不断增加楼顶和地下的储水池，甚至采用在总水表后加泵抽水等违规措施，仍未能满足生产用水需要。随着浸膏片产量的增加，真空浓缩锅投入使用，工厂的用水量增加，供水不足的矛盾越来越突出。工厂决定在厂内打深水井，希望用地下水来补充生产时冷凝水的不足。

然而100多米深的地下仍是棕红色的泥质粉砂岩，工厂所打的两口深水井供出的地下水量少而且含铁质含量高，水色黄、浊，不能饮用。工厂把深水井的水先用作真空浓缩锅的冷却水，然后流向锅炉房，供石塔作降温除尘，以地下井水代替一部分自来水，减轻了自来水供水的紧张。

在节约用水方面，各班组也想了不少办法，全厂开展了"我为节约用水献一计"的活动。如橡胶膏组，利用防空洞的积水解决炼胶和酒精回收需要的冷却水；糖浆组也尽量回收利用冷却用水。到1989年，工厂将供水总管由10厘米改造为20厘米，参照高层楼房供水的做法，在各楼顶层建筑30立方米的蓄水池，提高了全厂的供水能力，加上市自来水公司的供水能力扩大、水压增加，才从根本上解决问题。

（二）紫花杜鹃片和骨刺平　两大拳头产品度过艰难时期

分厂的第二年，占佛山市制药二厂总产值1/3的过江龙片产量大幅下降40％，企业在风雨飘摇之中，工人戏称为"龙生则二厂生，龙死则二厂死"（龙，指过江龙片）。佛山市制药二厂不能"在一棵树上吊死"，开发新产品已成为决定企业生死存亡的头等大事。当年厂里成立的新产品试制组一方面借助社会力量挖掘传统药方和秘方，另一方面同部队、医院进行科研协作，按照技术部门的新药品研制规划和具体部署，开展新药品试制，然后与有关医疗单位联系，委托临床试验，搜集临床结果。综合总结，根据"成熟一个办理一个"的原则制定质量标准，按卫生行政部门的要求办理报批，至1983年佛山市制药二厂共研制出骨刺平等17个新产品。

从1986年开始，三类新药的审批权收归国家卫生部，使新产品的研制速度减缓、数量大幅减少。试制组（后来发展为科研所）成员不但为佛山市制药二厂站稳脚跟，而且为后来改制成为德众药业的发展奠定了深厚的基础！

20 世纪 70 年代的厂 "三结合" 攻关小组

1. 首战告捷紫花杜鹃片

当年广东紫花杜鹃慢性支气管炎研究项目通过评审后，广东省药材公司派人视察佛山市制药二厂的提取设备，决定将紫花杜鹃片安排在佛山市制药二厂生产。由于该品种是全浸膏片，且每片黄酮含量不少于 20 毫克，按混合擦粒、烘干等常规制粒工艺造成的颗粒往往是崩解时间长，或黄酮含量不合格，生产无法增大，作业难度很大。新产品试制小组就在技术人员的带领下，组织工人反复试验，成功摸索出喷雾制粒工艺，解决了高温造成的崩解时间长、黄酮含量下降等问题，使生产力大幅提升。该产品 1975 年投产，当年产量达 27.3 万瓶，1979 年产量超 100 万瓶，1981 年该产品年产量达到最高历史纪录（209 万瓶），占佛山市制药二厂当年现价总值的 20%，成为佛山市制药二厂当年产值最大的产品，是分厂后出现的第一个拳头产品。

2. 骨刺平巧占市场空隙

20世纪70年代中期，医学界对骨质增生压迫神经而产生的多种疾病有了进一步的认识，有些学者提出了老年退行性病变学说。研究和发展抗骨质增生的药物是保障人民健康的急切需要，也是健康产业一个新的经济增长点。

当时，医药市场上已经有广州某药厂生产的骨仙片，杭州某药厂生产的骨刺平，佛山同城药厂推出的抗骨增生丸，要超越和突破它们，谈何容易？寻找到超越和突破的空间，就会获得发展。佛山市制药二厂在研究了药品市场上骨刺平及其同类药物之后得出结论，这些药物大多数是治疗脊柱的胸椎、腰椎和脚跟骨骨刺引起压迫神经的症状，可人体除了脊柱的胸椎、腰椎和脚跟骨之外，还有颈椎呢！

颈椎综合征是长年伏案工作人员的常见病，它会引发头痛、上肢麻痹、颈部疲乏、旋转不利、眩晕等多种症状，患者在生理上的痛苦和心理上的负担都很重。而手术治疗的风险比较大，患者也不大乐意接受。用药物控制和治疗颈椎病正是一个最佳的选择。循着治疗颈椎肥大压迫神经出现的症状这个方向研制和开发新药，说不定能突出自身的特点，闯出一条别人没有走过的新路呢！正是基于这种逆向思维，从1975年开始，佛山市制药二厂投入技术力量，为针对颈椎病的骨刺平设计了处方工艺，进入了试制阶段。

试制组在经历反复的临床试验、专家论证指点后，运用传统中医的医学理论和现代医学观点，几番修订处方和配药。经过275例临床验证，骨刺平对治疗肥大性腰椎炎、肥大性胸椎炎、颈椎综合征、四肢骨质增生症等疾患的症状改善总有效率超过86%。就这样，佛山市制药二厂研制的骨刺平，成为医疗界认可的治疗颈椎综合征的首选药物。

1980年经过广东省卫生厅批准投产，1981年开始投放市场，很快便被上海药材公司看中了，佛山市制药二厂的骨刺平迅速打入华东医药市场。在1985年被评为省优产品。

3. 改革工艺流程提高产能

骨刺平投产以后，其生产一度受到药材前处理工序和粉碎工序的能力所限制，无法扩大。设备、技术部门急生产所急，迅速改进设备工艺，使骨刺平的产量迅速增加。老工人回忆了当年的情况："骨刺平所需的大量的鸡血藤粉，投产初期是用大刀将其砍成细条状的，然后用粉碎机打成细粉，但生产效率低，无法满足需要。设备工艺改进以后，把经过烘焙的鸡血藤投入农用的饲料粉碎机打成丝状，再投入柴田式粉碎机碎成细粉，用机器代人工，生产效率明显提高了。"骨刺平所需要的制川乌，按旧工艺炮制，需要长时间用水浸透，再用醋来煮。因为其生产周期长，常常供不应求，拖了其他生产工序的后腿。技术人员通过查阅资料，弄清了醋制川乌的原理，是在酸性条件下将川乌中的毒性成分"双脂型乌头碱"水解。他们想：高温也可使其水解，而且水解速度更快。在这个思路指引下，试验用加压设备制川乌。经反复摸索，终于掌握了新工艺，并成功用于生产，使生产周期大大缩短，别的工序不用停工待料了。经过如此不断改进生产工艺，使骨刺平的大量投产有了可靠的保证。该产品于1980年投产，当年产量已达22.7万瓶，第二年产量超100万瓶，最高年产量213万瓶（1984年）。骨刺平是佛山市制药二厂在分厂之后，自行研制的又一个拳头产品，并且是1983~1987年是年产量最高的产品。

紫花杜鹃片、骨刺平这两个拳头产品的出现，为佛山市制药二厂的高速发展创造了条件。但由于当时处于计划经济时代，产品售价低，每瓶装100片紫花杜鹃片的出厂价才6角4分，每瓶100片的骨刺平出厂价才6角9分，利润低，只是出厂价的5%。新产品研制出来，没有专利权，没有知识保护，常常被别的厂仿冒，低价抢占市场，始创产品反而销售下滑，使佛山市制药二厂蒙受了损失，但这也给日后德众药业的知识产权保护留下深刻的借鉴。

凭紫花杜鹃片、过江龙片、骨刺平以及普药六味地黄片、妇科白凤片等几个品种在20世纪70年代前后的崛起，佛山市制药二厂在国家经济最不景气的年代也能艰难经营。至今，佛山市制药二厂老工人还美滋滋地回忆道，"我们就靠这些度过了70年代中期的苟安局面"。

（三）改造与创新　开发新经济增长点

在1980~1983年，厂领导锐意革新产品，将试制组升级为科研所，充实了人员，增加了设备，加大了科研经费的投入。科研所也确实不负众望，据不完全统计，有骨刺平、胆柏小儿散、山龙止咳片、安神健脑片、莲柏治癌注射液、莲柏治癌片、风湿宁片、胃安宁片、胃乐片、胆香鼻炎片、上炎清片、上感片、牛黄蛇胆川贝散、珠珀保婴散、复方珍珠暗疮片、复方维丙肝炎片、少林跌打止痛膏等17个品种先后投产，工业总产值由1971年的334万元增大到1983年的933万元，1983年实现利润总额81万元，产品销售税金46万元。

以少林风湿跌打膏为例。少林风湿跌打膏是一种铅制黑膏药，风行已久，销量也较大。它是一种廉价膏药，在劳动者，尤其是在广大缺医少药的农村劳动者中，历来是受欢迎的。

20世纪80年代中期，受新型橡胶膏药的启发，佛山市制药二厂组织技术人员攻关,志在把少林风湿跌打膏改变剂型,以利产品更好地进占市场。工程技术人员将原处方的药物作适宜的提取,可以磨粉的作磨粉处理,再适当加入一些渗透性强的药用油和芳香药物,配入压敏胶的基质,加入适量矫气剂,涂布制成白色橡皮膏样的新型少林跌打止痛膏,通过临床验证,获得批准生产,成为少林膏药的新一代产品。

第三节 新旧交替 走上市场经济之路的佛山市制药二厂

一、兵分三路 营销中学习营销

计划经济年代,各地中成药厂基本上由当地医药商业部门统购包销。20世纪80年代开始,各地药厂纷纷上马。药厂数量急剧增加,至1984年,造成中成药产大于销的局面。很多药厂为求生路,冲破了当地产成药由当地药品(药材)公司统购包销的模式,直接进入市场自销,造成了中成药产、供、销极其混乱的局面。佛山市药品公司原有的销售状况发生了重大的变化,由原来与各地公司签订季度(半年)的供货合同,减至签订月(季)供货合同,且销量大减,只集中在骨刺平等工厂生产能力不足的少数品种中。

从统购包销到自产自销,是计划经济迈向市场经济的第一道门槛。1984年5月,佛山市制药二厂召开中层干部会议,对"是否开展自销、怎样开展自销"的问题进行研究,大家却未能达成共识。1984年7月,佛山市制药二厂再次召开会议,会上,大家已经逐渐明白,随着市场的变化,佛山市药品公司安排给企业的订购计划已经无法满足企业生产和销售的需要。只有进行自产自销，才有希望求得自身的生存和发展。工厂统一了中层干部的思想，对开展自销所需要的资金、人力、药材采购等进行了安排。

1984年8月，企业派出业务骨干，兵分三路，走遍湖北、陕西、河南、江西、贵州、湖南等省，了解市场行情、学习销售产品，调查各客户销售佛山市制药二厂产品的情况。佛山市制药二厂通过派出职工出差销售产品的方式，既为开展自销工作取得了一手资料，又增强了自销的信心。

1984年11月，佛山市制药二厂制定了"尽力而为，支持药司；增加渠道，弥补不足；组织力量，预防剧变；扩大外贸，增加收入"的"三十二字"方针，并以此为指导思想，正式筹备自销工作。这"三十二字"方针的精神，支持了市药品公司，又提高了厂销售人员推销产品的积极性。

二、积极的奖励政策　用经济杠杆促效益

1984年，佛山市制药二厂出台了一个销售奖励的政策方案：凡销售制药二厂生产的伤湿止痛膏、蜜环片、牛黄蛇胆川贝散、蛇胆陈皮散、翠莲解毒片、参维灵片等产品，以销售额的0.5%计发奖金；凡销售佛山市制药二厂生产的过江龙片、少林跌打止痛膏、复方大青叶片、复方蛇胆川贝散、莲芝消炎片等产品，以销售额的0.3%计发奖金。另外，佛山市制药二厂负责出资金和会务人员，由佛山市药品公司负责邀请各地批发商到广东，召开产品展销会。通过产品展销会，制药二厂既扩大了销售，增加了排产计划，亦了解到各地市场情况，而且有机会更好地摸索自销的方法和渠道。

1985年3月，为扩大销售，佛山市制药二厂进一步按厂价1.5%让利给佛山市药品公司，但效果不大。6月，由于佛

山市药品公司和佛山市制药二厂的产品库存积压,收购量随之急剧下降,使佛山市制药二厂的产品生产下降,到 7 月份时,佛山市药品公司给佛山市制药二厂安排的月生产任务仅 12 万元。

由于生产任务不足,生产成本增大,佛山市制药二厂面临亏损的压力。为了刺激佛山市药品公司的积极性,1985 年 7 月,佛山市制药二厂再向市药品公司让利厂价的 3%,但仍未能扭转产销下降的局面。对于佛山市制药二厂生产不足的部分,佛山市药品公司提出不再负责定购,允许佛山市制药二厂产品自销,自行解决产销平衡。供销关系的骤然改变,怎么办?面对严峻的现实,佛山市制药二厂领导知道没有后退的余地,只能靠自己解决产销问题。

1985 年 7 月,佛山市制药二厂与佛山市药品公司有关人员在佛山市南堤招待所召开会议,通过此次会议,双方同意了佛山市制药二厂开展自销的意见,并达成了新的合作方式。

此次会议后,佛山市制药二厂修改了部分方针,从"尽力而为,支持药司"转为"组织力量,预防剧变",并迅速将一批有销售经验的员工抽调至供销股,进行了销区划分。他们北上四川、河北、北京、天津、甘肃、内蒙、新疆等省、市、自治区;中部逐鹿于河南、湖北、山西、陕西、广西等省、自治区;东进山东、黑龙江、吉林、辽宁、浙江、江苏、上海等省、市;镇守门户于粤东、粤西、广州、珠海、深圳、贵州等地。营销团队兵分四路,四面出击联系业务,开展自销工作,与客户签订购销合同,及时发货,密切跟踪客户的销售情况,初步建立了佛山市制药二厂自己的销售网点。

三、事半功倍　药材交流会上打胜仗

1985年10月初，佛山市制药二厂领导和供销股长赵伟带领供销股6个人，参加了安国药材交流会，与天津市药材公司、石家庄市药材公司等华北地区的客户建立了业务关系，总成交销售合同在15万元以上，取得了可喜的成绩。10月25日，厂领导和赵伟再次带领供销股8人，参加全国性的樟树药材交流展销会。通过参加这次大型交流会，佛山市制药二厂与全国各地的药材公司进行了接触和洽谈。他们白天摆摊，晚上上门拜访客户，签订购销合同。最后，总成交销售合同达到30多万元。这是继安国药材交流会后，取得的最大销售成绩。通过安国和樟树的药材交流会，销售人员初步了解了佛山市制药二厂产品在全国的销售分布情况，取得了宝贵的市场资料，为以后更好地开展自销工作，打下了坚实的基础。为了落实客户的销售情况，进一步开拓本厂产品的销售，在11月中旬，张兆棠、区卓端两人前往东北三省，开拓产品的销售市场。他们通过45天的工作，走访了东北三省主要城市的客户，了解了当地的市场，并且成交了销售总额15多万元，极大地增强了自销工作的信心。

四、调整销售策略　拓展传播渠道

（一）"提价、多扣、增销"风险型决策见效果

在搭起自销网络和积极激励销售人员的同时，佛山市制药二厂又对销售策略作了新的调整，主要是在销售价格方面。

客户难以接受厂家自销，仍按批发价八六折供货，自销销量难有突破性的进展。为了迅速打开销路，必须实行厂价供货。这样，佛山市制药二厂陷入了两难的境地。一面是经

江西樟树全国药材交流会

营利润微薄，另一面需要增加让利。当时佛山市制药二厂产品的销售亦不太景气，占企业销售大头的佛山市药品公司认为，提价势必造成产品销售进一步下降。在进退两难的背景之下，厂部毅然做出了"提价、多扣、增销"的风险型决策，把当时的主要产品骨刺平等出厂价调高，然后，统一以厂价供货给二级站，按批发价八六折供货给三级站的价格措施。

其次，每年在不同地点召开产品展销会，都会邀请全国各地的客户洽谈业务。另外，结合佛山市制药二厂的中药片剂，药材公司、医药公司均有经营的特点，通过参加樟树和百泉的全国性中药展销会以及其他全国性的医药展销会，从而收集市场信息及开拓佛山市制药二厂产品的销售，并且拓展药材和医药两个方面的销售渠道。

（二）开放思路登广告，销售增加见实效

大幅度增加产品广告费的投入，将广告费32万元集中投放在佛山市制药二厂潜力最大的新产品鼻炎康片。

佛山市制药二厂对1986年的销售措施制定了具体的广告传播策略：第一，鼻炎康片先在广东省内铺货，接着做广告。当时佛山市制药二厂意识到，广告片能否将鼻炎康片的特点表现出来，是广告成败的关键之一，故提出"针对过敏性鼻炎的主要症状是打喷嚏、流鼻涕，"向全厂职工征集广告词。入选的广告词确定为广州方言"家有鼻炎康，鼻炎唔使（不用）慌"。由谁来做广告才最为合适？佛山市制药二厂想到了当时佛山正在上演电视剧《万花巷》剧组的主要演员。最后决定由饰演"胡科长"的演员大声打喷嚏，身边放了一团团卫生纸，使旁边的"黄医生"惊得掉眼镜，然后旁白广告词"家有鼻炎康，鼻炎唔使慌"。广告片拍好了，决定在广东电视台的黄金剧集《霍元甲》、《万花巷》中插播。鼻炎康片广告投放在黄金时段，使更多的人认识了佛山市制药二厂生产的鼻炎康片。广东人都记住了"家有鼻炎康，鼻炎唔使慌"的朗朗上口的广告语，鼻炎康片在广东的销售量迅速增加。

通过广告这种宣传形式，1986年，佛山市制药二厂与省内45个单位建立了购销关系，全年总销售鼻炎康14.3万盒，取得了一定的经验和成绩。

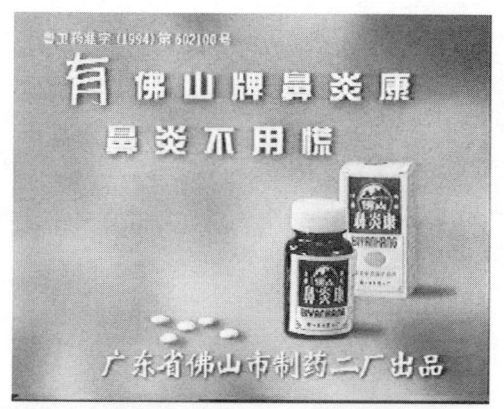

电视广告"家有鼻炎康,鼻炎不用慌"

1987年佛山市制药二厂决定将鼻炎康片广告投放到中央电视台的黄金剧场。当时发现,中央电视台黄金剧场《西游记》收视率非常高,厂领导决定派张兆棠、陈志锋两人到北京办理广告手续。但要即时在《西游记》剧集中播放广告非常困难,最后经过两位同事的努力和北京艺术广告公司的协助,终于在《西游记》最后几集插播了鼻炎康片广告。

佛山市制药二厂与在中央电视台的广告合同复印件,也被各路销售人员作为劝说客户购买产品的资料之一,销售员以广告合同作为铺货手段，乃是一种新招，这一招还真有效。随着鼻炎康片广告片在中央电视台的播放，全国各地更多的消费者认识了鼻炎康片，广告词"家有鼻炎康，鼻炎不用慌"更是在全国广泛传播，鼻炎康片的销售迅速增加，各地经销商纷纷订购鼻炎康片。经过1年的奋斗，1987年鼻炎康片的销售比1986年增长将近7倍。

（三）抓住三级批发商 "死缠烂打"占终端

为了迅速将鼻炎康片推向全国医药市场，销售业务人员到已建立销售关系的销区，主动拜访二、三级批发客户，通过三级批发直接供货到终端。为了更好地推销鼻炎康片，业务员一次出差就长达两个月，对客户甚至取用"死缠烂打"的战术。对一次拜访未能签订鼻炎康片销售合同的客户，则多次上门拜访，极力恳求其业务经理销售本厂鼻炎康片。只要能签订销售合同，即使是100盒，也及时发货以开拓市场。经过销售人员的努力，1986年佛山市制药二厂与省外98个单位建立了购销关系，全年总销售鼻炎康片10.3万盒，初步开拓了鼻炎康片的省外市场。

佛山市制药二厂总结1986年的成功经验后，1987年3月继续参加全国医药交流会和全国中药材交流会议推销产品，并到省外主要销区铺货。

随着销售的增加，佛山市制药二厂继续增加高素质的销售人员。这项措施在1985年后又有了新的发展。当年，在取消了大专毕业生国家分配制度之后，各地、市人才交流市场都很红火，佛山市制药二厂也招聘到原籍广东、广西、湖南、湖北、江西、四川、山东等省、自治区的大专毕业生。厂领导善于发挥被招聘的大专毕业生的省籍优势，由部分大学生负责自己家乡的药品销售。此举颇为有效，发展了不少外省的客户。

1986年，佛山市制药二厂的销售收入大幅增长，但却出现了利润未能实现同步增长的奇怪现象。通过对1986年所销售的产品进行分析，发现主要原因是利润大、亏损大的产品销量均同步增加，使总体利润未能获得突破。通过分析，佛山市制药二厂认识到：如果按当时情况继续不分主次地生产销售品种，不但效益上不去，而且拳头产品亦将无法形成。企业营销与生产遇到了快速发展的瓶颈。

第四节 实行承包责任制 体制改革前奏曲

一、大包干 企业经营上台阶

随着城市经济体制改革进一步深入，自1987年起，佛山市政府为进一步调动企业和生产者的积极性，在确保国家财政收入稳步增长的前提下增强企业自我改造的能力，进一步发展生产，同时兼顾国家、企业、经营者、职工四方利益，对企业实行承包经营责任制。厂长以法人代表的身份与市财政局签订了承包经营责任制合同。合同的主要内容是工厂向市财政局实行"两包"：一是包上缴利润：1987年45万元，1988年48万元，1989年51万元，合同期3年（后顺延一年至1990年），每年工厂要保证完成市财政局下达的利润还贷计划；二是包指标，企业要向市财政局保证完成上级主管部门下达的产值、利润、质量、出口值、设备完好率、生产安全等经济技术指标。合同规定对工资实行改革，企业实行工资总额与上缴税利挂钩浮动的分配办法。

1987～1990年的4年合同期满，发包方——佛山市经济委员会、佛山市财政局、佛山市劳动局、佛山市医药总公司再与佛山市制药二厂企业法人代表签订1991~1995年承包经营责任制新一轮合同。合同的主要内容是：包上缴利润，以1991年下达的上交数58.97万元为基数，逐年递增8%，合同期为5年；企业要保证完成每年上级下达的利润计划、利润还贷计划和经济技术指标。

在这九年承包经营责任制期间，佛山市对企业实行工资总额与经济效益挂钩浮动，采取增人不增资，减人不减资的分配办法。佛山市财政局给予企业以超额利润税前还贷的优惠政策，同时，佛山市税务局亦实行超额的产品税退税还贷政策，此举有利于企业积累资金进行大规模的技术改造，使企业走向现代化生产。佛山市制药二厂领导十分珍惜这难得的机遇，提出在承包经营期间以"提高效益，增加还贷能力，加速技术改造、还贷，增加职工收入"为指导思想，在承包经营期间，千方百计提高经济效益，增加利润（利润大，获得贷款额度大）。通过贷款进行技术改造，增强企业后劲，用超额的利润、超额的产品税金、退税偿还贷款。1987~1995年是佛山市制药二厂销售收入、实现利润高速增长的九年，实施承包经营，使企业走上了良性循环的发展之路，国家、企业、职工三者利益得到了充分的体现。

佛山市制药二厂在两个承包期内，通过超额利润税前还贷和退税还贷，进行了大规模的技术改造工作，加快了厂区现代化建设。

1986年，一座占地面积408平方米，建筑面积2 040平方米，楼高5层，框架混凝土结构，生产片剂为主的新制剂大楼竣工并投产。与新制剂楼相连，生产茶、丸、散剂的综合楼，占地面积288平方米，建筑面积1 440平方米，也是楼高 5 层，框架混凝土结构。在设备技术改造上，补充了一批压片机、颗粒机、混合机、铝塑泡罩机、干燥机和自制的轧块磨粒机、包衣（含吸尘装置）机以及煮糖、喷液、结丸、筛丸、磨光等机械设备。通过更新和增加设备，片剂的年产量达到 15 亿片，而原设计年生产量只有 10 亿片。

在前处理大楼、提取大楼进行改造之前，即 1989 年 4 月，佛山市制药二厂先行派遣技术人员参观了杭州中药厂、苏州雷允上中药厂、无锡中药厂、厦门中药厂、上海中药一厂、上海中药三厂、河南安阳制药三厂等单位，集各家之长，结合本单位实际，开展项目改造。

当年，佛山市制药二厂前处理车间的技术改造项目占地面积 1 120 平方米，总建筑面积 7 231 平方米，除了厂房土建工程，还补充了微倒锥形多能提取罐、三效浓缩锅、大型喷雾干燥器、新型粉碎机组、V 型混合机、由多能罐改造的挥发油回流提取器、低度酒蒸馏塔、真空回收浓缩器、药渣收集船、药液贮罐、真空浓缩锅、旋转灭菌干燥器、热风循环干燥箱、炮制和切制的大批设备等，还改进两台柴田粉碎机的捕尘装置，具有换代意义的设备有：以中国船舶工业总公司上海第九设计院设计的喷雾干燥器取代自制的 18～20 千克离心式喷雾干燥器，用三效浓缩锅置换自制的薄膜蒸发器，以微倒锥形多能提取罐取代直喷式提取锅，用 3 立方米容积的不锈钢贮罐代替原贮药水池等。这项大规模的技术改造被纳入广东省医药行业"七五"计划的重点技术改造项目。

通过工艺改革和技术改造，使水提工序实现了低成本提取；回收利用疏水器的热水，降低了能源消耗。天津生产的新型粉碎机组的投产，除了有利于大批量用粉，如将大黄粉碎成粉末状之外，还可以使雄黄免除干燥、过筛，使加工后的雄黄粉砷斑，达到了质量的要求。

自从安装了酒精回流提取器以后，发外加工的当归浸膏收回厂生产，既节省了加工成本，又提高了产量。设备更新的最大综合效益，在于整个提取能力的提高，水提、酒提的药材日处理量就可以达到15吨，为扩大生产预留了生产能力。

1992年上半年设备完全投产后，为了与整个提取、炮制、磨粉、制茶项目的前处理大楼配套，一座连体的原辅料及产成品仓库分别在1989年和1993年建成，建筑面积分别为5 500平方米和4 000平方米。每小时蒸发量为10吨的链条炉（分厂以后的第四代锅炉）则在项目完成前运行。采用微生物处理污水的处理站亦同时投产运行，加大了污水处理量，保护生态环境的力度。

供水（已经换成15厘米直径入水管）、供电、配电（扩容为800kVA）也相应配套。1984～1994年间，佛山市制药二厂在投产品种日益增多的同时，也适当补充了一些设备，如糖浆灌装机、胶囊填充机、胶囊抛光机、水泡眼机、密闭炼胶机、酒精大贮缸、环氧乙烷灭菌机、茶剂装封机、丸剂装封机、片剂包装线、综合楼中央空调制冷机、300升真空浓缩锅、多能提取罐、板框压滤机、切药机、滤水机、药液分装器和35冲压片机等。

在外购机械设备的同时，佛山市制药二厂机修工人还自制了水泛丸沸腾床、羚羊角刨片机、涂布机、糖浆剂的煮糖、配液罐、贮罐等机械设备。厂中心化验室也更新和添置了一批检验设备，如增置气相色谱仪、更新紫外线分光光度计等。科研所也迁移到新大楼，增添了高速离心分离器、小型喷雾干燥器、刮刀式制粒机等。车间的试制室也增加了一台薄膜包衣机和恒温恒湿试验机等。随着设备的增加，设备的维修保养制度也作了相应的改革，将机修人员分别编配到车间，由车间主任管理，使维修工作与生产更加紧密地结合在一起。

二、综合创优　努力跻身国内制药名优企业

1984～1989年，佛山市制药二厂经历了产品创优，计量定级的艰难的历程。制药行业五年一次的三证（广东省医药管理局药品生产企业合格证、广东省工商行政管理局营业执照，广东省卫生厅药品生产企业许可证）验收，前后有过3次，而佛山市制药二厂全都通过严格的审查验收。这是佛山市制药二厂要跻身国内制药先进行列，必须要跨过的一道道门槛。企业终于在1989年6月通过了广东省先进企业的验收，成为省级先进制药企业。

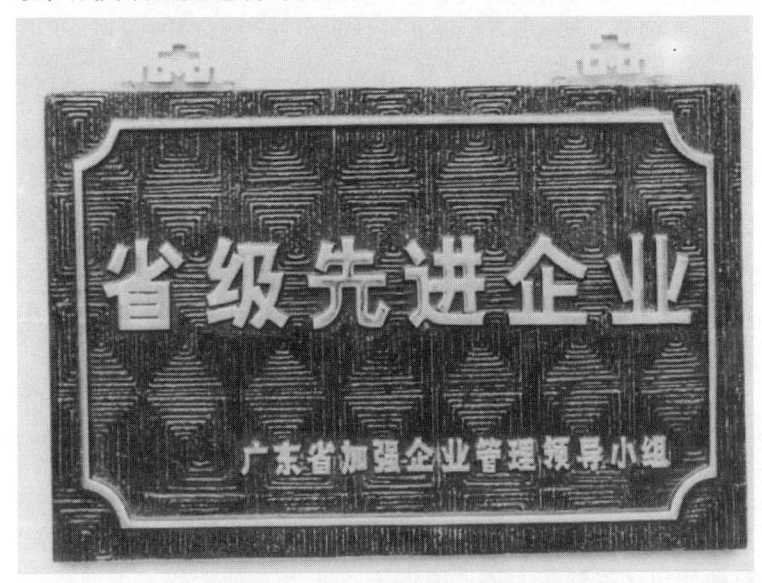

佛山市制药二厂获"省级先进企业"称号

佛山市制药二厂的领导班子懂得，国家对药品生产管理特别严格正是对人民健康高度负责的具体体现，企业按照国家标准，高质量、严要求地进行逐项对照检查，认真查找差距，不断改进完善，产品质量迅速提高，终于将自己生产的药品，推上省级、部级优质药品的行列。经过两轮承包期，佛山市制药二厂开始了高速发展阶段。

佛山市制药二厂有这样的一张清单：1984~1994年被评为广东省优质产品的有银翘解毒片、牛黄解毒片、骨刺平、羚羊感冒片、少林跌打止痛膏、腰肾膏、鼻炎康片，在后来的复评中仍能够保持优质产品的称号，产品质量过硬，得到市场的认可；源吉林甘和茶、鼻炎康片则被评为国家医药管理局优质产品；肥儿糖浆、小儿健胃糖浆也在这个时期被评为获奖的儿童用品；企业荣获"广东省省级先进企业"的称号；计量方面，获得广东省二级认证；1992年，广东省和佛山市主管部门对全市制药厂进行"医药设备工作基础标准达标资格"考核，佛山市制药二厂荣获二级资格，考核结论对佛山市制药二厂的设备管理给予较高的评价。

三、引入ABC管理法　优化产品结构

1987年，制药二厂结合企业特点，引入产品分类控制法（ABC管理法），应用于企业的经营管理。制药企业的特点是生产品种规格多，总量超过100个以上，而且经常要适应市场需求调整生产的品种。

在计划经济时期，所有产品由上级指令生产，药品商业部门包销，企业只管生产，无须顾虑太多，抓好生产就万事大吉了。改革开放以后，企业自产自销，产品由市场调节，为了确保销售与利润同步增长，企业根据市场的需求，集中

有限的资源培养拳头产品，提高经济效益。

佛山市制药二厂在制订产品管理方法时，运用ABC分类控制法的原理，以提高经济效益、搞好企业生产经营为指导思想，以各产品销量、价格与利率为依据，计算出各产品利润额在企业总利润中所占的比例，从而筛选出对企业经济效益起关键作用的少数A类产品。另按照"生产一代，培养一代"的原则，将目前占总利润比例较小，但是市场潜力大的产品充实在A类中，将有一定销值和利润的多数产品列为B类，余下的为C类的产品。为此制订了《产品分类控制法实施细则》，确保全企业资源优先满足A类产品需要。然后，从全部原、辅料中找出占采购总值80%以上的，列为A类重点原、辅料，在采购价格上重点控制，力求降低成本。在资金、仓储等的安排上，均保证A类产品享有优先权。为了使ABC分类控制法落实到企业经营管理中，将其纳入经济责任制，佛山市制药二厂设立了专门考核的内容。经过多年的实践证明，该方法对培育企业拳头产品，提高经济效益起到了重要的作用。以A类产品"鼻炎康片"为例，1986年投产，当年销售值不到50万元，第二年增长到319万元，以后逐年大幅增长，高居A类榜首，到1993年已近5 000万元，成为佛山市医药行业中的"大哥大"。

四、吸取教训　保护知识产权

在计划经济年代，紫花杜鹃片、骨刺平等拳头产品在销售高峰期间被其他企业移植，导致销售大幅下降，这使厂领导认识到知识产权保护的重要性。

从1984年开始，为保护知识产权，佛山市制药二厂做了大量的工作：在产品的包装盒上使用注册商标；有特色的工艺和产品包装外观图案申请专利保护；鼻炎康片等药品处方向卫生行政主管部门申请保密。至1994年，鼻炎康片仍未出现被其他厂家移植，维持独家生产至批准为国家中药保护品种。鼻炎康片还注册了"佛山"商标，用"佛山牌鼻炎康片"签订合同和开发票，以预防被其他企业移植时，患者可以认注册商标购买。后来，海南省卫生厅批准五指山制药厂生产鼻炎康片。然而，该厂只有少量产品在湛江市场出现，后来因为无法形成规模，遂停止了生产。佛山市制药二厂生产的鼻炎康片获得中药产品保护后，有关部门取消了该厂的批文。实践证明，当时办了保密手续，使鼻炎康片幸免了被移植而销售大幅下降之难，至国家实施中药品种保护时，鼻炎康片仍为独家产品。这成绩对日后佛山市制药二厂转制为德众药业，且高速发展起着关键的作用。

当年，经过国家专利局批准的包装外观专利有鼻炎康片、腰肾膏、鼻炎滴剂、肝达康片、小儿健胃糖浆等品种。1993年，鼻炎康片、腰肾膏、鼻炎滴剂由国家卫生行政主管部门批准为国家中药保护品种。

为寻求一个既在国内注册又能在香港注册的商标，企业采取先在国家注册后到香港注册的方法，经过国家工商行政管理局商标局批准的注册商标有"安宁"、"佛山"、"佛药"、"源吉林"、"祖庙"等。但这些商标均因地名或别的企业注册在先而无法获准在香港注册。到转制时，总结以往经验，最终采取"德众"商标。

五、人力资源管理　企业引入现代管理体系

（一）开展技术培训　培养现代企业管理人才

进入20世纪80年代中期，企业的当务之急是培养现代

企业管理人才。根据国务院1982年《关于加强职工教育工作的决定》，"六五"期间，佛山市制药二厂重点完成了对青壮年职工的初级技术培训。培训的形式采用"五个结合"，即自己办学与委托代培相结合；脱产培训与业余培训相结合；集中办班与组织自学相结合；班班轮训与岗位练兵相结合；选送骨干进修与全员普及教育相结合。

按照广东省医药管理局制订的《制药工人初级技术教育大纲》和中国医药工业公司编写的统一教材，佛山市制药二厂连续三年对青壮年职工进行初级技术培训，培训人数133人，合格人数126人，合格率达94.73%。对佛山市制药二厂职工来说，能够获得94.73%的合格率实在不容易，厂里大多数职工的文化水平低，他们年青时候遇上"文革"，现在既要补习初、高中文化课，又要接受专业技术培训，通过考核的困难可想而知。

1988年开始，企业又开展了以中级技术培训为中心的各种业务技术教育。技术员要补习外语才能晋升工程师，许多"文革"前毕业的大专生在学校学的是俄语，就要重新学习科技英语；财会、电工、锅炉工、机修工也分别参加了对口培训考核。经过艰苦的努力，佛山市制药二厂被评为省、市医药系统职工教育先进单位。

（二）实施人才战略　知人善用

对人才的认识，厂领导班子深有体会："市场的竞争，实质是人才的竞争，企业要在激烈的市场竞争中取胜，关键是人才！"

与此同时，佛山市制药二厂还积极引进大学毕业生，实施人才战略。1984~1994年间，吸收了广州中医学院、中山大学、广东医药学院、黑龙江商学院、成都中医学院、中国药科大学、沈阳药科大学、上海第一医科大学的毕业生，其中有的现在已经晋升为高级工程师；还相应引进机械、建筑、电子计算机、自动控制、会计等众多专业的技术工人和经济类的人才，有些人现在已经被提拔到中、高层领导岗位。

对于学有专长，能够发挥作用的生产技术骨干，佛山市制药二厂输送他们去接受各种形式的再教育，鼓励他们申报技术职称，在生活上给予照顾，如优先安排住房等。

佛山市制药二厂还注意从工人队伍中选拔及培养技师，为企业增添一线工作的能工巧匠，抓紧各种人员的技术考核，每年由考评组进行考核和评价，促使各类人才勤奋工作，总结经验，积极发明和积极前进，克服停止、悲观、骄傲或无所作为的观念。

正是由于做到量才而入，识才善用，佛山市制药二厂的人员队伍素质有了比较大的提高。以质量管理队伍为例，1992年佛山市制药二厂质量管理人员总数达47人，其中具有工程师或主管药师、助理工程师或药师、技术员或药剂士职称的有15人，所占比例为31.9%，在佛山制药行业中居首位，高于全行业平均水平7.4%。

（三）改革用工制度，工资与效益挂钩

佛山市制药二厂管理体制改革，鲜明地表现在用工制度上，即从1995年6月开始，实行全员劳动合同制。

20世纪90年代，佛山市劳动局作出了《关于企业全面实行劳动制度改革中若干问题的决定》。佛山市医药总公司及时全面推行劳动制度的改革，制订了《关于市直医药工业企业实行劳动合同制的意见》。

面对用工制度的重大改革，佛山市制药二厂相应成立了由工厂领导、车间科室负责人和劳动工资部门负责人组成的

"劳动用工工作小组"。该小组认真学习有关文件，掌握政策，宣传动员，组织落实。

厂部根据全员合同制的目的和意义，制订了《实施细则草案》，让工人群众广泛展开讨论，增加贯彻的透明度。厂部还结合干部、工人的思想实际，召开大大小小的座谈会和意见征询会，研究了来自各方面的意见，将修改补充了多次的《佛山市制药二厂实行全员劳动合同制实施细则》，交由职工代表大会讨论通过实施。

为了慎重从事，厂领导在佛山市市医药总公司劳动合同制领导小组和佛山市劳动局合同签证人员在场参与和监督下，于1995年6月15日上午，与企业全体干部、职工签订了第一期全员劳动合同，实现了佛山市制药二厂用工制度的重大改革。

（四）成本包干利润提成，实行工资总额与经济效益挂钩

1987年，企业开始实行承包经营责任制，同时实行工资总额同企业经济效益挂钩浮动办法。

工厂的生产车间犹如农村的生产队，一讲承包，自然首先从建立生产车间经济责任制开始。佛山市制药二厂将对国家承担的经济责任分解到各车间，车间将对厂部承担的经济责任落实到班组，班组将对车间承担的经济责任落实到生产工人。这样层层分解落实，将生产质量、经济效益和工资奖金挂钩，目的是调动干部和工人的生产积极性，实现生产上的高效率和经济上的高效益。

在推行生产车间"成本包干，利润提成"为办法的经济责任制之后，厂部实行了"责、权、利相结合"的新机制。车间对厂部承担的责任是"两包、四保"：即包定员人数、包原料、辅料消耗定额；在这个基础上，确保产品品种质量、

产量、安全生产和职工的政治、业务、技术培训这四项指标计划完成。工人们因为"多劳多得、多超多奖"有保证，都积极拥护经济责任制。"奖金多过工资"，已经成为公开的"秘密"。

实行工资总额同经济效益挂钩的办法后，企业每年都取得新的经济效益，水涨船高，工人的收入也在大幅度提高。1987年和1988年，佛山市制药二厂的工资升级面为30%，1989年和1990年都升到50%，1991年仍然保持40%。

下列的统计数字充分说明推行承包经营责任制以来，工厂和工人都得到了实惠：佛山市制药二厂的工资总额，1987年是82.9万元，1988年是108.3万元，1989年是179.2万元，1990年是201.1万元，1991年是264.35万元。工厂年均收入，1987年是2 021.95元，1988年是2 506.94元，1989年是4 129.03元，1990年是4 644.34元，1991年是5 994.33元。

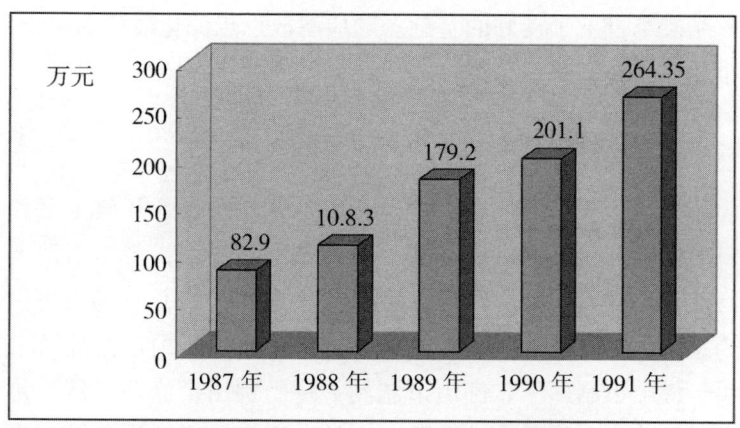

佛山市制药二厂1987~1991年工资总额

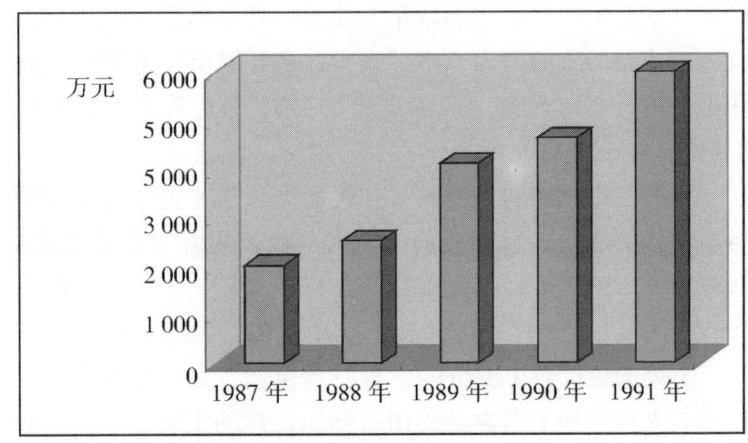

佛山市制药二厂1987~1991年年人均收入

第五节 企业改制 德众药业的崛起

企业经营管理和用工制度的改革，为佛山市制药二厂的体制改革打下了良好的基础。顺应解放思想深化改革的大势，企业体制转型势在必行。

一、政府做媒 拉开转制序幕

邓小平1992年"南巡"讲话，给走到改革开放十字路口的中国开启了绿灯。在邓小平理论的指导下，佛山市医药行业开始探索中外合资的道路。1993年12月10日佛山市医药总公司与香港亚威有限公司签订了中方以佛山市医药总公司、佛山市制药厂、佛山市制药一厂、佛山市制药二厂、佛山通灵药业有限公司的业务、土地、厂房和现有设备及无形资产折合人民币为资本，外方以美元3 000万元为资本的中外合资企业意向书。该意向书提出中方投资占投资总额

40%，外方占投资总额60%，争取在1994年3月前签订正式合同，拉开了佛山市医药行业的转制序幕。

香港亚威有限公司人员到佛山市制药二厂考察，了解了厂的财务状况后，厂内流言四起，职工人心惶惶。厂领导认为企业转制势在必行，但外方只有资金，没有技术，没有产品，更没有销售渠道，即便转制也无法使生产力和经济效益得到提升。

为此，佛山市制药二厂主要领导在总公司、市政府的有关会议上坚持不参加该合资公司而要求单独转制，经多次会议争取，得到了总公司领导的同意。制药二厂开始为独立转制准备。

经清产核资后，以1994年3月31日为基准日，佛山市制药二厂委托佛山禅山会计师事务所进行资产评估，该所于1994年7月18日发出佛山市制药二厂资产总额8 167万元（含土地使用权1 167万元）、负债总额3 769.9万元、资产净额4 397.1万元的资产评估报告书［禅会（94）263号］。佛山市国有资产管理办公室于1994年8月9日出具了资产评估确认书，佛国资（1994年32号）文对上述评估报告进行了检验确认。至1996年9月开始，市委先后派出两批工作小组进驻医药总公司，第一批进驻半年撤出，第二批再进驻，以加速企业转制工作。但是，因总公司党委余下的工业企业、批发企业到底是按实体式的集团企业改制，抑或各自组建有限责任公司的总体转制，模式未能统一，转制工作作罢。

1997年佛山发展有限公司（市政府全资拥有的驻香港代表公司）出于资产重组的需要，提出收购市内优质企业，佛山市医药总公司于1998年3月13日以佛药总［1998］016号"关于出让企业产权组成合资企业及市医药总公司体制改革方案"上报,分别与香港佛山发展有限公司组建董事会,成立有限责任公司。

二、全员动员 做好转制思想工作

1998年3月,为确保转制后新企业能推行现代企业制度,使企业的生产力得到发展,提高企业素质和经济效益,当时的佛山市制药二厂开展以"解放思想,更新观念,适应现代企业制度"为主要内容的大学习、大讨论。通过学习和讨论,达到人人都要对现代企业制度有一定程度认识,从思想上、工作上和方法上都要适应转制后推行的现代企业制度。

1998年3月16日,厂党总支、厂部在厂报《药二工人》第三期上发表了何兆琇厂长一篇题为《树立新的思想观念,适应现代企业制度》的文章,阐述公司制是现代企业制度的一种有效组织形式,动员全厂党员、干部、职工进一步解放思想,更新观念,用实际行动积极支持和推进国有企业进行规范化的公司制改革。6月8日,厂党总支又发表了《以"十五"大精神指导国企改革》的文章,号召大家"打破'铁饭碗',树立能进能出的新观念;打破分配上的'大锅饭',实行多劳多得;搬掉'铁交椅',做到能上能下"。厂工会也发表了一篇题为《冲破旧传统观念,跟上改革步伐》的文章,展开了一系列学习和讨论。归纳了三个多月学习讨论的意见,厂党总支书记兼厂长何兆琇就改制必须用现代企业制度运作,铁饭碗、大锅饭不符合社会主义的分配制度,如何建立鼓励人才脱颖而出的用人机制,公司法人治理机构是现代企业公司制管理的核心等和员工利益息息相关的问题作了辅导报告。厂内的宣传栏也结合职工思想实际对改制作了广泛的宣传。

经过一系列政策宣传和思想动员教育工作，广大职工对企业转制有了正确的认识，对今后适应中外合资股份制企业的运作和建立现代企业管理规章制度有了足够的思想准备，为企业顺利改制扫清了思想障碍。

三、明晰股权分配　确定转制方案

佛山市制药二厂的产权，除出让51%给香港佛山发展有限公司全资附属的兴兆工业有限公司（下面简称兴兆公司）外，余下的49%，经佛山市制药二厂领导班子讨论全部由企业内部职工购买。

《中华人民共和国中外合资经营企业法》第一条规定：中华人民共和国为扩大国际经济合作和技术交流，允许外国公司、企业和其他经济组织或个人（以下简称外国合营者）按照平等互利的原则，经中国政府批准，在中华人民共和国境内，同中国的公司企业或其他经济组织（以下简称中国经营者）共同举办合营企业。

根据以上规定，佛山市有关部门坚持组建中外合资企业，中方必须是中国的公司、企业或其他经济组织，用佛山市制药二厂工会等社团为法人亦无法获批准，为此佛山市制药二厂转制工作停顿下来。为解决此矛盾，厂领导提出利用制药二厂的"安宁"商标为字号，成立一个职工持股公司——佛山市安宁有限公司（下面简称安宁公司）为载体，由安宁公司购买佛山市制药二厂49%股权，兴兆公司购买佛山市制药二厂51%股权后，两个公司合资组建中外合资佛山德众药业有限公司（下面简称德众药业）。此思路得到市有关部门认可和支持，转制工作继续进行。新的矛盾又产生：职工出资须在转制方案得到市批准后进行。且按《中华人民共和国公司法》第十二条之规定，佛山市制药二厂向其他公司投资，所累计投资额不得超过本公司净资产的50%。后经市有关部门调停由市资产评估公司为佛山市制药二厂资产评估的净资产总额49%出具证明书，市企业改革领导小组办公室向市工商局出具了如下内容的公函："制药二厂职工购买企业经营性净资产2 335万元，连同委托医药总公司代管的非经营性资产577万元，合计2 892万元，同意先以上述资产组建安宁公司；由安宁公司和兴兆工业有限公司以各自购得的经营性净资产共同组建新的中外合资企业。"最后市工商局于1998年10月13日签发了安宁公司营业执照。

1998年5月中旬，以1998年4月30日为基准日，佛山市制药二厂做好了资产评估前的一切准备工作。6月上旬，禅山资产评估公司进厂评估。在评估的后期发现净资产过大，影响了职工购股，经市财政局同意佛山市制药二厂将历年所得税返还和其他减免税等一次性退回现金728.5万元给市财政局，另将基准日调整为1998年7月31日。市禅山资产评估公司于1998年8月13日以禅体字（1998）138号评出佛山市制药二厂资产总额为9 235.9万元（含土地使用权），负债总额为3 912.1万元，国有净资产为5 323.8万元，其中经营性净资产为4 766万元。在资产评估的同时厂部进行"佛山市制药二厂转制方案"的制订工作，经过各种大小会议，反复征求意见，数易其稿，终于完成。

1998年8月26日，佛山市国有资产办公室对佛山市制药二厂的资产进行评估确认。翌日，召开佛山市制药二厂第十届第四次职工代表大会，会议讨论通过了转制方案，作出了购买佛山市制药二厂49%产权的决定，并确认了职工购股比例、金额等原则。会议结果在1998年8月28日上报市医药总公司。市有关转制的文件和厂转制的打算，佛山市制药二厂已于1998年6月19日在离退休前辈会议上作了汇报。因转制购股风险甚大，佛山市有关部门规定已退休的职工不能参与，后不少前辈来函来电希望能象征性购买一些，使自己在精神上、感情上成为新公司的一分子。为此厂部决定积极要求购股的前辈在提交书面申请后可以购1万元，在上级未批复转制方案之前于1998年9月18日召开离退休前辈会议宣布。1998年9月26日，佛山市企业改革领导小组以佛企改〔1998〕024号文批准佛山市制药二厂的转制方案。按照8:3:1.5:1的比例进行内部认购，股权认购书于9月21日统一发放，9月22日上午收回。各车间、科室及离退休职工向佛山市制药二厂转制领导小组填交签具本人姓名、日期和认购额度的股权认购书，成为候任股东（交付首期款后转为正式股东）。

《公司法》规定，有限责任公司的股东人数不能超过50名，为此于1998年9月22~23日，原来的车间、科室和离退休候任股东按47.66万元分组民主选举出的候任股东代表49名，各组候任股东在《授权书》上签具姓名，授权本组的候任股东代表本组出席候任股东代表会议行使表决权。

四、职工持股　第一次股东大会

1998年9月26日下午，在佛山市医药总公司副总经理陈特好主持下，佛山市制药二厂召开了安宁有限公司第一次候任股东代表大会，出席大会的候任股东代表共49人。

安宁有限公司第一次候任股东代表大会，是佛山市制药二厂转制期间由职工代表大会向股东代表大会转换的第一次会议，也是安宁有限公司成立的第一次大会，同时还是安宁有限公司与兴兆公司合资成立佛山德众药业有限公司的一次股东代表大会。会议将选举产生新安宁公司新候任董事。毫无疑问,这是佛山市制药二厂一次十分重要的会议。

大会一致同意安宁有限公司设立董事三名,任期由公司章程规定,这3名董事组成董事会,董事长由董事会选举产生;安宁公司3名董事兼任佛山德众药业有限公司的董事。大会讨论了《佛山市安宁有限公司章程(讨论稿)》,一致通过将该章程讨论稿上报市外经贸委和市工商局审核的决定,并同意以审核修正后的章程为《佛山市安宁有限公司章程》。大会还讨论同意签订佛山市工业投资管理公司(卖方)、香港兴兆工业有限公司(买方)和佛山市安宁股份有限公司(买方)的股权转让合同。

《佛山市安宁有限公司章程(讨论稿)》送市工商局审核时,市工商局认为安宁公司章程中不能列出对德众药业所拥有的权利,而安宁公司股东代表大会对德众药业所拥有的权利又必须通过安宁公司章程进行法定。经与市工商局协商后安宁公司候任董事会制订出《佛山市安宁有限公司章程》(第三稿)提交代表大会进行审议,最后获出席本次代表大会的49名代表一致通过。

第三次候任股东代表大会还就推荐、提名公司总经理事宜作出了特别决议。《佛山市安宁有限公司章程》(第三稿)终于获得市工商局通过,市工商局颁发了公司注册资本2100万元、公司成立日期为1998年10月13日的佛山市安宁有限公司企业法人营业执照。

在安宁公司组建期间,德众药业的章程的制订工作亦同步进行。香港佛山发展有限公司在购买佛山市制药二厂51%股权时提出,是为形式上对新组建的德众药业控股,而经营管理将继续由安宁公司进行的口头约定：双方各派董事 3 名，董事长由兴兆公司委派。总经理由安宁公司推荐提名，由董事会聘任。副总经理由总经理提名，由董事会聘任。总经理全权组织和指挥公司的一切生产经营管理工作。1998 年 10 月 16 日，佛山市对外经济贸易委员会对佛山德众药业有限公司颁布了中华人民共和国外商投资企业批准证书［外经贸粤佛合资证字（1998）0020 号］，佛山市工商行政管理局于 1998 年 11 月 1 日对德众药业颁发了企业法人营业执照。

五、药为大众　转制中不忘建设

企业转制，大量的准备工作，艰巨的思想工作自不待言；准备 GMP 认证，诸如基本建设、技术更新、操作规程、企业管理，全部指标过硬；正常的生产、销售，更是生存所系，一刻也不能放松，佛山市制药二厂领导班子面临着严峻的考验。

花开几朵，各表一枝。当抓改制的正忙于学政策、搞宣传、召开座谈会、个别谈话、制订转制方案的时候，抓改造的已经将目光投向了固体制剂大楼。原来批准的固体制剂大楼方案投资过大，应该实事求是减为 4 层，增设封闭阳台，建筑面积减到 6 500 平方米，按 GMP 的要求重新布局。固体制剂大楼设计的修改方案在基本通过了医药、建设、消防、环保等有关部门审查之后，其改造工程动工了。

1997 年，佛山市制药二厂领导亲自带领技术科人员研究薄膜包衣工艺改革，攻关一年，筛选出价格便宜、防潮性能好的鼻炎康薄膜包衣处方并试产，维 C 银翘片维生素 C 含量稳定的攻关试验也获得成功。应用干法制粒后，鼻炎康片崩解时限达到免检的标准要求，质量稳定，为创省优质名牌产

兴建好的固体制剂大楼外貌

品打下了坚实的基础。鼻炎康片在1999年1月荣获"广东省名牌产品"。鼻炎滴剂（喷雾型）的质量提高也比较显著，药液在贮藏过程中产生沉淀的现象已经得到控制。其余产品卫生学质量比前几年也有明显的提高，主要是抓住了喷雾粉包装、贮藏、使用、返磨等过程中质量控制以及把好直入粉、直入原辅料的卫生学检验关。经过努力，研究开发的中药三类新药乳结康丸和四类新药肝达康颗粒获得生产批文和新药证书。新药腰痛1号和胃炎消临床前的研究已经完成。乌鸡白凤丸在完成了临床验证和省药检所复核的基础上，向省卫生厅申请到的生产批文。领导以身作则，设备部门也用只争朝夕的精神埋头苦干。1997年，设备部门完成了糖浆生产设备安装以及药片包装生产流水线、粉碎机和提取渣车的改造，实现了焙炉供热蒸汽的压力无需减压而能直接提供给焙炉，还自行研制了大容量的金银花冰柜。所有这些,为发展生产作好了铺垫。

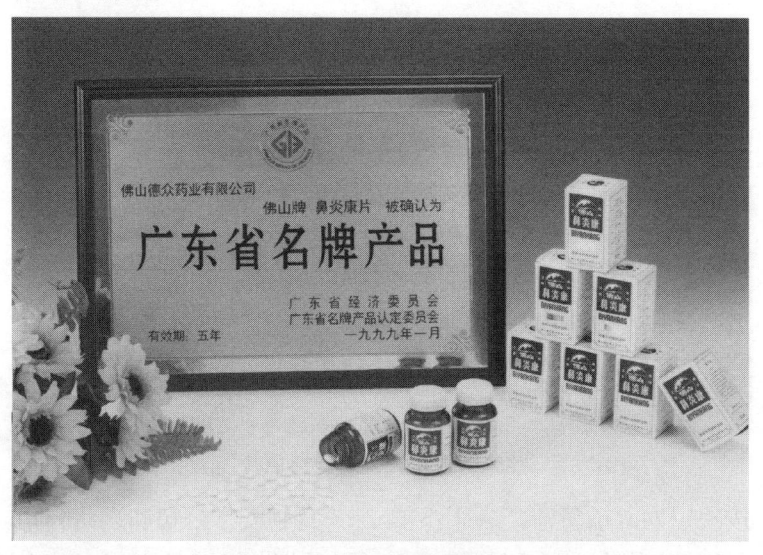

鼻炎康片获"广东省名牌产品"称号

六、成立庆典　德众药业品牌揭幕

佛山德众药业有限公司成立日为1998年11月1日。

佛山德众药业有限公司是中外合资的企业。外方杜日成先生任董事长,梁维东先生、林绍雄先生任董事;中方何兆琇先生任副董事长、总经理;梁燕茹女士、杨许作先生任董事、副总经理。1998年10月13日,佛山市工业投资有限公司(甲方)代表市政府与兴兆公司(乙方)、安宁公司(丙方)三方签订了股权转让合同,按合同的规定,甲方同意将全资拥有的佛山制药二厂的股权全部转让给乙、丙二方,乙、丙二方在佛山德众药业有限公司营业执照领取1个月内支付首期款,即拥有其向甲方购买的全部股权,购买股权的余款

德众药业成立揭牌庆典照片

按规定期限前付清。11月3日、13日，安宁公司和兴兆公司分别按股权转让合同的规定交付了首期款项，即拥有了德众药业的全部股权。

1998年7月，佛山市制药二厂以"商标必须与企业字号合一，为今后企业的品牌战略打下基础"为原则，在全厂征集新公司的"字号"，最终在200多个候选名称中选定了"德众"为新公司的"字号"，"德众药业"的释义为"德在药中，药为大众"，这亦是经营理念，它寓意：德众药业人严格遵守行业道德，以最先进的现代中药工艺、设备、规模生产的优势，生产出疗效高、价格低的药品，尽心尽力地为普罗大众服务，这是佛山市制药二厂以至新德众药业几十年所遵循的。德众药业还按照中药传统做法，撰了一副联语：德义德艺德信凝聚现代新药，药廉药美药效服务普罗大众。

1998年10月13日由兴兆公司和安宁公司的授权代表在

广东省佛山市签署机关文件。1998年10月16日，佛山市对外经济贸易委员会发出《关于中外合资经营佛山德众药业有限公司合同和章程的批复》（佛经贸引［1998］128号）正式文件，同意所报股权转让合同和章程。德众药业正式被批准成立。

为了庆祝德众药业成立这一盛事，董事会请佛山著名的书法家庞国钟先生题匾"佛山德众药业有限公司"，铸造了一块重达108千克的黑漆底金字的铜匾，也就是老佛山津津乐道的金字招牌。如今，牌匾上"德众药业"的字样已经作为标准字在产品包装、信封、信笺等上广泛使用，在产品的外包装上还用高色调投影出产品剖面，如维C银翘片就打上双层片的剖面图案，褐色的是中药，白色的是西药，使人一目了然。

庆典期间，德众药业请佛山市特艺美术铸造有限公司精工铸造三头鹤香炉一对，以德众药业全体同仁的名义捐赠给佛山祖庙灵应祠，以感谢厚爱于德众药业的佛山人民。佛山市博物馆同意接受捐赠，并将之安放在佛山祖庙灵应祠前殿香亭内，市博物馆还给德众药业回赠了"荣誉证书"。三头鹤香炉仿自北京故宫乾清宫前陈列的文物。根据中国民间传说，鹤是仙禽，与灵芝仙草为伴，鹤寿千年，是长寿之征，松鹤延年，乃百姓的吉祥愿望。之后，德众药业还向祖庙和孔庙铸赠大铜鼎香炉一对，安放在殿前广场，以方便群众上香，有利于文物建筑的保护。

德众药业捐赠的三头鹤、大铜鼎香炉

按照佛山人喜欢吉祥数字的传统习俗，公司精心选择了1998年11月28日举行了简单而庄重的德众药业成立仪式。其谐音是"一久久发，实一于易发"。久是长远，发是发达、兴旺、旺盛。

仪式举行当日，公司门楼、制剂大楼上彩旗飘扬，彩带迎风飘舞，好一派喜庆节日的景象。上午9时许，公司职工穿着整洁的服装，按照科室、车间序列，在操场上列队参加德众药业成立庆典。10时正，在雄壮的乐曲中，庆典仪式主持人江凯先生介绍公司董事和高级职员后，揭幕仪式在喜庆锣鼓和载歌载舞中开始。10时30分，兴兆公司代表和安宁公司代表进入办公大楼后，杜董事长、何总经理笑逐颜开地一同为"佛山德众药业有限公司"的铜匾揭幕。然后董事会成员合影，股东和员工合影，群狮起舞，瑞气千条，气氛祥和融洽，预示着德众药业前程远大，前途光明。

德众药业开业前后，公司召开了一系列的董事会会议。

依照中外合资德众药业有限公司的章程和合同中有关条款，兴兆公司委派杜日成先生、梁维东先生、林绍雄先生出任德众药业董事，杜日成先生为董事长；安宁公司委派何兆琇先生、梁燕茹女士、杨许作先生出任德众药业董事，何兆琇先生为副董事长。德众药业董事会正式组建。

德众药业董事会聘任何兆琇为总经理，负责公司全面工作；经总经理提名董事会，聘任梁燕茹为副总经理，分管公司的生产方面的工作；聘任杨许作为副总经理，分管公司的机器设备维修保养方面的工作。正、副总经理的聘任期为4年，可以续聘连任。经董事长提名，董事会讨论通过，聘任许健女士为财务总监，任期4年，可以续聘连任。

七、行使职能　董事会全面运转企业管理

德众药业成立以后的第一次董事会是在1998年12月23日召开的。董事会一致认为，公司刚成立，使企业生产经营正常运作和平稳过渡是首要的事务。于是迅速变更了药品生产企业合格证和药品生产企业许可证，更换了各种商标所有者，包装材料企业名称、土地证、房屋证以及税务、财务、银行账号企业名称等。这些工作有条不紊地迅速完成，为德众药业成立后转换经营机制，按照现代企业制度全面运作奠定了良好的基础。

德众药业的成立，实现了公司产权清晰，政企分离，基本上形成了决策机构、执行机构、监督机构相互分离、互相制衡的机制，为现代企业制度运作，谋求最佳经济效益创造了条件。

随着转制工作的完成，德众药业领导以"精干、高效"为原则，制订了德众药业管理机构设置方案、公司管理网络

图并对生产车间班组实行岗位定编。此外，还结合企业的实际情况，用了两个多月的时间制订了员工手册并召开了工会委员、组长、管理人员会议听取意见，经安宁董事会同意，安宁公司股东代表大会审议，德众药业董事会批准后，于1999年1月起实施。至1999年3月底，公司的人事任免制度、激励机制等全面实施，职工积极性充分调动起来，企业的素质、整体实力大大增强。1999～2002年公司主要经济指标完成情况见下表。

1999～2002年四年主要经济指标完成情况表

年度 项目	1999年 比上年增%	2000年 比上年增%	2001年 比上年增%	2002年 比上年增%	1999～2002年 年均增长%
产值现行价	5.60	20.14	13.95	24.67	15.86
销售收入	10.42	39.04	0.30	12.99	14.94
实现利润	303.74	88.54	-4.67	1.00	64.54
所有者权益	5.20	13.45	36.31	26.91	19.90

第六节 可持续发展 德众药业中药现代化的步伐

一、GMP改造纪实录

GMP是"药品生产质量管理规范"英文翻译的缩写，它是一个国际通用概念，也是国家对药品生产行业必须执行的强制性标准，属于一种法定的监督管理形式。按照GMP的要求，药品经营企业必须围绕药品质量，从药品管理、人员、设备、购进、入库、储存、出库、销售等环节建立一套完整的质量保证体系,通过层层把关,有效杜绝假劣药品的进入和质量事故的发生。

经过充分论证和精心准备,德众药业从 2001 年 11 月开始实施 GMP 升级改造工程,循序渐进地按照国家强制标准进行,实现了企业的现代化标准化生产目标。

(一) GMP 改造前的准备

为了保证公司 GMP 认证的顺利进行,德众药业着眼未来,谨慎理财,在 GMP 认证的资金管理以及投资回报管理上,认真计划,踏实执行。企业转制后,公司利润大幅增长。由于股东投资回报的提前完成,德众药业在 2000 年对未来的财务状况进行预测和分析,结合企业的发展计划和未来市场竞争(通过 GMP 认证后的企业竞争),确定需要集中企业的主要资源,根据企业的定位,按 GMP 要求,在扩大生产能力的前提下进行产品、厂房和设备升级换代的战略性投资,总开支超亿元。为筹集这笔庞大的资金,从 2001 年开始,德众药业适当降低股东的分红,加大企业公积金的提留,另采取各种措施,降低应收账款,在确保不拖欠供应商货款的前提下,适当延长支付周期,最终在没有向银行贷款的前提下,于 2003 年完成了这一投资。

从 1999 年开始,德众药业就加强了流动资产管理,减少流动资金占用,为庞大的 GMP 厂房建设积累资金。德众药业努力追收旧债,减少应收货款,缩短市医药集团公司的结算周期,同时,还对主要原材料按库存定额的规定,实施了新的订购措施,使库存大大减少。另外,德众药业还实施了"部分物资采购资金结算规定",在确保企业信誉的前提下,延长了购进的结算周期。上述的各种措施为 2000 年开始的庞大的 GMP 厂房建设支出做好了准备。

2000年销售大幅增加，为确保生产和固体制剂大楼GMP装修的资金供应，德众药业引导客户由"先货后款"转为"先款后货、先票后货"结算方式，实现了销售收入大幅增长，而应收账款平均余额下降12.85%的好成绩，保证了生产和固体制剂大楼装修的资金供应，全年利息收入126万元，提高了企业的经济效益。

在进行GMP改造的同时，设备部对部分设备的经济寿命和技术寿命进行了分析；财务部核实了需要提前报废的机器设备，并进行了财务处理；在购买进口设备方面，积极配合有关部门从合同修订、信用证开出到购汇付款、设备运抵全程跟进，促进了进口设备的早日投产。由于对货款的收付，应收账款余额的确认，税款的上缴和工资、奖金的发放均按时按质完成，德众药业被银行评为AAA信用等级企业。

2000年，股东的投资得到提前回报，德众药业对固体制剂大楼的设备投资策略进行了重大的战略性转变，原有的不成熟的设备，用国际上高效、先进的设备代替。为了避免设备投资失误，设备部对国内的干压机、双层压片机、高速压片机、铝塑包装机、塑瓶包装线等进行了资料的搜集、实地考察、认真分析等大量工作，为进口设备的选型、订购做好了准备，技术部门制订设备的工艺技术指标作为验收的标准之一，以确保所订购的进口设备能适合公司使用。固体制剂大楼的土建工程也于9月基本完成。

德国制高速压片机

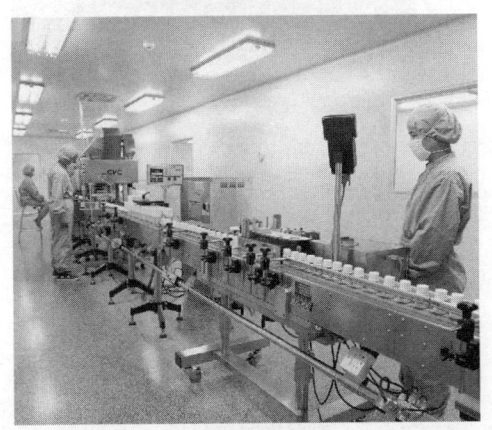

台湾塑瓶包装线

在软件方面，德众药业于 2000 年年初就多次邀请有关专家指导 GMP 文件编写方法，6 月整理出《GMP 文件系统目录》，同时把目录中的内容分配到各有关部门进行文件起草。编写文件的职工，克服种种困难，利用休息时间边学边写，逐步掌握了 GMP 文件编写的要领。经过大家的努力，截止到 2001 年年底已经完成了 268 份文件起草工作，部分 GMP 文件和 SOP 文件也应用到生产操作中去，为加快 GMP 认证工作的完成作出了重要贡献。

（二）GMP 改造时间表

新旧实验室对比

2001 年 11 月，提取前处理大楼开始进行 GMP 改造。

2001 年 12 月，中心化验室（图：新、旧试验室对比）、仓库、洗衣房、浴室完成 GMP 改造；固体制剂大楼 4 楼装修基本完成；提取前处理大楼全面改造完成；综合制剂大楼加建部分基础工程施工。

2002 年 3 月，磨房加层土建工程完成。

2002 年 4 月，焙炉安装调试完成；水提、酒提设备安装

新提取车间

调试完成。

2002年5月,切药、洗药设备安装调试工作完成;3台美制特灵冷式螺杆冷水机组进场;加建综合制剂大楼土建框架完成。

2002年6月,固体制剂大楼1~4楼的装修和350高效包衣机安装工作完成;两台德国制Fette P3200C/79型高速压片机安装完毕,国产D45喷雾干燥塔安装调试完毕。

2002年7月,压缩空气站系统安装调试完毕;提取前处理大楼、固体制剂大楼GMP改造收尾工作进入倒计时。

(三) 全民动员 全面加速GMP改造

2001年,德众药业将原来为通过GMP认证而进行GMP

改造的计划提升为结合企业的发展计划和未来市场竞争的需要战略性投资。为引进大批国际上先进的设备,设备部、财务部、公司办公室通力合作,办理进口设备免税批文,在上级主管部门的大力支持下,获得了广东省对外贸易经济合作厅对德众药业进口设备324万美元免税额度批文。按照324万美元的进口设备来计算,德众药业节省1 000多万元的进口设备关税。德众药业确定采购的均是由国际上最著名的药机生产商出品,已大量应用于化学药品的生产,性能可靠,国内领域药品生产很少或尚未应用的设备。设备部在设备的性能、价格功能方面作比较,品质部、技术部、生产部和车间,从是否适用于中成药生产方面研究,甚至不惜花费昂贵的运费寄样至生产商试验,并将公司的工艺、技术指标作为验收标准,以确保所进口的设备达到预期的生产能力。

2001年10月12日,国家药品监督管理局发布了"关于全面加快监督实施药品GMP认证工作过程的通知",要求凡申请药品GMP认证的企业必须在2003年12月底前完成申报工作,并于2004年6月底取得GMP认证。为此,公司用了三个月的时间对未来现金流量进行预测,对改造期间的生产经营运作及有关部门工作进行安排,并与承建商进行洽谈后下达了"公司GMP改造和认证时间要求"。最后确定2002年8月底前,提取、前处理大楼,固体制剂大楼必须完工投产,综合制剂大楼必须于2003年3月10日前完成,并向省药监局申报GMP认证。

2001年德众药业GMP改造全面加速,至年底,集体冲凉房、洗衣房、中心化验室、仓库等项目的GMP改造已基本完成;综合制剂大楼加建部分的基础工程正在进行。动力设备部克服了时间紧,任务重,各种方案图施工图纸随着进口设备的选型而不断变化和修改，固体制剂大楼，提取、前处理大楼，仓库，综合制剂大楼加建工程等全方面施工出现人力不足等困难，保障了GMP改造工作按计划进行。

（四）争分夺秒　保质保量进行硬件改造冲刺

2002年，是德众药业实施GMP改造关键性的一年。资金大量投入，固体制剂车间的GMP装修改造完成并投入使用，全部进口设备购置、安装、调试完成并投入生产，德众药业计划在11月底前向有关部门申报GMP认证。为确保GMP改造资金的供应，财务部加强了对现金流量的预测，狠抓资金的筹措和运用，没有向银行贷款，全年支付了GMP改造资金3 395万元，没有因为资金供应的问题而影响了工程进度。

在时间紧任务重的情况下，经德众药业员工艰苦的努力，GMP工程取得了预期的目的。固体制剂大楼于2002年6月30日完成了装修工作；三台美国特灵水冷式螺杆冷水机组5月24日进场，6月30日完成安装调试工作；350型号高效包衣机6月5日进场，7月10日完成安装调试工作；压缩空气站系统6月6日进场，7月1日完成安装调试工作；两台德国Fette P3200C高速压片机6月28日进场，7月22日完成安装调试工作；德国亚历山大WP170x120V型干压制粒机7月16日进场，11月18日完成安装调试工作；台湾"皇将"全自动理瓶机8月8日进场，8月12日完成安装调试工作；意大利M92型铝塑包装机11月6日进场，11月15日完成安装调试工作。7月份开始固体制剂车间全面投入使用。

2001年用3个月时间完成两幢仓库大楼全面改造。前处理大楼的GMP改造是德众药业2002年的重点，前处理两幢大楼共9 194平方米，从3月份至年底前全面完成室内外装修和更换新设备工作，具有时间紧、工作量大、施工难度大和边生产边施工的特点。德众药业以施工进度网络计划图的表达形式，发出总动员令，动员施工单位和车间生产各工序紧密配合，确保改造项目和生产任务的顺利完成。从2002年3月1日开始，前处理车间停工进入紧张施工阶段。在施工期间同时汇集水磨石工、批荡工、贴瓷片工、排水管工、给水管工、设备安装工、蒸汽管工、电工、装修工、风管安装工、清洁工等十多个不同工种的施工队伍，24小时分班作业。设备部的管理人员到现场组织施工。公司办公室派出保安员在现场监控，保证改造期间各个施工队安全运作。到11月底完成了前处理大楼内外装修工程，完成了15套提取罐、3套酒提罐、32套储液罐及几千米长的配套管线安装，合计安装调试94台（套），12月份前处理车间基本进入了正常生产。

在GMP认证软件方面，2002年，德众药业为完成前处理车间和制剂车间的GMP认证，编写了GMP、SOP文件1 600多份。2002年1月开始实施了新的质量管理模式：加强现场监控，对三班生产实行全过程监控，改变以往偏重于产品检验的管理模式；实施准产证制度、清场制度、生产过程质量监控制度、中间产品审核制度和成品审核放行制度等管理模式。新的《质量管理法》实施后，国家药品食品监督管理局开展对药品的标签、包装和说明书以及批准文号进行规范整顿，要求各企业按照相关法规和文件修改标签、包装和说明书，填报换发批准文号申请表。在时间紧、工作量大的情况下，公司完成了75个品种的申请表、生产原始批文、质量标准、标签、说明书、包装样稿等申报资料的整理和上报工作，对主要物料供应商的质量保证体系进行按GMP所要

仓库新貌

求审核。

在2003年1月和11月，质量管理部门参与了固体制剂车间和综合制剂车间的GMP认证检查工作，完成了所负责的认证准备工作。在固体制剂车间完成GMP认证后，品质部将工作重点移到综合制剂车间的GMP改造上，先后完成了相关物料质量标准、生产过程质量监控SOP的制订，参与了综合制剂车间和固体制剂车间的纯化水系统、空气净化系统、生产工艺、设备性能以及设备和容器的清洗等各项验证和再验证工作，组织和参与了综合制剂车间的GMP自检工作。

（五）顺利通过认证　实现企业新飞跃

2003年是德众药业的GMP改造进入认证的关键时期，德众药业上下团结一致，群策群力，为能通过GMP认证而忘我工作。为确保 GMP 改造资金的供应，财务部严格执行按计划开支、凭计划付款，严把资金开支使用关，现金和支票随到、随收、随转账，以加速资金回笼，促进周转，确保生产资金和 GMP 改造资金的需要。至 2003 年 12 月，整个 GMP 改造共投入资金 10 915 万元，仅 2003 年全年用于 GMP 改造的资金就达 5 570 万元。由于合理运用资金，德众药业不但不需要向银行贷款，而且有利息收入 63 万多元。成本方面，德众药业结合市场的变化，不断地对德众药业的主要产品进行核实、计算，按期完成了单一产品成本的核算，为领导层的经营决策提供了依据。对超过两年以上的呆账，按时进行了核销。产品价格方面，2003 年 2 月份，国家计委公布了 267 种中成药最高零售价格，把德众药业生产的鼻炎康片每盒的最高零售价定为 7.20 元，比原价（7.80 元）下降了 0.60 元，鼻炎康片是德众药业的支柱产品，占德众药业年总销售额的 50%，若按每盒零售价 7.20 元，即相应下调出厂价。以 2002 年的销售量计算，预计德众药业会损失 800 多万元。德众药业决定继续维持原出厂价不变，同时积极与省、市有关物价部门反映、申诉，财务部在 3 月份与省物价局有关领导共同到国家计委价格司反映情况，最终使国家计委同意鼻炎康片维持 7.80 元原价不变，确保了德众药业的经济效益。

2003 年 1 月 19 日至 21 日，国家药品监督管理局药品认证管理中心委派江苏省药监局刘凤珍、广西壮族自治区药监局黄西峰、辽宁省锦州市药监局顾勇军三位领导，组成 GMP 专家检查组，按照国家 GMP 认证管理中心预定的现场检查方案，对德众药业片剂、颗粒剂、胶囊剂（含中药提取）口服固体制剂的生产和质量管理情况进行了全面的检查。认证检查项目 151 项，其中关键项目 26 项，一般项目 125 项。

通过 GMP 认证的固体制剂车间

GMP 认证专家检查组给予德众药业的最后评价是，完成了 GMP 认证的所有指标，现场检查未发现严重缺陷：德众药业人员和组织机构健全；生产厂房布局基本合理；生产设备和检测仪器与生产品种相适应；主要设备和空气净化系统、生产管理和物料及产品管理基本符合规范要求；生产和质量管理文件齐全；人员经过培训。

经检查组讨论，综合评定如下：德众药业片剂、颗粒剂、胶囊剂（含中药提取）符合药品 GMP 认证检查评定标准。

经国家药品监督管理局审查后发放了《中华人民共利国药品GMP证书》。

  2003年是值得每个德众药业人庆贺的一年，经过全体员工3年多的努力，德众药业按计划全面完成了GMP认证，为德众药业进一步发展和腾飞奠定了坚实的基础。

德众药业领导和GMP认证专家的合影

（六）巩固GMP成果

  2005年6月22日至23日，佛山市食品药品监督管理局GMP检查组，受广东省食品药品监督管理局委派，对德众药业的片剂、胶囊剂、颗粒剂、茶剂、丸剂、喷雾剂和橡胶膏剂等7个剂型的生产进行了全面的跟踪检查，经检查未发现严重缺陷，为此德众药业顺利通过GMP跟踪检查。

  2008年1月，德众药业通过了药品GMP的再次认证。

二、新营销理念　制定全方位营销策略

（一）培育经销商　扩大销售

  从2000年开始，中国医药行业进入激烈甚至动荡的变化整合阶段，国家针对药业市场的混乱，出台了一系列整改措

施，严厉打击制假售假和药品非法传销活动，医药市场逐渐向良性竞争发展。

2000年德众药业的营销策略是培养各地经销商，向扩大销售转变。2000年德众药业名牌产品鼻炎康片和部分A类产品供不应求，形成淡季不淡、全年畅销的良好局面。德众药业在确保重点客户优先的前提下，尽量平衡对各协议单位的供货，对部分销售区采用汽运的方式，尽快把产品送到客户手里。这些举措，为增加产品销售，扩大市场占有率起到了重要的作用。同时，随着"德众"商标的批复，上半年A类产品改用"德众"商标和增加条形码，"德众"牌产品于7月份陆续推向市场，为今后的品牌战略实施打下了基础。

德众药业原有销售渠道共有1 000多个点，从1999年开始，德众药业对销售渠道进行梳理，淘汰资信不好的客户，采取特别的措施清理旧债。至1999年底止，销售渠道的清理工作基本完成，德众药业采取完善库存定额管理、瞬间在途控制、加大让利等行之有效的措施，引导协议客户的结算形式由先货后款过渡为先款后货。在销售收入每年稳步增加的前提下，应收款的年平均余额由1997年的3 286.7万元降至1999年的1 860.7万元。2000年，德众药业将营销策略转移至扩大销售上来，至2002年保留300多个资信好的客户，24个月逾期未收的货款控制在年含税收入5‰以下，1999年至2002年共销售7.1亿元，回笼7.13亿元，现金流呈良性循环，为改制后四年完成股东投资回报和企业战略性投资积累了较雄厚的资金。

（二）因势利导　保持拳头产品市场稳步增长

2001年，随着国务院"关于城镇医药卫生体制改革指导意见"的实施，有实力的药品企业纷纷争取战略性的市场扩充。德众药业在原有批量定价的基础上,加大年销100万元以上大户的让利幅度,优先保证供货,采取汽车发运等措施,以加速培养销售大户,紧跟市场变化的步伐。实施后,2001年销100万元以上经销单位(佛山市医药集团除外)增至37个,销售额比上年增加26%,占自销总额的76%,销售大户的加速形成,为今后品牌的培养、新产品的市场开拓和销售的进一步增长创造了条件。在扩大有效销售的同时,2001年德众药业顺利完成了鼻炎康片、维C银翘片、牛黄解毒片三大片剂品种由糖衣片转为薄膜衣片(同时规格、价格均变动)的市场销售过渡工作。

(三)反低价倾销　制定合理价格策略

2002年,国家的药品指令性降价措施使药价普遍下降,医院药品购进价格下降造成药品的销售额下降,加上药品全部标示生产日期、有效日期,批发商、销售终端和患者对此反应十分敏感,接近有效日期的药品(约6个月),批发商就降价销售。随着国家药品食品监督管理局实施《药品包装、标签和说明书管理规定》(暂行)和换发"国药准"字的药品批准文号,药品包装变化频繁。同时,随着不少西药被国家计委指令降价,流通领域普遍担心中成药价格也会下降,纷纷压缩库存。在如此多变的市场环境下,国内部分大流通商不惜用进货价甚至低于进货价的价格倾销药品,以实现其战略性扩大市场的目的。批发商为保住原有销售份额和供应网络,跟随降价销售,使市场上出现了畅销药品供不应求,而价格却不断下降的反常现象。

在上述宏观环境的影响下,德众药业主要产品鼻炎康片的市场调拨价格开始下滑,由4月起至9月,市场出现5.17元/瓶销售的亏本经营现象。省内外部分客户,开始出现停购停销现象，致德众药业最大的客户佛山市医药集团按 5.17 元/瓶的价格亏本经营亦无法阻挡销售急剧下降的趋势，2002 年 9 月 19 日，库存达 125 万瓶，省内外客户怨言四起。

　　根据市场的变化，德众药业多次召开会议，在 4 月，制订了稳定鼻炎康片售价的销售公约和对低价倾销行为的大户实行限量供货的规定，但仍然无法阻挡鼻炎康片价格下滑的趋势，在 9 月 9 日供销会议上，各销区经理认为："德众药业由于实行批量定价，返利级别及级差太大，造成大户低价倾销，争夺市场，从而引起市场调拨价下滑。"提出应该参照国内一些厂家的做法，采取"统一供货价，年终由德众药业按各客户的情况酌情返利的模糊让利策略"。

　　对于"模糊让利"政策，德众药业认为，若是由上述原因引起，为什么省内外畅销产品价格均同时下滑？实施"模糊让利"策略究竟有没有必要性和可行性？采取该政策是没有办法中的办法，实施后将会一发不可收拾。但鼻炎康片价格一定要稳住，市场调拨价格一定要回升至高于进货价，否则各经销商将会失去经销鼻炎康片的信心，后果不堪设想！最后德众药业出资邀请了超 200 万元的大户到佛山，共同研究对策，采取先单独关门会议后集中座谈的形式，于 9 月 16～17 日召集省外 19 个（实到 16 个）客户，于 9 月 18 日召集省内 9 个客户的征询意见，广泛听取市场动态和客户对稳定鼻炎康片价格的建议。在会议上，确认了鼻炎康片市场价格不断下降的原因，是省外少数大户采取低价（等于或低于进货价）策略不断跨区抢占市场，省内个别经销商的政策不当引发市场鼻炎康片价格下滑。为此，德众药业在会议上引导省内大户达成共识，并于 10 月开始与广东的大户签订严格限价的协议；在省外，对低价跨区销售的客户，坚决实行减少供货量等措施。为确保严格限价目标实现，德众药业对佛山市医药集团进行了详细的调查，采取了减少350万元年协议销售金额，另回购其71万瓶鼻炎康片的措施，对市医药集团作了大幅减少其销售份额的战略性决定。至12月，鼻炎康片的价格已止跌回升，基本达到德众药业控制的5.30元/瓶市场调拨价格。德众药业采取了切实可行的措施，终于扭转了市场混乱、价格下滑的被动局面，按时完成了2002年的销售目标。

（四）分而"制"之 制定个性化营销策略

2001年，中国医药市场变化更趋剧烈，国家对药品管制力度大大加强；全国药品制造厂家GMP改造渐入高潮；终端零售商大行降价风潮抢夺市场，引致批发商大打价格战，市场形势错综复杂，医药品种浮沉升跌难以预料。德众药业领导层为更好地把握市场的脉搏，了解更多的市场信息以指导销售方针的制订，决心在市场营销手段上开展行之有效的探索和实践。其重中之重，就是增强德众药业的销售部门的营销能力。

1. 细化市营小组的分工

2001年底，市营小组有3个人，2002年底增加至7人。德众药业在供销经理部内设立市营小组，搜集、汇总、分析产品市场信息，集中管理、制订、优化德众药业年度广告计划投放安排。同时，市营小组密切与各区销售主管配合，开始对新产品市场开发进行了一系列的探索。乳结康丸、川芎茶调颗粒在珠三角推广，便是其探索目标之一。

2. 广告促销 提高德众药业知名度

2002年，在5年品牌发展计划的指引下，围绕产品带动品牌这一广告促销策略，德众药业首先在广东省全面提升品牌知名度，然后将在广东的经验带到全国，在全国的重点销售区域逐渐提升。同时，德众药业力争做到知己知彼，对A类品种（主要是鼻炎康片、鼻炎滴剂、维C银翘片）进行调查；对100万元以上协议单位进行资信调查，了解各协议单位的动向，以其化被动为主动，为制订营销策略提供依据。在维C银翘片促销方面，德众药业先后在湖北、河北、浙江、山东等省进行了不同方法的促销尝试，取得了较大的成果。

3. 编制《德众药业全国营销网络图》

德众药业CI项目是2002年度的重点项目：实施CI战略，配合企业内部营销，使之服务于德众药业品牌，从而提升德众药业品牌的知名度，实现德众药业品牌的战略目标。2002年下半年，德众药业更从理清产品销售渠道着手，编制德众药业全国营销网络图，通过分析各销售区经销商网络分布状态，指导销售方针的制订，培养各主销区的大批发商、大连锁商，使之成为德众药业的战略合作伙伴。同年，供销经理部市营小组开始分管各区的广告促销工作。在新产品开发推广上，供销经理部有了更新的摸索和进步，逐步改变德众药业产品结构"强者恒强，弱者恒弱"的不利局面，使产品结构不断改善，产品综合竞争力不断提升。通过以上种种举措，当年德众药业销售额突破2亿元，实现含税产值20 235万元，比2001年增长13%。

4. 顺应市场变化　制定营销策略

2002年9月，德众药业采取了限量、限价和对部分省外客户采取特定让利政策等多管齐下的措施，并以此制订了2003年的营销策略。这些措施曾起了一定作用，鼻炎康片市场价格有所回升，但在2003年开始又出现下滑现象。

德众药业全国营销网络图

为应对瞬息万变的市场，德众药业对全国重点销区进行调查分析，并对3年内市场发展态势进行预测。在此基础上，制订2004年的营销策略。因为未来的3年，将是市场急剧变化，医药行业"洗牌式"竞争关键的3年。

关键时刻的营销战略决策关乎德众药业的生死存亡。为此，德众药业邀请了广东外语外贸大学国际工商管理学院的营销博士罗纪宁、杨晓燕、张红明等组成专家团，参与德众药业市场调查分析，同时，对德众药业的营销系统进行优化。

德众药业用了4个多月的时间，进行了2003年销售方案的制订工作，继续稳定提升鼻炎康片市场售价，采取"单品返利"以及对战略大户实行全方位促销等措施；争取维C银翘片等产品能在省外有重大突破，为2003年销售稳步增长打下基础。

三、应对危机　增强企业应变能力

2003年2月份，突如其来的"非典"（非典型性肺炎）给人民生活带来严重的威胁，医药企业也面临着严峻的考验。德众药业审时度势，作出放弃大规模生产板蓝根颗粒，加大维C银翘片生产销售力度的决策，以配合对"非典"的防治。德众药业在山东聊城、浙江金华、四川成都等地进行了铺货和促销活动。

德众药业生产的维C银翘片，符合国家发布预防"非典"的药物标准，因此成为"非典"预防药物之一。2003年上半年，维C银翘片销售比2002年同期增长43%，全年维C银翘片销售同比增长23.5%，其中省外销量增长达31%。当时，省外的一些大型连锁企业，如老百姓大药房、三九健康广场、金象大药房等，均在货架上摆上德众药业生产的维C银翘片。这就为德众药业在省外进一步推广维C银翘片打下了良好的基础。

德众药业的支柱产品鼻炎康片，由于部分客户在2002年度进货过大，影响了2003年的购进，加之在"非典"期间，各地客户将资金集中在"非典"用药上，使该产品的销售量在上半年度比去年同期下降了18%。但经过销售人员的努力，下半年已将其销量追回，全年仅比去年同期下降7%，若把佛山市医药集团公司处理上年度的71万瓶鼻炎康片的因素考虑进去，2003年鼻炎康片的销售，只比去年同期下降1.2%。

"非典"期间，所有起预防作用的药材，也出现了恐慌性的抢购风潮。例如制作甘和茶用的原料药——苍术，从原来的约7元/千克飙升到160元/千克。又如，生产鼻炎康片的原料药——藿香，部分药商为了谋利，不惜竭泽而渔，竟然连正在地上仅有 20~30 厘米高的藿香也割掉售卖。由于德众药业采取及时措施，使需求量大的大宗原材料避过了升价的厄运。但在"非典"期间，部分药材耗用过大，受资源或采收季节的影响，"非典"过后的价格比"非典"前有较大的增幅。幸而，对德众药业有影响的只有藿香、甘菊、青翘几个品种，对成本影响不大。

在当今复杂的社会生活环境下，社会性群体性的突发健康危机不断出现，企业需要制定应对策略和紧急预案。德众药业应势而动，密切注视、分析各省（市）渠道的发展态势，顺势而行，及时向强势的通路靠拢，借势维护、扩展鼻炎康片市场销售网络同时，对新产品进行多地、多品种的市场开拓。为此，德众药业在罗纪宁博士等专家的大力支持和精心指导下，由 2004 年开始，对营销组织结构、营销策略、广告促销、资源使用及激励政策等多方面进行了重大的战略改变。

四、新生产理念　加快产品更新换代

鼻炎康片和牛黄解毒片是德众药业的主导产品。1999 年技术部按 GMP 的管理要求，摸索配方，改变压片的冲头和包衣色素等方法，顺利地解决了鼻炎康片和牛黄解毒片的薄膜包衣的工艺问题。经过反复研究，德众药业摸索出维 C 银翘片"双层片"新工艺，经加速试验，证明了能彻底保持维生素 C 稳定性，为该产品达到国家标准打下了牢固的基础。

2000 年确定了维 C 银翘片双层片的新工艺和新的质量标准后，经过反复试验与有关公司合作，并基本解决了鼻炎康片、牛黄解毒片的薄膜包衣工艺技术问题，开始逐步投产，为德众药业产品升级换代创造了条件。

2001年,德众药业对牛黄解毒片、维C银翘片、鼻炎康片等十多个产品的薄膜包衣工艺继续进行不断摸索和改进,解决了薄膜包衣面不平滑的难题,并达到减少包衣材料,每缸片包衣时间缩短40~60分钟的先进工艺要求。

2002年,腰痛康颗粒、胃炎消颗粒、复方依那普利片等新产品的临床、资料采集和申报工作取得突破性进展。腰肾膏巴布剂完成了样品试制、空白对照也进行了有关工艺、药效、毒理、质量标准等项研究。新药肝达康颗粒试行标准转正及保护的申请,经过多次实验,确定新的可行性方法。

2003年,胃炎消颗粒完成了Ⅱ期临床试验工作,并开展Ⅲ期临床观察。腰痛康颗粒,完成了Ⅱ期临床观察试验,与对照组药物腰痛宁对比,痊愈率、显效率、总有效率高,无效率低。腰肾膏巴布剂完成了工艺研究,药效学试验,长期毒性、急性毒性试验,质量标准的研究和稳定性试验等临床前的试验工作。

德众药业的明星产品鼻炎康片在公司一直是主导产品,针对个别患者反映其对胃部产生不适反应和服用剂量较大的问题,德众药业对其工艺进行研究,寻找产生不良反应的原因,提出最佳制备工艺方案。通过对国内在中药制剂研究方面较为领先的3家研究单位的考察,德众药业选择了四川大学华西药学院承担该项目的研究。

五、新管理理念　完善制度保证生产

(一)千方百计保障生产　满足不断增加的销售需求

1999年,德众药业建立和实施现代企业制度,并结合企业的实际情况,制订了《员工手册》,并于1999年元月起实

施；1999年第一季度，德众药业建立了拉大差距、易岗易薪的薪酬制度，并于4月开始实施；6月底完成了德众药业"管理制度汇编"、"部门岗位责任制"的制订工作，7月起实施。随着现代企业的管理和分配制度建立，"三铁"被打破，新的激励机制形成，充分调动起全公司员工的积极性，管理增效的作用越来越明显。

由于劳动生产率的提高，1999年德众药业的主要产品生产有了较大幅度的提高。糖衣组、压片组在上半年生产高峰期，采用人停机不停的轮休办法，在现有设备里挖潜，合理调配劳动力，不用加班加点，实现满负荷生产，较好地完成生产任务。在4月份创下月产鼻炎康片183.4万瓶和月产片剂1.66亿片的历史新纪录。

2000年，德众药业产品销售形势特别好，全年持续出现产品供不应求的好势头。生产部门以加强生产管理、增加生产为主，调动一切积极因素，对各生产车间的员工岗位重新进行定编，合理调整各工序的劳动力分配。三车间提取组在1999年下半年生产淡季时，每天开足三班生产，为2000年上半年的生产高峰期提供了一定的半成品，3月中旬又提前恢复三班运作。一车间还创下了月产鼻炎康片188万瓶、片剂1.73亿片、月度产值827万元的当时历史新纪录。

2001年是德众药业近年来生产方式变化最大的一年。鼻炎康薄膜包衣片完全取代糖衣片，维C银翘双层片的投产、增产，英国产的BB4机开始使用，牛黄解毒薄膜衣片及其他新品种面市等。各种变化虽对生产产生了较大影响，但在各车间与职能部门的紧密配合下，生产部门克服了种种困难，做到按时、按质、按量完成生产任务，并且创下月产鼻炎康片241万瓶、月产维C银翘片260万盒、月产片剂2.09亿片、月度产值1 794万元的新纪录。第二支柱产品维C银翘片产量也在推出双层片规格后急剧上升，峰期月产量达到260万盒。

生产部门为确保市场的需求，合理调配劳动力，实行人停机不停满负荷生产运作。2001年初，制剂生产任务激增，消耗了大量库存的中间产品。为保证中间产品的供应，从4月份开始，提取组和有关小组由每周六天轮休制改为每周七天轮休制，实行满负荷生产，使中间产品满足了制剂生产的需求。一车间的包衣组、压片组、制粒组也实行每周七天轮休生产制；二车间的甘和茶组、滴剂组、橡胶膏组；三车间的药材加工组、仓库组等班组为了完成生产任务，采用加班加点办法来完成。

2002年是德众药业近年来生产运作最艰难的一年。企业全方位的GMP改造，在一定程度上影响了德众药业的正常生产节奏，车间的改造，固体制剂大楼的拆迁、工艺的变化和新设备的调试等因素，使生产时常间断。德众药业人发扬团结、求实的精神，硬是顶了过来，不但完成了GMP认证的准备工作，实现含税现价产值20 235万元，并且创下月产鼻炎康片304万瓶的历史最高纪录。

（二）改革薪酬制度

从1999年4月份开始，德众药业实施岗位技能工资制，并实行易岗易薪，职工的积极性充分调动起来。4年间，企业的销售收入、利润、所有者权益等均大幅提高，企业的整体实力大大增强。但是任何一种制度久而久之必生弊端。

2003年上半年，在中山大学教授的指导下，德众药业修订岗位薪酬制度，开展岗位评估工作。在总结原有薪酬分配制度和根据存在问题的基础上，完善了岗位技能工资制和制订新的计件工资制等，为新的薪酬制度的修订做好了准备。从7月份开始实施新的薪酬分配制度。德众药业再次增加工资总额，主要用于增加各级骨干的薪酬收入，多数岗位的薪酬基本保持不变，调减（增设）低类岗的薪酬，在多数员工薪金基本不变的前提下，拉开高收入与低收入的距离。

岗位技能工资制的薪金由基本工资、年功补贴、岗位技能工资、浮动工资四大部分组成。

浮动工资按生产车间（管理部门）的月度奖励方案计发，中层管理人员的浮动工资和带班长、副组长、组长、主管的岗位技能工资和浮动工资，分别在同类岗人员的基础上按规定的系数计增，以激励各级骨干不断提高自身的素质，提高工作绩效。

计件工资制岗位工作的员工，薪酬按该岗的计件单价与该员工（工序）完成产品数量计发薪酬。

新的薪酬制度仍按企业所签订的劳动合同期划分为职工（一年或以上）、临工（一年以下）两种合同制员工。但其薪酬不再按职工、临工区分，而是按员工的工作岗位确定。员工工作岗位变动时，其薪酬分配形式亦随之变动。新的薪酬制度实施半年后，起到了较好的效果，大部分员工更加努力地做好本岗位工作，努力提高自身素质，争取向薪金高的岗位流动，德众药业的骨干的素质也越来越高，为提升德众药业的整体竞争力创造了基本条件。

六、提高企业整体素质　向现代化管理进军

（一）组织培训、研修班　提高管理者素质

21世纪是知识经济的年代，科技日新月异。对制药行业来说，企业内、外部环境发生急剧变化，医药行业"洗牌

式"竞争十分激烈，几年内将会有一批医药工商企业被淘汰。为了企业未来的发展，德众药业已经投入了1亿多元以扩大生产能力，实现产品、设备、厂房的升级换代的GMP改造。目前德众药业拥有国内最先进的中药片剂生产车间和一批国内知名度较高的产品。但是，企业能否在未来竞争中求得生存和发展，关键是人才！

2003年，德众药业的GMP管理、现代企业管理等普及形式培训结束，德众药业专业培训的开始。德众药业将针对不同类型的员工，举办各类型的专业培训班，进一步提高全德众药业员工的素质，提高企业的竞争力。为了培养一批既有专业技术知识，又熟悉企业经营管理的中、高级管理人才，德众药业决定开办精选EMBA课程高级研修班。

在筹备精选EMBA课程高级研修班时，德众药业得到了广东外语外贸大学国际工商管理学院的大力支持，由该院多名博士、教授组成专家团进行授课，本期高级研修班学习的课程14门，采用理论与案例教学相结合的互动式教学方式。经过几个月的认真筹备，该班于2003年5月份开始，由国内权威的营销专家卢泰宏教授和广东外语外贸大学董小麟副校长、广东外语外贸大学管理学院杨晓燕院长、著名营销博士罗纪宁等一批资深的专家亲自授课。理论结合实际的面授，使企业骨干在学习相关理论知识的同时，针对企业存在的问题，研究改进方案，做到学以致用。

（二）逐级轮训　提高全体员工素质

GMP的实施以及进口机器设备的引进，既为提高劳动生产率打下了良好的基础，也对基层管理者的素质提出了挑战。为了提高班长和组长的管理水平和素质，更好地适应生产能力的提升，德众药业对班长、组长及相关人员，进行"如何

EMBA课程高级研修班部分老师和全体学员

做好班长、组长"的系统培训，培训内容涉及日常生产管理、人员管理与沟通、团队建设、培养主人翁精神等方面。德众药业希望通过系统培训，进一步提高基层管理骨干的管理水平。佛山市经济管理干部培训中心，曾为佛山很多家企业进行过班组管理人员的培训工作，有着丰富的实践经验。德众药业决定委托其协助开办"班组管理人员"培训班。开课之前，培训班的李文慧等老师亲自来到德众药业，与班长、组长见面，就他们的培训需求，进行座谈和交流。准确地了解德众药业车间、班组、管理人员的培训需求后，确定了培训的课程为《基层管理者的业务素质修炼》、《企业文化的营造与团队管理》、《如何做一位优秀的基层管理干部》。

2006年3月，在德众药业的年度培训中，本着学习对企业有用知识为原则，德众药业将培训内容转为针对各岗位的培训。对生产工人的培训，除了培训产品知识和医学知识外，还有各岗位的常见问题和常用文件的培训。因此，这一次参与培训教材编写的有工艺技术人员，还有各生产班组的组长。

组长们总结了本工序的常见问题，还筛选出最常使用到的十份文件。管理人员的培训也分专业进行，分为药学技术人员、生产管理人员、设备管理人员、营销管理人员四大组别。由于针对性很强，各部门的部长和员工寻找对自身工作实用性强的课题：药学技术人员的培训课题是检验操作规程、方法及注意事项，工艺试验方案、设计方法，新药研究技术要求和指导原则；生产管理人员的培训课程是削减工厂成本的5个方法；设备管理人员的培训课题是新制药设备的介绍如超临界流体萃取、中药提取液的抗污染膜分离、真空带式干燥机、钱夹式包装等，现代设备管理与维修和设备预防性维修管理；营销管理人员的培训课题是德众药业的产品知识。这次培训不仅课题多样化，形式也多姿多彩。各小组的培训在生产班组内进行，由组长当老师，与平时一起工作的工友们一起讨论和学习，气氛既亲切又轻松。药学技术人员的老师是在各自工作岗位颇有经验和心得的员工，吸引了不少眼球。设备部的员工们也精心了解了行业的新动向、新观点与大家分享。生产管理人员在削减工厂成本的课程中，将听课与讨论相结合，学习了怎样分析成本以及控制成本的新方法。

  2007年，德众药业还邀请专家对德众管理人员进行深度培训。在培训中，应邀的医药界的相关专业人士对医药市场和市场推广进行了解析。国家药监局南方医药经济研究所副所长陶剑虹给大家系统地介绍了医药市场发展趋势。陶剑虹从国际市场的发展到国内中成药市场的发展，从国家的药品政策走向到新药的报批等，对医药市场的总体发展趋势作了详细的解说。桑迪营销机构总经理张继明先生向参与培训的人员讲述了"六力营销打造品牌差异化"的策略，参与学习的德众药业人都感到受益良多。

2008年7月，德众药业来自17个销区的37个办事处经理回到了佛山总部，参加"德众药业2008年营销培训班"。此次的营销培训班为期6天，采用德众药业内部培训和拓展训练相结合的方式，内容丰富多彩，充分发挥了参训者的主观能动性，取得了较好的效果。培训期间，德众药业领导讲解了2008年上半年的工作总结和销售情况分析；财务部长和片区总监讲解了价格申报工作的相关情况和办事处工作的关键点；销区经理和办事处经理交流了成功经验，重点强调了流向分析对指导销售工作的重大意义；市场营销人员介绍了招标、新农合、社区等目前医药行业的热点话题，并对办事处培训手册要点进行了培训。此外，德众药业还在广州天麓湖安排了为期两天的沟通与团队拓展训练，邀请了清华大学政治营销研究中心主任赵可金老师在佛山电大讲授以"如何开展公关工作"为主题的课程。此外，公司还组织了《非人力资源经理的人力资源管理》、《薪酬设计》、《谈判技巧》等培训课程，使各级管理人员在管理知识、管理技能更趋于全面。在业余时间，德众药业还组织了各种娱乐活动，给参与人员提供全方位的沟通、交流、学习和提高的机会，提升了团队凝聚力、向心力。

七、政府做主　德众药业进入二次转制

按佛山市政府2006年5月16日和市国资委2006年7月10日会议精神，德众药业的合资方兴兆工业有限公司将股权转让给佛山发展有限公司的另一个控股公司香港荣山国际有限公司，德众药业原国有股权比例发生变化，由国有控股企业（国有股本占51%）改制为非国有控股企业（国有股本少于50%）。德众药业依据有关法律法规制订了《佛山德众药

业有限公司二次转制员工安置方案》。2006年7月26日，在工会主持下，德众药业员工代表一致通过了《佛山德众药业有限公司二次转制员工安置方案》。以政府决定的、香港荣山国际有限公司股东大会通过的2006年9月30日为转制基准日，德众药业对员工进行了经济补偿，并重新与所有员工签订新的劳动合同。经过这一次补偿，2006年9月30日以后退休的员工实行社会化管理，德众药业的负担得以减轻，可以全力以赴地经营和发展；同时，《佛山德众药业有限公司二次转制员工安置方案》再一次以书面形式明确了2006年9月30日前退休的职工的福利待遇，即仍遵循德众药业章程的有关规定执行，保障了退休职工的待遇。

2009年10月13日，港交所上市公司荣山国际成功整合广东佛山优质医药产业资源，正式更名"盈天医药集团"，德众药业正式成为盈天医药集团下属企业。至此德众药业的VI系统将整合于盈天医药集团的系统内。德众药业旗下多个优质品牌和"德众"品牌获中国驰名商标殊荣，将继续得以生存，且将随集团平台的提升而进一步增值。

八、知识产权保护　让企业的知识财富装上专利的盾甲

为了药品专利申请工作，德众药业查阅了有关资料，并咨询国家专利局和专利事务所。德众药业有关人员认为专利保护是对药品最有力的保护，公司决定对独有产品鼻炎康片、鼻炎滴剂、腰肾膏申请药品专利保护。

德众药业根据国家药审中心要求，重新整理复方依那普利片资料，使其通过了生产现场的考核。肝达康颗粒则通过了国家药典会的试行标准转正审评，取得了正式标准的批件。

德众药业整理了有关资料，申请中药保护。国家中药品种保护审评委员会已接受申请，委托中国药品生物制品检定所对三批样品进行检验。乳结康丸申请中药保护和复方珍珠暗疮片申请延期保护工作，两个品种均通过了省级审评，根据省级要求整理资料，上报国家中药品种保护审评委员会。

2007年5月，德众药业向佛山市禅城区政府申报"知识产权示范单位"。德众药业凭借腰肾膏等多个专利，以及这些专利产品带来的优异的经济效益、社会效益，加上德众药业对知识产权工作的良好管理，通过了佛山市禅城区政府的现场检查和专家审评。9月，佛山市禅城区政府授予德众药业"知识产权示范单位"称号。获得这一称号为德众药业以后引进、创造、应用、管理各种技术和知识产权奠定了一个新的起点。

（一）腰肾膏　独家享有所有权

2007年8月，德众药业的新产品腰肾膏取得了中国发明专利证书。

发明专利是政府依法授予的知识产权。腰肾膏取得中国发明专利，意味着德众药业将在一定时间内独自拥有腰肾膏的所有权、使用权。按照中国专利法的规定，这个权利时间是20年。扣除掉申请耗去的3年时间，德众药业在以后的17年时间里独家拥有腰肾膏产权。

腰肾膏获得中国发明专利，对德众药业意义重大。取得发明专利，保住了德众药业对腰肾膏的独家生产权，避免了2008年腰肾膏中药品种保护到期后市场出现同品种跟德众药业竞争的情况。其次，知识产权就是企业资产，腰肾膏的中国发明专利产权将给德众药业的资产添砖加瓦。另一方面，腰肾膏获得中国发明专利，也为德众药业将来怎么样对待每项技术、每个产品的研发、生产、销售、保护起到很好的启示作用。

（二）重要专利保护，三大专利名品

继腰肾膏、鼻炎康片分别于 2007 年 7 月和 11 月获得国家发明专利后，德众药业的鼻炎滴剂于 2008 年 5 月 28 日也获得了国家发明专利证书，成为德众药业第三个重要的发明专利，专利号为 ZL200510001994.X。鼻炎滴剂是德众药业全体同仁，尤其是几代科研、生产技术人员经过 20 年坚持不懈、苦心研制而成的品种。本品种最初是北京一家医院的医院制剂，经过合作及技术转让，1990 年德众药业获得了本品种的技术和全国独家生产权。随后的十几年间，德众药业通过不断的试验，逐步解决了药液质量稳定、生产过程标准化控制、中间产品和成品的专属性鉴别和含量测定等多项关键技术难题，从而使本品种的质量技术水平实现了质的飞跃。

今天，鼻炎滴剂已经是德众药业的拳头产品之一，它凭借优秀的品质和低廉的价格，满足了广大鼻炎患者的需要，极大地减轻了患者因鼻炎带来的痛苦，同时也给德众药业带来了良好的经济效益。鼻炎滴剂的成功研制和成功应用，充分体现了德众药业"德在药中，药为大众"的经营宗旨，并很好诠释了德众药业以产品质量为第一决策因素的优良传统。

九、双中心 勇担中药高新生产技术研发重任

2008 年，根据广东省经济贸易委员会、广东省财政厅、广东省国家税务局、广东省地方税务局、中华人民共和国海关总署广东分署联合行文公布的粤经贸创新［2008］288 号文件，佛山德众药业有限公司被认定为广东省省级企业技术中心，这标志着德众药业在制药领域的研究开发与科技创新

水平在同行业中处于领先地位，并将可能承担省产业结构调整专项的任务，这对于德众药业通过省高新技术企业的再认定，向政府争取更多的优惠政策及提升企业知名度等起到重要的作用。

2008年9月1日，佛山市科技局、发改局和经贸局联名发函，同意德众药业正式组建"佛山市中药开发与生产工程技术研究开发中心"，这是暨2008年德众药业取得广东省"省级企业技术中心"之后在科研技术方面的又一殊荣。这是自2007年开始筹备，历经专业评委的两次现场考核和答辩，最终获得政府肯定的一个工程技术平台。这一科研平台，可大大提升德众药业的核心竞争力，利于德众药业更高、更快、更强地发展。

第七节 德药家族明星产品成长史

一、源吉林甘和茶 跨越三个世纪的传奇

提到"源吉林"，不熟悉的人可能会误解，以为是"源自吉林省"的意思，其实"源吉林"的名号来源于一个家族的姓氏。

广东省鹤山市龙口镇霄乡有一个全国罕见的姓氏——源，据考证这姓名的族人是来自于北魏时期的鲜卑族裔皇族。几经战乱，源氏族人一路南迁到韶关南雄珠玑巷。到了清朝道光年间，源氏已经历了十六七代。道光年间戊申年三月二十四日，源氏家族一代名人诞生，他就是源吉林甘和茶的始创人——源文湛。

源氏牌匾文物

（一）自立店号"源吉林"

源吉林甘和茶的诞生，要先从源文湛的父亲源吉荪说起。源吉荪是一位日本归侨，曾在日本经营小生意，略有积蓄后回到祖国，在佛山汾水铺经营颜料店。当时穗佛两地成药业兴盛的影响，源吉荪把握时机，利用"流泽堂源吉林"招牌立足佛山，后主要由两个儿子打理。

1892年，大儿子源文湛拟出了几条成药处方开始生产和销售，如回春散、戒烟丸、牙痛水、肚痛丸等，甘和茶就是其中最具盛名的一个。就此，"源吉林甘和茶"的名字也就正式叫开了。

在清光绪十四年（1898年），广东中南部一带发生流行性感冒，源氏家族动员全部力量赠饮送药，宣传甘和茶疏风清热的功效。在众人使用之后，甘和茶的口碑甚好。甘和茶有入口凉苦、饮后余甘的口感，有治疗风热感冒的效果。施茶者逢人便说，饮甘和茶入口苦的，是感冒未侵，饮之可以预防；入口微甜的，是感冒已侵，饮之可以治病。不少人在服用后，轻者获得痊愈，重者也减轻病症。患者在感激之余，有一传十、十传百地推介甘和茶的，有写来感谢信的，有登门致谢的，也有致送牌匾的，源吉林甘和茶的名声大振，年产量达8万~10万盒，销到广东、湖南等地。

清光绪三十三年（1907），源吉林甘和茶的从业人员达到50多人，年产量已经飙升至35万~40万盒，以甘和茶的纯利率为30%计算，当年获利已经在10万元以上。源氏家族决定在佛山专营甘和茶，并将店号正式定名为"源吉林"号，所产甘和茶正式命名为源吉林甘和茶，其红、绿、黑三色纸盒仔装潢也固定下来。

清宣统二年（1910），源氏在新加坡香港街46号开设源吉林号，经营甘和茶，兼营副食品和杂货。源吉林甘和茶由佛山经广州转运到新加坡，再由新加坡扩展到东南亚各地。从此，源吉林甘和茶在佛山、广州、香港、新加坡均有店号，四地资产估计有银洋30万~40万元，其中佛山祖铺占10万~12万元。

（二）全盛时期的辉煌

民国廿一年（1932）至抗日战争前，是源吉林甘和茶的全盛时期。从年产40万盒发展到年产150万盒，每年产值在港币75万元以上。以32%利润计算，每年纯利在23万元左右。其包装规格计有安南（越南）装、暹罗（泰国）装、金山（美、加地区）装和普通装（通行国内）。除在广东、广西、福建、湖南、云南、上海以及香港、澳门等地销售以外，马来西亚、越南、泰国、老挝、菲律宾、柬埔寨、缅甸、印度尼西亚、美国、加拿大等地华侨聚居的"唐人街"，也出

建于清末的源吉林甘和茶制药厂旧址

售源吉林甘和茶。源吉林甘和茶之所以受到普遍的青睐,首先是它亦茶亦药的成分,以茶叶为基础,配以藿香、黄芩、连翘、香薷、冬桑、川朴、葛根、威灵仙、乌药、槟榔、薄荷、苏梗等31种药材精制而成。盛夏暑热,高温燥涸时当常茶饮用,有解暑消食、调和肠胃、止渴生津之效;当患头痛发热、周身骨痛等风热感冒症状时,可作药用,服后蒙头大睡,醒来已经疏风清热,神清气爽。其次,源吉林甘和茶携带、服食方便,开水泡服即可,煎水服用也可。第三是源吉林甘和茶口感好,入口微苦,饮后甘凉。第四是价格低廉,每盒一角几分钱,普通人家消费得起。第五是药性平和,老少咸宜。于是,源吉林甘和茶便成为人们居家旅行必备成药。

在源吉林甘和茶全盛时期,生产工场的规模也非同行业能望其项背。先是有溶药铜锅4座,每座一次可熬药1 700千克,可分装14 200盒。在佛山隔沙村,有占地4 500平方米的晒茶工场。资方从业人员18人,劳方雇佣工人150人。源吉林资金雄厚,达200万港元,其中三分之一资金在佛山祖铺。

(三)抗战时期"源吉林"命悬一线

随着抗日战争爆发,战火燃遍,大江南北。先是国内交通断绝，源吉林甘和茶无法运销，继而广州、佛山、香港沦陷，日寇铁蹄践踏我大好河山，百业萧条，民不聊生，加上太平洋战争爆发，香港、新加坡交通断绝。源吉林甘和茶的生产被迫进行半停顿状态，年产量从150万盒下降到20万盒，工人也减少至30余人，已经是奄奄一息。接近抗战胜利时，源吉林祖铺的动产、不动产仅剩港币5万余元，被迫停产。

抗战胜利后，源氏从广州、香港、新加坡三间分号调集资金港币18万元回佛山恢复源吉林祖铺，重新组织人力，恢复源吉林甘和茶的生产。经过一年多的惨淡经营，生产工人逐渐聚集到100人左右，国内年销售量恢复到50多万盒，国外年销售量也回升到40多万盒。

恢复生产的源吉林甘和茶，对生产设备进行了一些改进。例如用焙茶炉代替了焙茶柜，给熬药铜锅装上了喉管，把手工粘纸盒改为机器啤盒等，致力于降低成本，提高产量。在交通恢复，时局短暂稳定的一两年间，源吉林甘和茶积累了资金60万元港币，喘回了一口气，但是，产销终未能恢复到战前150万盒的水平。

1949年初，源氏族人之间发生的官讼事件损失了港币120万元，又丢弃了扩大销售的商机。刚刚开始复苏的源吉林甘和茶又陷入了元气再度受损、极端困难的境地。至建国前夕，源吉林甘和茶又奄奄一息。

（四）枯木逢春　迎来新生

经过新中国成立后3年经济恢复期，日趋安定的社会生活也给源吉林甘和茶一个发展的空间。1956年1月，佛山源吉林、黄颂昌、敬寿阁三家私营店组成公私合营源吉林制药厂，除了继续生产原有产品甘和茶、午时茶以外，增加了胃和丸及川芎茶调丸两个新品种。

公私合营以后，源吉林制药厂、联合中药厂、三联制药厂三家公私合营厂合并组建为佛山市联合制药厂，扩大了佛山制药业的生产规模。

1957年以前，源吉林甘和茶的商标问题迟迟未解决，影响了该产品的出口。1957年3月，经过主管出口经销的中国茶叶进出口公司广东分公司和市有关部门出面，在香港和新加坡经销甘和茶的源氏宗亲回家乡与佛山市联合制药厂的源氏后人商谈，最后达成一致意见：佛山祖业继续使用源吉林商标，其出口部分则由新加坡、香港两地负责分销。

佛山联合制药厂继续对源吉林甘和茶生产进行技术革新，将手动操作的压茶机改造为油压动力，细盒包装改造为咭纸套盒包装。1965年更大力执行成药下乡政策，甘和茶成为佛山联合制药厂成药下乡的主要品种，1966年产量已经达到了216万盒，创造了历史新高。

1971年7月，源吉林甘和茶按茶剂的剂型划归新成立的佛山市制药二厂，继续生产销售。

1980年2月起，佛山市制药二厂将源吉林甘和茶的制药、包装由分在两地改为集中生产，逐步实现了生产、包装一条龙。80年代佛山市制药二厂生产的安宁牌源吉林甘和茶被评为广东省优质产品，1986年复评仍然保持省优。1986年更荣获保优产品称号。工厂为了增创源吉林甘和茶生产新优势，增加了一个袋泡装新品种，交付临床试验以后，获得省卫生厅审核批准。从此，源吉林甘和茶在经历散装、盒仔装以后，又增加了袋泡装。袋泡装自1989年投产，就受到药品市场的认可和欢迎，大大提高了该产品的市场占有率。

甘和茶获奖证书

二、维C银翘片起死回生的故事

（一）维C银翘片险些被宣判"死刑"

可能很多朋友不一定清楚，目前市场上最畅销的治疗感冒的中西药结合品种——维C银翘片，曾经一度因质量标准的问题，险些被宣判"死刑"！

时间要追溯到20世纪90年代，当时业内在生产维C银翘片时遇到的最大难题是：维生素C容易被中药等成分氧化。由于用传统工艺生产时，维生素C和中药等成分混合在一起制成药片，接触面很大，而维生素C又是很容易被氧化的物质，所以，含量不稳定，而且，存放时间越久，被氧化的维生素C就越多。这样维C银翘片的治疗效果就受到严重的影响。

有鉴于此，国家药品监督管理局在2000年取消了维C银翘片的地方标准，规定2001年1月1日前停止销售按照地方标准生产的维C银翘片，之后只允许销售按照国家标准生产的维C银翘片。

在制定本品的国家标准前，国家药品监督管理局向德众药业征集标准草案。要求在草案中用新的生产工艺彻底解决维生素C被氧化的问题。也就是说，只有在新标准中，用新的生产工艺彻底解决维生素C被氧化的问题，才能继续保留这一品种。

（二）技术攻坚　维C银翘片喜获新生

怎样才能将维C银翘片中的维生素C最有效地保护起来呢？

德众药业的技术人员考虑把维C银翘片中的维生素C"隔离"。

怎样才能在不破坏药材有效成分、保障疗效的前提下，设计出最合适的工艺来完成"隔离"的要求呢？

经过无数个日夜的反复研究、探索，德众药业的创新生产工艺——"双层压片"完美地解决了维生素C被氧化的难题！生产时，中药等成分被制成一层，维生素C等西药成分被制成另一层，两层压制在一起，经过薄膜包衣后制成成品药片。这样，维生素C和中药等成分被完全分开，它们的接触面积被控制在最小的范围内，维生素C被氧化的可能性降到了最小，从而保证含量指标3年内稳定，符合国家标准，治疗效果显著。

同时，德众药业还采用当代最先进的喷雾干燥、干法制粒、薄膜包衣等技术来生产维C银翘片。喷雾干燥和干压制粒工艺，与原来的收浸膏再湿法制粒比较，制剂中连翘苷和牛蒡子苷含量是原来的2~3倍，有效地保持了中药有效成分的药性，因而确保了产品的药效。

在递交给国家药品食品监督管理局的草案中，德众药业建议采用双层压片的生产工艺来解决这个问题。由于德众药业创新的生产工艺能够很好地解决维生素C被氧化这一难题，草案很快被采纳。德众药业因而成为第一个获得维C银翘片国家质量标准的生产厂家。新的质量标准，既保障了维C银翘片的产品品质，同时，也从工艺技术上引领了中西药合剂的新的发展方向。新标准的通过也标志着这个品种终于可以继续为广大患者服务。

（三）维C银翘片品质的新突破

新标准的出台使维C银翘片这个品种得以继续生产。此时，德众药业考虑的是怎么样能够严格控制维C银翘片的品质，使得它在质量方面能有一个新的突破。

德众药业从药材、设备、技术革新、生产监控等方面开展了大量的工作，终于使得维C银翘片成为了300多个同类产品中唯一具有3年有效期的产品，被中国中药协会认定为优质优价产品，被广东省质量技术监督管理局评为名牌产品。

德众药业非常重视维C银翘片中主要药材的产地研究工作，对药材产地、采收时间及加工方法进行了长达3年的跟踪研究，在大量数据的基础上，筛选出固定产地及合适的采收加工方法，并建立高于《中华人民共和国药典》标准规定的内控标准，所选用的药材有效成分含量明显高于药典规定，从而使维C银翘片的质量和疗效达到最优。

以维C银翘片的主药连翘来说，连翘具有清热解毒、消肿散结的作用。连翘的主要生物活性成分连翘苷具有较强的抗菌作用，并能抑制CAMP磷酸二酯酶的活性。目前市面上的药材连翘，其有效成分连翘苷的含量普遍低于药典的规定。为了购买到质量上乘的药材，德众药业采取产地定点采购的方式，对产地的药农进行了科学的培训，严格规定按照德众药业的要求采收。这样一来，德众药业所采购的连翘其有效成分连翘苷的含量为 0.25% 以上，高于《中华人民共和国药典》的 0.15% 的要求。

在对药材原产地进行产地研究的过程中，公司领导非常重视经常亲自带队，组织研究人员深入产地进行考察。

2005 年，梁总经理带队来到山西南部伏牛山地区（属秦岭山脉，坡地，砂壤土），对连翘的产地进行研究。这已经是对连翘的产地进行研究的第 3 个年头了，在积累了大量的实验数据的基础上，这一次的考察终于得出了一系列令人满意的结论：陕西青连翘的连翘苷在其采收期内含量不断下降，但是至采收末期含量都要远高于《中华人民共和国药典》标准；用水煮晒干的方法加工成的青连翘药材有效成分保持较好，而用生晒晒干的方法加工成的青连翘药材有效成分易受干燥效率的影响而损失。这些珍贵的科学研究结论对于药材的采收具有高度的指导意义。

由于对维 C 银翘片的工艺及质量的研究较为深入，德众药业近年来对维 C 银翘片质量标准进行了多次修订。双层压片工艺、用高效液相法取代分光光度法测定对乙酰氨基酚含量均是德众药业提出的，质量标准的修订得到国家药典委员会的认可。在本次国家质量标准提高行动计划中，全国 352 家生产维 C 银翘片的药厂中，只有德众药业承担了国家维 C 银翘片标准提高的任务，这是国家对德众药业产品质量及科研能力的肯定。经过人力和物力的投入，维 C 银翘片质量标准的提高起草工作已经完成，增加了金银花、连翘、牛蒡子和马来酸氯苯那敏的 HPLC 法含量测定，使产品质量控制更全面、更科学，从而又一次提升了产品质量。

三、哪里有药店　哪里就有鼻炎康——自创国优产品鼻炎康片

（一）改进配方工艺　研制新药鼻炎康

20世纪80年代初，医药市场上的鼻炎类药品不少，但是市场对鼻炎药需求空间仍然很大。佛山市制药二厂自家独创、70年代批准生产的胆香鼻炎片用于治疗慢性单纯性鼻炎、过敏性鼻炎、急慢性副鼻窦炎，疗效较好，市场有一定需求，但产能低且生产工艺不稳定，成品引潮性大，无法适应市场需求。

鼻炎是一种常见病、多发病，分为急慢性鼻炎、过敏性鼻炎、干燥性鼻炎、鼻窦炎、肥厚性炎和萎缩性鼻炎等多种。西药施治，常用药物有麻黄碱生理盐水溶液、麻黄碱油剂、盐酸苯可拉明麻黄碱溶液、强蛋白银溶液和链霉素溶液、复方薄荷合剂（薄荷油、樟脑、液状石蜡）等，有收缩黏膜血管、杀菌、消炎的作用。但是，某些西药有较大的刺激性，且容易产生过敏性反应。民间中草药单方有用鲜鹅不食草煎水服和苍耳子煎水服等施治，但是单方药力不足，药效不明显。

1983年，在卢继宗主持下开始研制鼻炎康片。佛山市制药二厂研究人员以胆香鼻炎片的处方为基础，选用西药扑尔敏加速缓解鼻敏感症状，以急性鼻炎、过敏性鼻炎、慢性单纯性鼻炎为治疗对策，走出了一条中西药结合的新路，研制方向是消炎、消肿而且能抗过敏的，他们将这种新药冠名为鼻炎康。该药的主要成分是黄芩提取物、苍耳子、野菊花、藿香、鹅不食草、猪胆汁、当归、麻黄、薄荷油、扑尔敏等药物组成。通过药理试验证明，鼻炎康片具有明显抑制大鼠

生产鼻炎康糖衣片的设备

肉芽肿形成的药理作用，可抑制琼脂引起大鼠足趾肿胀，说明本品有明显抗炎作用。鼻炎康片还具有抗被动皮肤过敏反应的作用；能够明显抑制组胺所致大鼠皮肤的通透性，具有很好的抗过敏作用。通过2年时间的研究，1985年5月，鼻炎康片通过鉴定获得生产批文。

（二）为新药改造生产流程

1986年，鼻炎康片在完善了正式生产工艺后投入生产，因为疗效显著，销售量连年上升。多年来，技术人员在完善鼻炎康片工艺上不懈努力，攻克了一个又一个难关。

为了适应大生产需要，佛山市制药二厂将当归的渗漉提取改为回流提取。当归浸膏的干燥原为团块烘干后粉碎，这种方法不但效率低，而且受热时间长，使浸膏中药物成分变性而不溶解，极可能影响药效。针对这种状况，技术人员分析鼻炎康片中组成药物特性的基础上，将各种浸膏单独干燥改为浸膏"三合一"混合（当归、鹅不食草五味药浸膏等和黄芩浸膏混合）喷雾干燥，不但缩短了干燥时间，更重要的是成分不受破坏，保证了鼻炎康片的疗效。

鼻炎康片中黄芩提取物的提取工艺是在提取液中加入明矾液，通过络合的方式提取的。这种工艺不但时间长，收率低，而且在络合中带入大量"铝离子"。如果从黄芩提取液浓缩后直接喷雾干燥，浸膏收率比明矾络合提高（由10%提高到30%），而且浸膏粉中的黄芩苷含量也由20%提高到40%，并解决了带入"铝离子"及生产工艺时间长等多个问题，该工艺经广东省药政部门批准后用于生产。

由于鼻炎康片产量增大，鼻炎康片提取液的浓缩效率已成为生产过程中的瓶颈，在借鉴同行经验的基础上，通过反复试验，终于摸索出了套提工艺，套提工艺成功地用于鼻炎康片提取中，几乎将浓缩时间缩短到原来的1/2。后来，这种先进的提取方法应用于厂内所有品种的生产中。

鼻炎康片由于含浸膏量大、崩解难，一直是制药厂技术人员面临的难题。多年来，试用多种新辅料、新制剂方法，仍无法解决，后来引入了日本汉方制剂中干压制粒方法，崩解问题迎刃而解，崩解时间由50分钟缩短到20分钟，众多技术人员为此松了一口气。这个工艺也解决了中药浸膏片崩解的难题。

1995年，干压制粒工艺应用于鼻炎康片生产，已成为佛山市制药二厂片剂制粒的主要工艺，是与同行业竞争的重要技术和降低生产成本的诀窍。

20世纪90年代后期，许多西药片剂已披上了薄膜包衣这一层漂亮外衣，但由于受中药片剂自身特点的制约，许多中成药厂家对这种先进技术还只能望而兴叹。作为国内鼻炎药龙头大哥的鼻炎康片，要保住"龙头"地位，技术领先是

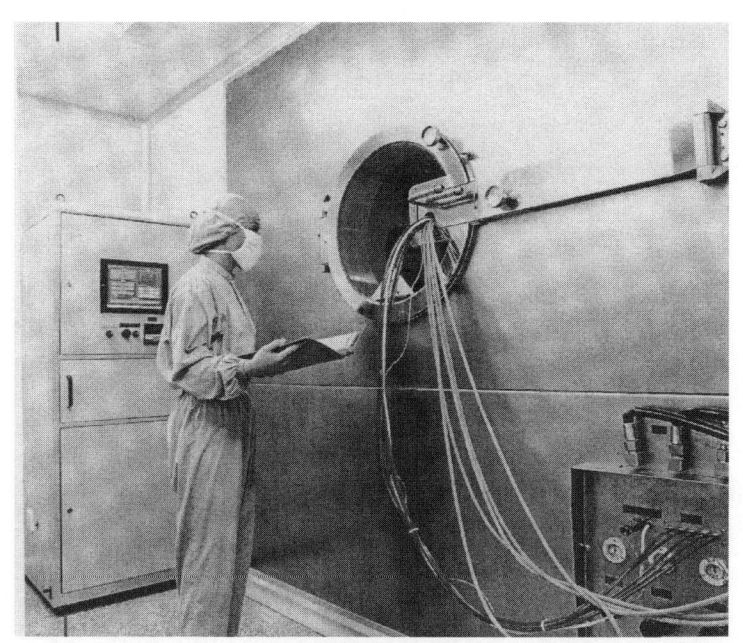

350 型薄膜衣生产车间

必不可少的。因此，佛山市制药二厂技术人员多年来密切关注着这种先进技术的发展情况，并开展了多次试验，闯过了加强片心硬度、控制片心颜色渗出、包衣液配方组成、包衣工艺参数等各种难关，2002 年，终于成功地解决了鼻炎康片薄膜包衣问题，为日后生产的所有中药片剂，采取薄膜包衣打下了坚实的基础。

目前，德众药业的鼻炎康片采用了世界先进的包衣材料——美国卡乐康公司生产的欧巴代。这种包衣材料为水溶性，生产过程安全、方便，产品质量稳定。

（三）"酒香名声远"——药店店员推荐率最高品牌

当时的佛山市制药二厂营销人员也通过不懈的努力，在全国各地为鼻炎康片拓展市场。鼻炎康片投产的第二年现价产值已达 319 万元，且年年大幅增长，至 1993 年产值已近 5 000 万元。鼻炎康片于 1987 年先后被评为省优质产品，1990 年还被评为国家医药管理局优质产品，成为当年佛山市制药二厂最大的经济增长点。转制后，德众药业仍然将鼻炎康片定位为主打产品，并于 2001 年实现了单品销售突破 1 亿元人民币的好成绩。

此后，德众药业与专业媒体以及咨询公司合作，对鼻炎药市场进行了深入的调研，结果发现鼻炎康片的铺货率已经超过了 98%。难怪德众药业的销售人员会骄傲地说"哪里有药店，哪里就有鼻炎康片"。2003 年《中国药店》杂志统计的结果显示，鼻炎康片获得了"店员推荐率最高品牌"。

第三章

企业管理

本章导读：

"德在药中，药为大众"是德众的企业理念，也是德众药业管理"德"文化的重要特征。秉承百年传统，在"用心做好药"的经营宗旨下，德众药业继往开来，创建了一系列的现代企业管理制度，赋予悠久深蕴的中药制药传统以崭新的现代品格，并将中西结合、古今对接的"德"式管理文化贯穿于生产管理、质量管理、科研管理、人力资源管理、经营管理和企业信息化管理等七大模块之中，全力打造一个活力四射的现代德众。

◆ 管理"德"文化

◆ 管理无故事

◆ 精密如机器

第一节 以人为本的"德"式管理文化

管理是科学与艺术的统一,不仅要在表面层和制度层进行操作,更需要深化至文化层。德众药业公司一直秉承"德在药中,药为大众"的经营理念,并将此理念深化至公司日常管理的每一个细节。管理上,德众药业坚持在人本管理的基础上追求绩效,一切用数据说话。德众药业通过对传统中医药学的深刻把握,依托传统古方正药,以现代人不断进取的精神将"德在药中,药为大众"的精神发扬光大,使得诸多民间百年古方,重以崭新的面貌出现在现代医药界,从而造福世人;通过设备力量、科研力量与产品力量的加强,不断开拓市场,用看得见的优势来搭建德众药业未来发展的平台。

一、三个历史时代,三种不同管理

同佛山其他制药工业企业管理一样,佛山市制药二厂也大致经历了三个不同的阶段。

(一)封建家长式

1953年以前,成药老字号沿袭了封建社会家长制的管理模式:所有者即是管理者,大宅深院,家长统治,祖传秘方,绝不示人,师傅带徒弟,凭经验操作。

(二)行政机关式

1954~1978年,佛山市制药二厂经历了公私合营、地方国营两个时期,按计划经济的模式进行管理。企业所有权属国家,管理人员由政府主管部门任命。计划经济的特点是企业的月、季、年度计划按上级指令性计划来安排;企业基层管理机构如车间、班组还要有"长计划，短安排"，按部就班；强调建立报告制度，企业事无大小，都向上级主管部门打报告。计划的制订与完成完全忽视市场规律的作用。

（三）承包责任式

党的十一届三中全会肯定了农村实行承包责任制的改革模式，然后把农村改革的经验运用到城市，进行城市经济体制的改革。十一届三中全会后，国家确立了实事求是的思想路线，确定了以发展生产力为中心的工作方针，由计划经济逐步向市场经济过渡，企业实行厂长负责制。企业重视市场调查，以销定产，注重搞好经营活动。佛山市制药二厂从1979年开始建立企业内部的经济责任制。随着改革的不断深入，经济责任制也不断发展完善：由生产岗位扩展到包括企业全部人员和各项技术业务工作；由单纯的指标分解，发展到按照企业的战略目标和经营方针全面铺开，把责任、效益、分配紧密联系起来，采取各种计奖方式，由点带面全面推开；由生产经营的纵向联系，拓展到纵横连锁的网络体系。德众药业的管理机制从这时候开始基本成型。

二、人本化　新世纪的科学管理模式

从2000年开始，国家对城镇医药卫生体制进行改革，医院进行药品招标，医药商业企业实施GSP，医药生产企业实施GMP，药品管理法的颁布实施，国家引导医药工商企业进行洗牌式的竞争，公司外部环境急剧地变化。在不停产的情况下，德众药业进行GMP指引下的战略性投资，在传统中医药生产工艺的基础上，不断引进了大量现代化的生产机器，不断与中外医药界同仁交流中医药经营的经验，成立了先进的GMP生产车间，建立了强大的研发队伍，组建了完善的销售体系。公司的各个职能机构以具有丰富生产经营经验的老一辈工作者为核心,从多方面引进青年才俊,不断充实公司的各个部门,使得公司在保持稳定发展的同时,不断注入新的激情和活力,以现代化的生产工艺和科学的管理体系生产出质优价廉的药品,为普罗大众的身体健康服务。

在当今变革的社会环境下,管理是情景管理,围绕人的主观能动性进行管理,需要的是因人因事而易,因时因地制宜,制度化与灵活性有效统一,让管理以人为本,与时俱进。为适应中药企业的现代化转型,德众公司创建了具有自我特色的管理原则:

(一)战略管理原则

战略管理是把企业战略的分析与制订、评价与选择、实施与控制三者整合、统一的管理。突出加强核心竞争力的培育,把核心市场、核心顾客、核心产品和核心人才放到企业管理的核心位置,发掘并处理好与企业生存和发展攸关的各方面关系,整合企业内外资源,增强企业适应能力。

(二)目标管理原则

计划和控制、反馈和学习是目标管理的核心,工作业绩界定的尺度与标准是目标管理的关键,结果是主要着眼点。通过目标管理,确保岗位目标同部门、公司目标紧密相连。通过计划、反馈、评估、开发和全方位沟通,强化执行力,实现业绩导向,推动企业整体绩效的提升。

(三)流程优化原则

流程管理以市场需求为导向,以核心流程为重点,以高效为原则,以协作为基础(对内协作和对外协作),以规范化管理为手段,促进资源共享,实现企业价值链每一环节的最大增值,为客户提供超值的产品和服务,最终实现企业价值最大化。

（四）突出执行原则

既要志存高远，更要脚踏实地，正所谓"志在云中走，脚在泥里行"。突出执行就是选合适的人在合适的岗位上；帮助岗位上的员工明确自己的工作目标，并监督、指导完成目标任务；对执行力强，工作目标完成出色的员工及时给予奖励。突出以绩效为中心的企业文化建设，这是实现公司战略目标的根本保证。

在此原则上，德众药业依托于工艺生产与品牌营销两个面，以科研创新为立足点，将人本管理与绩效管理的理念辐射至生产管理、科研管理、质量管理、人才管理与信息化管理等五大管理模块之中，以严谨完备的管理体系打造一个充满活力与生机的现代德众药业。

第二节 企业管理的核心——国标化生产管理

新医药标准的出现，对企业的生产管理质量提出了更高的要求。由此，德众药业面临着优化生产管理，使其适应新标准的挑战与机遇。

一、严谨规范 国标化生产管理新制度

德众药业是以研发、生产及经营为主的企业，在技术研发与工艺生产上取得的成果尤为突出。公司重视工艺的发展，拥有一支强大的科研队伍，注重新设备、新技术的应用，不断开发具有自主知识产权的药品，提高公司的持续创新能力。2005年，德众药业被广东省科技厅授予"广东省高新技术企业"称号。

德众药业秉承知行结合、务实严谨的宗旨,在生产环境、设备、生产工艺、安全生产、绿色生产等方面建立各具特色的管理机制并制定相关的管理章程,在生产管理上形成了严谨科学的管理体系。

(一)生产工艺规程的制定、修订和再版程序

产品生产工艺规程的制定必须依据法定标准,结合公司的生产条件、工艺特点并通过规定的工艺验证后才能制定。由于物料或生产条件改变而要修订生产工艺规程时,必须按"产品生产工艺规程再验证管理规定"先进行验证,通过后才能修订,重大修订还应先经药监部门批准。工艺规程再版前应按"产品生产工艺规程回顾验证管理规定"进行回顾性验证,根据回顾性验证结论进行再版,工艺规程的制定、修订、再版由技术部工艺主管起草,相关部门会稿,定稿后由技术部长审核、生产技术副总经理批准。产品生产工艺规程中对每批产品数量作出规定。

(二)批号和批量管理制度

批量的原则是成型或分装前使用同一台混合设备一次混合量所生产的均质产品为一批次,如采用分次混合,经验证,在规定限度内所生产一定数量的均质产品为一批。

(三)产品生产工艺规程再验证管理规定

规定由相关班组长依据生产工艺规程及各工序的生产特点起草,批生产记录表格由车间工艺员依据工艺标准操作规程制定,相关班组、车间工艺员、相关部门会稿后由车间主任批准。批生产记录内容除有该批投料量、生产全过程的主要操作记录、物料平衡、生产过程QA的质量监控记录等记录外,还附上清场合格证、生产前准备工作记录表、准产证、中间产品传递证、物料领用单、出现偏差或异常情况处理记录、厂房设备清洁记录、本批中间产品、产品的检验报告书，批包装记录还包括上批清场合格证，印有批号的包装盒及标签、使用说明书、产品合格证与装箱单、成品缴库单、产品包装零头合箱记录表、残次标签数及销毁记录等。

（四）批生产记录管理制度

规定填写内容应真实，字迹清晰，不得撕毁和任意涂改。批记录由车间工艺员复核、车间主任审核、技术部工艺员或工艺主管进行复核，然后交品质部总审，品质部长要在审核批记录合格的基础上才决定该批产品是否放行，同意放行的签发产品放行单。批生产记录由品质部归档，保存至产品有效期后一年。

（五）生产标准操作规程

批生产指令由车间主任、车间工艺主管（员）依据生产工艺规程及生产部下达的月度生产计划签发，生产过程严格按"生产标准操作规程"和"生产过程复核管理制度"规定进行。

（六）偏差及异常情况处理制度

当生产过程出现偏差情况，则要按"偏差及异常情况处理制度"处理。

（七）生产现场管理制度

为了防止混淆和交叉污染，规定不准在同一操作间同时生产不同产品。为了有序的生产，各工序物品都必须按"定置管理规定"及"定置图"规定位置放置，各设备、容器、物料、中间产品等根据其状态按"状态标志管理规定"挂上规定的状态牌，生产结束必须按"清场制度"清场，并取得车间 QA 签发的清场合格证，该工序本批生产才算结束。

（八）中间站管理规定

为了规范中间站的管理，制定了"中间站管理规定"，并由专人管理。中间产品进出中间站要填写"中间产品交接单"，并按"中间产品交接标准操作规程"进行交接。中间站设立"中间产品进出站台帐"，并做到账、卡、物相符。中间产品在中间站存放要挂上状态标志。中间站设有用物理间隔的不合格品区，并挂有红色标志。

（九）班前例会天天讲

这是公司基层生产管理的一项有效制度。要求上班前，班组长需对操作工进行当班的工作内容与注意事项进行全面讲解，使操作工更加明白自己的工作过程，从而能更好地理解和执行GMP精神，使生产管理更为有效。在生产过程的复核管理中，注重投料阶段的复核，要求将复核称量的实际数据写于相应标签的后面，以利于对复核工作的监督检查，减少差错。另一方面，每一生产班次发生的问题以及员工们工作中的经验，也在班前会中进行讨论与交流，这大大促进了员工们的技能的提高。

二、厂区管理　绿色、环保、安全、现代化

在"十一五"规划中，我国政府将能源效率列为重中之重。为响应国家的"十一五"规划，近年，德众药业在节能减排方面做了很多工作，并取得了一定的成效。

目前，针对浓缩设备能耗大状况，正进行真空系统节电改造、双效改造等节能优化改造，预计改造完成后浓缩工序年节电量将达40万千瓦时，蒸汽耗用量将只有原来的一半。

（一）高效低耗的用电管理

主要体现在中央空调节能优化改造项目。

德众药业的中央空调系统原本分布在3座车间大楼和仓库，共装有7台制冷主机、7台凉水塔、18台循环水泵、21台空调风柜、大量的风路、电路，共计装机容量1 400千瓦，日常投入使用980千瓦。这些空调系统起着保障生产环境符合GMP要求的重要的作用，同时也消耗着巨大的电能。据2004年计量抄表统计，公司一年用电700万千瓦时，其中中央空调系统耗用240万千瓦时。据对中央空调系统的运行分析所示，公司中央空调系统存在自控水平较低、环境参数不稳定、部分风路设计欠合理、能耗较大等不足。为此，公司和华南理工大学展开产学研合作，解决中央空调存在的问题，实现中央空调温湿度、压差自动控制，提高空调系统的自动化水平，实现空调系统节能运行。预定项目改造的起始时间为2006年4月至2006年12月。

此项目在管理方法和技术攻关上都实现了创新。管理方法上，运用工程经济学的理论，全面分析了该项目的技术可行性与经济可行性，为公司决策提供科学依据。在具体实施中应用项目管理的理念及方法，如工作任务分解、项目团队建立、进度控制，资源优化组合利用等。技术上，提出了循环水泵和冷却塔优化控制策略，根据负荷和主机的开停状况，利用程序控制自动节能运行。突破了原厂设计连续运行耗能的模式；提出了人机界面设计模式，利用计算机、自动化软件和现场控制器通讯，实现空调设备的远程监控。

项目实施后，洁净车间基本实现了温湿度、压差自动控制。据2008年的统计所示，中央空调节能优化改造项目完成后，公司年省电100万千瓦时，年综合效益提高了100万元，中央空调节能优化改造项目的顺利完成起到了降低企业运营成本、增加公司效益的作用、促进企业的经济运行的良好效果。

同时，通过对水泵、凉水塔、风柜等各电机系统进行优化控制，运用计算机精确控制动态匹配制冷负荷需求，合理用冷，实现公司空调机组年节电量 100 万千瓦时；通过对公司 10 吨/小时锅炉各电机系统进行优化控制，运用变频控制动态匹配风机水泵流量需求，合理用电，实现年节电量 21 万千瓦时。

（二）环保节约的用水管理

对一个制药企业来说，水也如同生命线一般，主宰着企业的兴衰存亡。在水质管理的实践中，德众药业逐步形成了具有自我风格的水质管理特色。

1. 智能化的纯化水监控

为了确保生产用水的高质与使用上实现节能高效，德众药业采用智能化的纯化水监控系统。此系统采用三菱 PLC 采集纯化水系统所有的模拟量、数字量信息，经 PLC 现场处理后将数据传输给 KINGVIEW 组态王软件设计的人机界面程序，构成远程实时监控系统，操作人员只需要通过常用的 PC 主机就能了解整个纯化水处理运行情况，同时能够实时掌握各参数的变化情况。拥有声光报警、语音报警系统，使操作人员能够及时处理生产过程中的异常情况，大大提高了工作效率，完美实现了节能降耗、提高水质的目标。

远程实时数据监控系统可读取监测到的设备运行状态、模拟量、数字量数据等信息，在屏幕上动态显示整个纯化水处理系统的运行情况，包括：显示水箱的液位、阀泵的开/关状态；RO 反渗透机的制水量、制水电导率；EDI 电子混床的制水电阻率、电压、电流值、脱盐率；紫外线灭菌灯的运行时间、运行状况；过滤器的压差等。一旦发现故障，报警信系统立即显示明显报警画面，保存并记忆故障发生的时间、方位和原因等原始数据，还可根据操作人员需求保存历史数据、显示各参数的历史曲线并实时打印数据。此系统操作简单灵活、科技含量高、运行稳定、维护量少，在保证纯化水系统的安全运行的前提下，提高了水质监测的准确度并减轻了劳动强度。

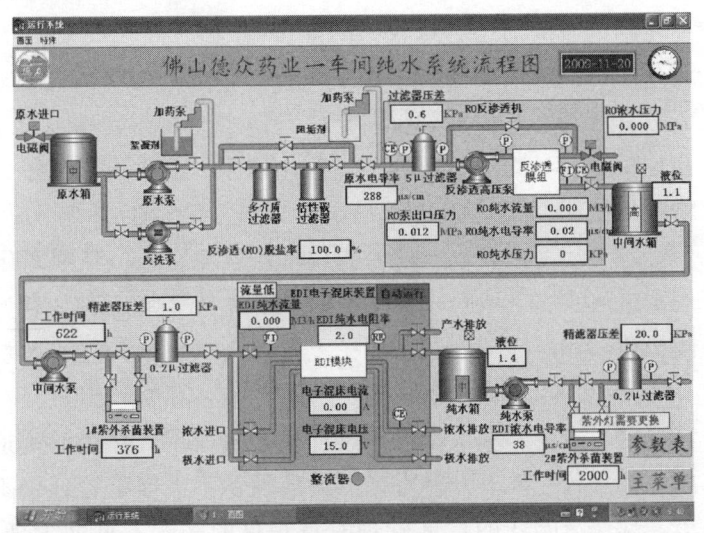

智能化的纯化水监测系统

2. 物尽其用的节水管理方案

在用水管理的过程中，为了实现节能减排，创建绿色生产模式，实现资源节约型生产，德众人摸索出一套节约用水的管理方案，包括冷却水循环利用、锅炉用水循环利用和污水处理后回用等系列措施。

原来的生产中采用自来水直流形式进行，消耗大量新鲜自来水。改造后采用循环利用方式，将各个环节中产生的工业用水进行重复利用，提高了工业用水的使用率。例如，将通过冷却塔冷却后的水进行醇提冷却,年节水量可达9.6万吨。其次,锅炉喷淋除尘用水系使用经处理后的污水,年节水量可达5 000吨。同时,将抽取处理后的污水进行污水站喷洒消泡,实现年节水4万吨。此外,将蒸汽冷凝水回收,返回锅炉循环使用,实现年节水3 000吨。除了水的循环利用之外,企业还加强了清洗验证管理,以节约清洁用水。各生产车间围绕清洁用水量较大的设备设施进行调研,通过清洁验证,使清洁周期及清洁用水量更加合理。德众药业还通过先进合理的污水处理,以实现生产污水的循环利用及污水稳定达标排放,此举不但减少新鲜用水量,还大大节约了污水处理的费用。

经过上述节水管理,使公司用水量逐年下降,其中2006年用水量达41.2万吨,2007年减少至38.7万吨,2008年则下降至26.2万吨。

(三)专业的服务管理

绿色、安全和现代化的厂区环境是每个现代化企业都追求的。德众药业2.3万平方米的厂区面积不大但是管理也不简单。现代花园式的厂区管理有看得见的和看不见的管理,仅固体制剂楼、提取前处理楼、综合制剂大楼三大生产主体大楼和仓库,每栋大楼都六七层高,总建筑面积就达3.5万平方米,这里的水电、安全、环保等工作都需要进行科学的高标准的专业化管理。

公司对厂房等硬件设施相当重视,厂房设施硬件动态符合GMP要求;对厂房设施维护及完善管理则更为关注,厂房维护年费用达100万元以上。

先进的厂区设备需要一套科学的管理与之相适配。为此,公司做好文明卫生建设。尽量使后勤工作社会化,实行专业化管理，以减少员工的劳动强度。德众药业聘请清洁服务公司、花木公司分担公司的清洁卫生与绿化等工作，使厂区环境得以进一步美化和绿化。

（四）重中之重的安全管理

安全生产，任重道远。德众药业在安全生产上坚持以人为本的科学发展观，坚持贯彻"安全第一，预防为主"的安全生产方针，树立"安全生产责任重于泰山"观念，围绕"打好基础、抓好重点、落实责任、建立长效机制"的基本思路，把深化安全专项整治与强化日常监管、建立长效机制结合，多年来一直持续实现安全生产"四个为零"的目标，即死亡事故为零、重伤事故为零、火灾事故为零和重大经济损失为零。

重视安全生产宣传教育工作，把安全生产宣传和培训作为一项基础工作来抓。首先，对广大员工进行安全生产知识普及教育，把印有安全生产法律法规、安全知识、安全技能、事故案例的宣传资料张贴在公司车间、食堂等人流量大的地方，并在公司内部发行的报刊上登载安全生产的相关资料；此外，对新员工进行严格的岗前培训，定期开展消防应急演习、触电事故处理演练，将安全生产教育置于岗前培训的核心位置。通过一系列的应急预案演练，检验了公司及车间停电、触电、地震、火灾等危机时应急预案。发现险情、报告险情、组织抢救、组织撤离等环节，均验证了方案有良好的可操作性。这些培训，增强了员工遇险时的自救自护意识，提高了生产的安全管理水平，同时也发现了硬件及软件上需要改进的地方，进一步提高公司的安全管理水平及应急处理能力。由于德众药业的参保率高、工伤发生比例低，多年来，德众药业一直是受禅城区人民政府表彰的年度安全生产、工伤保险百佳单位之一。

消防设施操作讲解

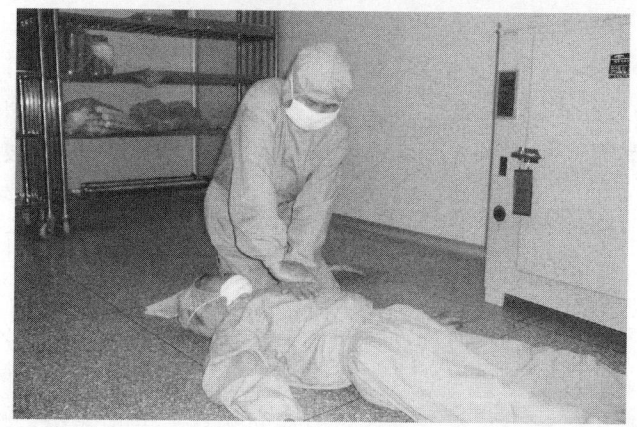
员工在练习按压急救

　　公司建立各项安全生产管理制度，全面落实安全生产责任制。坚持把落实安全生产责任制作为搞好安全生产工作的重要环节来抓，并建立健全的三级安全管理网络，落实到位。落实安全生产事故责任制，严格按照"四不放过"原则，一旦发生生产事故，严究相关责任人的责任。

扎实开展安全生产检查工作，建立事故应急处理机制，落实各项安全整改措施。德众制定了多种形式的安全检查，如节前安全检查、重点部位（班组）安全检查等。通过检查，对存在的问题提出整改建议，落实到整改部门、负责人及整改期限等细节。

三、粮草先行的设备管理　让一线生产没有后顾之忧

1999~2003年，德众药业投入1亿多元进行GMP标准化建设，改造或购置国外最先进的多能提取、真空浓缩、喷雾干燥等设备。作为一个拥有国内最先进的中成药制药工艺与设备的企业，德众药业在设备管理上也同样追求高品质的管理水准。

（一）管理制度

德众药业建立了严谨的设备管理制度，进行全面科学的设备管理。

合理调整设备。围绕产品和工艺特点来安排任务，以适应生产需要。

建立健全的设备使用规章制度。此制度包括设备的使用程序、操作维护规程和使用责任规定。在制度的基础上，建立车间的内部四级管理体系。各岗位员工都是检查员，对所属设备进行点检；车间设备管理员对本辖区设备进行具体监控管理，其职责包括发现问题要及时处理，不能处理的要提出整改措施，并报告给机电设备组，指导岗位员工正确使用和维护设备并对车间设备管理工作提出建议。此外，将维修人员的宝贵经验与新的维修手段相结合，在执行维修规程的过程中注意积极采用国内、外先进、适用的设备状态监测及

故障诊断技术。利用类似专家系统的专用软件结合实际情况编制出更加合理的维修规程,以提高维修计划、备件购买计划的准确性、高效性。

关于设备运作的环境管理。为设备提供良好的环境,包括良好的通风、照明等。同时配备必要的测量、保护仪器装置,全程检测设备的使用状况,以保证设备正常运转,延长设备使用寿命。

提高车间主管、技术员、操作人员和维修人员的业务素质水平。要求操作人员必须经过严格的培训,并参加考试,持证上岗;明确各类人员的岗位责任;不轻易调换骨干人员的岗位。同时制定相应的设备管理考核办法,由车间主管亲自组织落实,并不定期进行检查,对违反规定的予以经济处罚,列入员工月考评。

在设备管理中注意优化资源配置,既避免因"大马拉小车"造成的资源浪费,又杜绝因"小马拉大车"而出现设备异常。加强全车间员工爱护保养设备的意识,将专业管理和机台操作工管理相结合,以保证设备的正常运行并发挥其最大效能。开展全员设备管理,人人参与设备检查,及早地发现设备异常,掌握故障初期信息,以便及时采取对策,将故障消灭在萌芽阶段,避免故障范围扩大,保证设备正常运行。通过多种方式提高全体职工管好、用好、维护好设备的自觉性;培养职工树立爱护公物、以厂为家的思想;编写安全操作规程、保养规范、岗位职责、点检与保养记录等工作手册。

(二)管理三阶段:从设备保养到使用效益最大化

先进的设备,当然需要配备一流的管理,才能实现企业进行设备管理的最大效益。在设备管理上,德众药业追求最佳的设备投资效果,即充分发挥设备效率并谋求寿命周期费用最经济。德众药业的设备管理分为设备的前期管理、中期管理和后期管理三个部分，并在三个部分的执行过程中切实推行设备管理的效益最大化。

1. 前期管理

前期管理涉及从规划到投产这一阶段的全部工作，包括设备方案的构思、调研、论证和决策；自制设备设计和制造；外购设备的采购，订货；设备安装，调试运转；使用初期效果分析，评价和向制造单位的信息反馈。在前期管理中，关键是做好设备选型工作，严格把好设备购置关。在选型上遵循三大原则，包括技术上先进原则、工艺上适用原则和经济上合理原则。具体考虑八个方面，包括工艺性、生产性、可靠性、维修性、节能性、环保性、灵活性和经济性。

2. 中期管理

中期管理是指设备从使用开始直至开始频繁出现小故障这一段时间。这一时期大部分设备运行较为平稳，很少出较大的问题，但这一时期是今后较大故障的酝酿期，若没有较好的保养，维护，设备将很快进入衰老期。因此，中期管理的任务是加强维护，巡回检查以及日常整修工作。建立三级维护保养网，以减少设备磨损，延长设备使用寿命。状态检查包括对重点设备的定期性质检查、精密设备的定期精度检查、设备完好检查以及由维修人员按区域负责的日常巡回检查等。日常整修是为了及时排除从巡回检查或其他状态检查中所发现的设备缺陷或劣化状态。中期检查是属于故障发生之前的有计划控制的日常维修，由车间现场处理，能够有效延缓故障的发生，并在故障发生前消灭隐患。

3. 后期管理

后期管理主要是将设备状态信息、预防维修信息、设备更新报废信息等各种信息归档，存放在设备使用部门、维修部门和供应部门，并根据记录来合理使用设备，以保证设备在生产过程中能符合生产工艺的要求。在后期管理中，通过区域负责，经由日常检修和常规检查，将故障信息及积累的各种原始记录，进行整理分析，了解故障规律，针对各类型设备特点，采取适时的对策，避免事后被动状态。同时，建立包括车间基层修理组现场反馈和维修计划职能部门反馈的信息反馈制度，通过填写"设备完好状态反馈单"，以作为设备维修管理的依据。

所谓磨刀不误砍柴工，对设备的科学维修与护养，不仅保障了生产的顺利进行，更延长了设备的使用寿命，提高设备的使用率，从而节约了生产成本。德众药业公司一贯注重设备的维修与护养，并在具体的生产实践中摸索出一套具有实际指导意义的经验。

在设备维修上，德众药业坚持防患于未然，对设备进行定期维修与养护，实行旺季生产，淡季停机养护的管理方式。一张一弛，不仅是自然生命之道，也是企业的经营之道。

四、技改与创新　先进节能型生产设备

步入 21 世纪，德众药业继往开来，积极挖掘设备改进和创新的机会。在公司领导的支持下，设备部围绕技改创新、节能降耗等方面进行了多项颇有成效的工作，提升了多项设备的技术水平和生产效率、增强了设备的安全性、同时大大降低了生产成本。

（一）锅炉 PLC 与变频控制改造项目

德众药业从 1992 年开始使用的 10 吨锅炉，担负着供应全厂蒸汽热源重任。由于使用时间过长，继电器控制系统老

化问题，对安全生产带来隐患。同时，水泵、风机所使用的阀门节流调整流量方式是人工操作的，操控上较为不便；锅炉引风机的功率为37千瓦、鼓风机的功率为22千瓦、水泵的功率为18.5千瓦，每台电机用3只大接触器作星角启动，线路维护复杂，启动冲击电流高达200~300安，电火花容易腐蚀触点，电机的总能耗非常高，无形中增加了企业的生产成本。为解决以上问题，2005年，设备部提出了"锅炉PLC与变频控制改造项目"的方案，成立专项小组进行技术攻关。

项目在管理和技术上实现了创新。管理上，运用项目管理的概念及方法，如工作任务分解、成本与质量控制，充分发挥电工组的施工能力和利用锅炉主管的工艺经验，成功地组织及实施了该项目。技术上，根据变频调速后压头变化的特性和传统阀门节流的压头特性，研究并提出了变频调速在我厂锅炉应用的可行性，最后予以实现；此外，还设计并调试了锅炉电器控制的PLC程序。

项目成功地实现了锅炉电器的PLC控制；实现了水泵、风机的变频调速；降低了启动电流，使锅炉的运行安全高效。锅炉每吨蒸汽电耗由改造前2004年的8.4千瓦时降至2006年的5.9千瓦时，总电量由41.1万千瓦时降至27.3万千瓦时，省电13.8万千瓦时，节电率30.9%。该项目共投入6万元，预计折旧10年。项目完成后综合效益每年为21万元，半年已收回投资成本。另外，折旧期内实现经济回报预期达200万元。

（二）3 000升浓缩罐提高产能项目

中药制造过程中，真空浓缩罐是实现将提取出来的低浓度药液浓缩成高浓度药液，该生产工艺有效设备之一。2002

年，德众药业在进行 GMP 改造时，安装了 3 台国产 3 000 升/小时蒸发量的真空浓缩设备，但该设备投产以来，存在着一些不足。首先是设备的生产能力跟不上企业的生产需求。国产真空浓缩设备的平均蒸发量只有 1 600 升/小时，达不到 2 100 升/小时的目标蒸发量。其次，进入加热器的蒸汽压力不稳定，操作工难于调节。再次，设备的结构欠合理，难于清洁。为解决这些问题，公司于 2003 年 4 月组建真空浓缩设备工程改造项目小组。预定项目改造起始时间为 2003 年 4 月到 12 月。

项目运行中实现了两大创新。管理上，运用项目管理的头脑风暴法，发动小组人员，特别是胡建成和浓缩组员工提出各种宝贵的改进建议；运用价值工程管理法，选取性价比最佳的方案，如期成功地组织及实施了该项目。技术上，应用正交试验法确定出影响浓缩罐蒸发量的关键因素，用图表分析法确定最佳参数区域，并制定出相应改造方案；实现真空环境下动态液位的测量及控制；应用电导法巧妙实现液泡的检测和自动消泡。

项目如期完成，并取得了预期的改造效果。其一，据市节能中心测试数据显示，改造后的真空浓缩机的最高蒸发能力 3 200 升/小时，连续 4 批平均蒸发量 2 600 升/小时，效率明显高于 2003 年。其二，系统实现自动进液、在位清洗与进液温度自动控制，实现了设备的自动化操作，每年每台设备的工作台时可比改造前减少 6 000 小时，按浓缩系统平均每台有效功功率为 44 千瓦/小时计算，可年节电 26 万千瓦时，约合 21 万元人民币。此项目共投入 20 万元，预计折旧 10 年。项目完成后综合效益每年为 21 万元，一年已收回投资成本。折旧期内实现经济回报预期达 210 万元。

(三) 提取罐系统综合自动控制项目

多能提取罐广泛用于中药、食品、化工行业的常压、水煎、湿浸、热回流、强制循环渗透、芳香油提取及有机溶媒回收等多种工艺操作。它是中药制药等工业中的一种重要设备。项目的改造目标是实现提取罐系统操作的自动化，能够自动控制罐内温度、自动显示罐内压力和二次储液罐液位以及自动检测罐底安全栓开关状态。

2003年10月，项目如期顺利完成并达到了预期目标，根据企业的生产需要设计了多能罐的自动化控制程序。其一，实现了提取罐的压力自动控制，可以根据工艺要求在人机界面设定工作压力，由 PLC 进行 PID 智能控制，在人机界面自动显示、记录压力和温度曲线。其二，实现了提取罐的超压报警。当提取罐工作压力超过设定安全压力时，系统发出声光报警，并自动关闭蒸汽调节阀。其三，实现了提取罐底盖安全栓监控。当安全栓打开或锁紧不到位时，在人机界面上有报警指示。其四，实现了汽调节阀工作选择。当需要加热时，只需控制旋钮，选择"加热"，在人机界面上调节阀通电处于受控工作状态即可；当工作完毕，选择"关阀"，调节阀即可自动关闭，约30秒后将旋钮打向"断电"，即可切断调节阀电源。其五，实现自动化的质量监控。操作人员可从人机界面上监控罐内液位，通过计算机操作来自动计算储液质量。其六，实现泵监控的自动化。可以选择在现场或控制室电柜启停药水泵。启动后，管道有水则自动延时开泵，缺水则立即停泵。所有操作过程的相应状态均可在人机界面显示，方便操作人员的监控。其七，信息记录显示的自动化。设备自动记录生产过程中的故障报警信息，通过人机对话窗口展示所有信息，供操作人员参考处理。该项目共投入19万元，项目完成后，提高设备的生产自动化和信息化水平，提供了安全生产的技术保障，大大减少了故障率。同时，保证了工艺质量，提高了企业的生产效率。提取罐系统综合自动控制系统的先进性与高效性，成为德众药业公司展示其现代中药生产技术的一面窗口。

公司作为港资企业在节能环保工作做出的努力，得到香港环保署的参观和认可，其中2009年"锅炉电机变频节能"和"锅炉空气预热器节能"项目通过香港生产力促进局核证，"空压机变频改造节能"项目作为清洁生产示范项目得到香港政府资助。

五、研发管理　创新研发打造专业领先

德众药业一直专注于研发与创新，把握生产经营中的核心技术，努力创造在产业价值链关键环节上的独特优势，从而获取最大市场份额。

在继承传统方剂及中成药加工的基础上，经过了近五十年的现代中药制剂技术的摸索，德众药业在应用连续提取、真空浓缩、喷雾干燥、挥发油包合、干法造粒、双层压片、薄膜包衣等新制剂技术上取得了巨大的成果，拥有自主创新的中成药品牌数十个。在技术研发上，德众药业坚持与时俱进，在工艺创新上处处体现了中西结合，传统与现代接轨的战略思想。随着现代科学技术的发展，中药生产摆脱了过去的"作坊"模式，在配方、剂型、包装上借鉴西药的制作工艺，引进国外的先进设备，逐步实现中成药的现代化大生产。在中西医药文化的大融合阶段，德众药业与各界医药同仁一起承担起保持和发扬中华传统医药文化的历史使命，致力于传统中医药与现代化生产方式的对接，发挥传统中医药"标

本兼顾，身心并治"的优势，让国药走向世界。德众药业在工艺管理上取得的卓越成果，使其在药界获得良好的声誉。如今，德众药业在中成药的工艺技术上已达到国内最先进水平，成为现代中药生产的代表之一。21世纪，是力主创新的世纪，是用实力说话的世纪，德众药业将继往开来，用一流的研发实力占据专业领先地位。

（一）敢于突破，中西结合配药方

针对传统中药因缺乏现代医学方法证明其药效而未能进入主流医药场的难题，研究及改良传统中药的药用效果，进行中西结合，为将来的中药西用打下基础，这也是中药走向世界、走向未来的有效途径。

目前，德众药业拥有75个生产批文，有不少品种的处方都是中西药结合的，其中维C银翘片、鼻炎康片、鼻炎滴剂可以称得上是中西药结合复方制剂的代表之作。

维C银翘片是在银翘解毒片的基础上加入马来酸氯苯那敏、对乙酰氨基酚和维生素C，与银翘解毒片相比疗效更佳。其中马来酸氯苯那敏具有抗鼻黏膜过敏的作用，对乙酰氨基酚具有解热镇痛的作用，而维生素C则有增强机体抵抗力的作用。该处方中西结合，对治疗流行性感冒引起的发热、头痛、咳嗽、口干、咽喉疼痛效果显著。

鼻炎康片的主要成分为广藿香、苍耳子、鹅不食草、野菊花、黄芩、麻黄、当归、猪胆粉、薄荷油、马来酸氯苯那敏等，主要功能为清热解毒，宣肺通窍，消肿止疼，用于急性、慢性鼻炎，过敏性鼻炎等。其中，野菊花、黄芩、猪胆粉能清热解毒，藿香、苍耳子、鹅不食草能宣肺通窍，当归能消肿止痛。现代药理学研究表明，鼻炎康片为中西药制剂，其在抑制大鼠肉芽肿、抑制组胺所致大鼠皮肤通透性的抗炎、抗过敏试验中药效最佳，优于单独使用鼻炎康纯中药成分或马来酸氯苯那敏。实验证明，纯中药成分与马来酸氯苯那敏之间具有协助作用，能够增强抗炎、抗过敏作用。临床上也证实鼻炎康片对肺经风热型急性鼻炎及肺经蕴热、邪滞鼻窍型慢性鼻炎和肺经蕴热型变应性鼻炎具有较好疗效。此处方采用中西结合的方法，较好地达到了标本兼治的治疗目标。

鼻炎滴剂乃鼻炎外用药，其主要成分为黄芩苷、金银花提取液和辛夷（油）、盐酸麻黄碱。黄芩对溶血性链球菌、葡萄球菌等均有不同程度的抑制作用，并能直接扩张周围血管，改善鼻黏膜微循环。黄芩配以金银花能清热解毒，辛夷油则有疏风散寒、行气活血、润燥解滞之效，盐酸麻黄碱则具有消炎抗组胺作用，既能通利鼻窍、散风清热，又能消肿排脓。中西结合，可迅速除鼻塞，并能通过杀菌消炎、促进损伤鼻粘膜修复来达到消除痛苦、保护粘膜、防止反复发作感染的目的。中药成分使得药效温和、安全，对急、慢性鼻炎及急、慢性上颌窦炎均有良好疗效。

（二）让"西服"为中药包装扮靓

在商品社会里，包装是品牌的外衣，它往往也是影响商品推销的重要因素。对药企来说，成本低并且能进行大规模生产的合格药品包装是梦寐以求的；对消费者而言，药品包装的干净卫生则尤为重要。早期中药的包装沿袭传统的瓶装模式，在使用上极为不方便。实现中成药药片的独立包装，是中成药适应市场需要的发展趋势。

水泡眼铝塑包装在中药上的使用正是对西药包装的借鉴，牛黄解毒片在采用了水泡眼铝塑的独立包装后，才拓展了原有市场。1985年以前，小规格的药片包装多数是用指头瓶，包括玻璃瓶和以聚苯、聚乙、无毒聚氯乙烯为材质的塑料瓶，

或者用以聚乙烯或 BOPP 为材质的薄膜袋装。这种多年一贯制的包装因产品价格低，劳动力需用量大而无法实现规模化

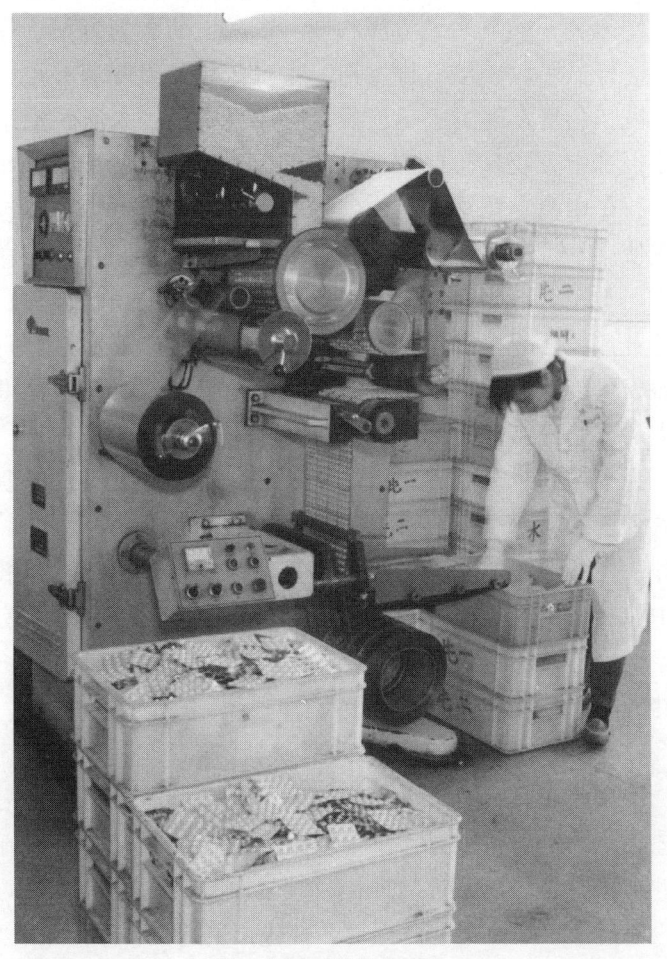

第一台国产铝塑包装机

生产。如何改造中成药的包装使之能方便药房发药和药店零售呢？如何才能使中成药便于携带、保管？如何能使中成药的包装方式实现机械化的规模生产？这些问题成为德众药业

的前身——佛山市制药二厂留意攻关的难题。企业的技术人员从西药片的水泡眼包装中得到启发，在业内率先采用水泡眼铝塑包装，此举大受市场欢迎。医院发药极为方便，像西药片一样，可以一排一排发药，零星数用剪刀一剪补足，因此医院、药房都愿意大量进货。对患者来说，水泡眼铝塑包装不但携带方便，而且独立包装更为卫生。尤其是旅行和出差，行李中捎上几个片装，就随时可用，非常方便。此包装率先使用于牛黄解毒片，后移植应用到维C银翘片，同样受到市场欢迎。自此，佛山市制药二厂生产的银翘解毒片、羚羊感冒片、元胡止痛片、清音片等，都改用了水泡眼铝塑包。得益于包装上的西为中用，德众药业在中成药销售上赢得了更大的市场份额，促进了企业的长足发展。

为了做到尽善尽美，德众药业在糖衣片中采用了半混浆包衣和增加防潮衣等技术措施，提高了糖衣片的抗潮能力。此外，按照不同的药品品种外加复合塑料袋包装，或用纸盒作中包装，用封盖严密的铁罐作外包装。这样一来，即使远程运输也不怕药品出现压碎变质问题了。精密的包装延长了仓储的时限，使药品的质量更有保证。

（三）制剂技术：传统与现代接轨

德众药业在制药技术上广泛采用现代科学技术，应用新工艺、新设备和新辅料，将传统中医理念与现代技术进行完美的结合，使传统工艺与现代科技接轨，研发出新剂型的中药，通过剂型的改革使产品更人性化，更适合人体使用。

以剂型技术的研发为例，德众药业成功完成了多项工艺创新，在应用药材连续提取、真空浓缩、喷雾干燥、挥发油包合、干法造粒、双层压片、薄膜包衣等新的制剂技术上均有突破。其一，在维C银翘片生产工艺上，德众自主研发出的双层压片生产技术，很好地解决了维生素 C 的稳定性难题，双层压片技术使德众药业的维 C 银翘片与同类产品相比，质量更稳定，药效更显著，成为同类产品中的佼佼者。其二，德众药业完成的真空低温连续干燥中药流浸膏研究，解决了中药材提取后流浸膏黏性大，难以制成干浸膏粉的问题。其三，德众药业成立了高效膜浓缩技术的攻关项目，研究中药提取液高效膜分离浓缩集成化设备的功能结构特点，解决了高效膜浓缩的技术难题，成为中药药液环保浓缩的领头者，对行业技术进步产生了深远影响。

除了技术的研发以外，德众药业在名优产品的二次开发上也善于通过改良药品的剂型来改良产品质量和使用效果，以适应市场的需求。如公司对腰肾膏进行的二次开发，通过减少原橡胶剂型的刺激性、过敏性，增加黏性，使之可重复揭贴，方便使用。事实表明，只有在制剂技术上实现传统与现代接轨，使产品性能与市场需求相匹配并满足消费者的新需要，才能获得市场份额。老产品在工艺上的现代转型，更可以使老产品重新焕发生机，再度赢得市场。

再如，德众药业独家生产的源吉林甘和茶自 1892 年由源文湛先生初创至今，已有百年历史，一直为岭南地区人们喜爱的凉茶类中药。源吉林甘和茶一直是以盒仔茶的形式生产，采用沸水泡服。考虑到该剂型已不能满足快节奏的现代生活，公司决定在源吉林甘和茶原处方及剂型的基础上，采用现代工艺，将源吉林甘和茶开发成可以直接饮用的罐装凉茶、快速崩解的凉茶崩解片以及快速溶解的凉茶分散片等新剂型凉茶系列，以适应市场需求，开拓了源吉林甘和茶的新市场。

六、生产工艺创新成果

目前，德众药业取得的工艺创新成果包括：①直喷蒸汽收挥发油的生产工艺，已成功运用于生产中。实践结果表明，此工艺收油率高，所需时间短，一次性投料量大，大大提高了生产效率。②试制了金银花水提醇沉再离心生产工艺。③源吉林甘和茶的茶叶灭菌工艺制定成功。用灭菌干燥混合机对源吉林甘和茶的茶叶进行灭菌实验，结果显示，灭菌效果非常明显，此工艺现已在源吉林甘和茶（袋泡茶）生产中实施。④对离心工艺进行多次摸索试验和修改，另外针对挥发油损失的原因，重新对β-环糊精包结工艺、喷雾干燥条件进行改造，优化工艺条件，以减少挥发油的损失，提高挥发油收率。

第三节 科研管理——兴厂之策

一、加大科研投入 创建省级企业技术中心

在实施科研管理战略上，建立一个具有创新能力的现代技术研发中心，至为关键。为了增强公司未来的市场竞争力，培植新的利润增长点，德众药业投入巨资设立了先进的科研技术中心。该中心是由企业提供建设经费而组建的综合性机构。2006年，公司对中心的研究开发工作的投入经费高达1 080万元。2007年，公司在科研技术经费预算方案上制定了以不低于销售额3%的款项作为技术研发基金，并规定专款专用，保证中心各研发项目的正常进行。中心主要负责中成药高精尖产品的研制和开发，以及生产关键技术的改进，

制定并负责企业创新战略的实施,现已开发了喷雾干燥、双层压片等一批先进的中成药研制的关键技术,该部门于2008年获得广东省授予的"省级企业技术中心"称号。

(一)职能完善,做企业决策的智囊团

中心实行董事会领导下的总经理负责制,由德众药业的总经理担任技术中心主任,直接对中心的日常工作事务及技术工作进行管理。中心下设五个部门,分别为研究开发部、工程技术部、中心办公室、技术信息部及检测中心。另外,为加强与各方面专家及专业人员的联系,中心成立了技术中心决策辅助机构,包括专家委员会和技术委员会。中心拥有一支高素质员工队伍,其中,专业从事新产品研究及工程技术研究的技术人员有63人,约占企业职工总数的13%。技术中心的领导们具有丰富的企业经营经验和娴熟的药学专业知识,作为各个专业的技术领头人,他们对公司的经营业务以及技术业务非常熟悉,对行业新技术的发展触觉敏锐。中心从事产品开发及技术创新的研究人员,具有丰富的研究开发实践经验,是完成各项技术攻关的重要骨干。

作为企业决策的智囊团,中心位于企业长期发展的战略制高点,是企业技术创新体系的核心和组织保障,是实施企业发展战略的重要支撑和决策依据。中心从企业的发展战略高度出发,以解决企业投资与技术相分离的问题为主要任务,通过技术经济评价和决策咨询机制,整合企业多方面的资源,以促进企业创新技术的产业化、商业化和收益最大化,提升企业竞争力。

中心各岗位职能明确、权责一致,其主要职能包括:第一,负责制定重大项目的研发规划、提供决策建议、制订实施方案、进行项目审批、项目监督与信息反馈、项目完成后

进行评估等。第二，编写新产品工艺及质量标准文件，负责新技术、新工艺、新辅料的研究，针对实际生产和应用中出现的问题进行产品改革与技术改革并对现行设备进行改造，优化生产流程以达到节能、环保效果。第三，负责运营项目中的资金筹措和运用，进行收入、费用、成本的计算和经营成果的计算分析。第四，收集国内外有关标准的最新资料并进行归纳、筛选、研究和应用。与国家标准委员会、各级药政部门和同行企业建立合作关系，对中心各类技术文件、资料（包括电子文档与纸质资料）的研究、评价、筛选、归类、编目、存档和发放，并对技术文件、资料的使用进行监督、管理，为企业和行业提供技术信息服务和决策参考。

（二）依托企业平台，不断提高研发能力

技术中心以德众药业有限公司为依托，具有优越的研发及试验的基础条件。在人、物、资金等方面得到全方位的支持。科研所需的先进的硬件设备和软件管理以及信息平台等应有尽有。在此平台上，中心坚持创新，不断提高研发能力，同时致力于新药开发和公司现有品种的二次开发，特别重视中药新技术、新剂型的应用，如大孔树脂分离技术、超临界萃取技术、微粉化技术等。

1. 创新信息建设

创新信息建设包括创新企业内部交流体系与创新企业外部交流体系，着重于市场及技术发展的信息采集。中心内部信息交流平台包括一体化无纸办公系统、例会、专题研讨会、内部报纸、资料会审、培训等。目前，中心内部信息交流的方式非常多，信息可以迅速顺畅地传达给相关人员。中心在内部信息交流的同时不忘与公司整体进行沟通及资源共享，将中心成果及进展情况向全公司进行宣传汇报，还对公司有

关部门及人员进行培训，走中心与公司共同发展的道路。

创新信息企业外部交流体系建立了全面的市场与技术信息的搜集网络。目前，技术中心通过内部刊物、专业数据库、营销渠道信息反馈、专业信息情报部门、合作单位、外出培训等多种方式，采集市场与技术发展信息。例如，中心与中国中医科学院、中山大学医学院、北京协和医院、湖南中医大学、广东省人民医院、广州中医药大学等高等院校和科研院所联合，定期邀请专家来企业授课讲座，进行行业创新能力的评价与行业发展趋势的预测，包括市场需求、关键技术进展等涉及产品与技术等方面的信息交流。同时，中心与国家食品药品监督管理局南方医药经济研究所、零点调查公司等相关机构合作，委托其负责公司产品、市场、技术等方面的调查，并就调查结果作详尽的调查报告和发展趋势报告。此外，中心拥有遍及全国30多省的完善的营销网络系统，建立了良好的营销信息反馈渠道的互动，对市场的变化有敏锐的触角，能够迅速有效地将市场信息反馈到公司。

2. 强大的数据库资源

德众药业每年都花费资金购买网络数据库，包括清华同方、维普以及万方在内的国内几大数据库。技术中心的科研技术人员可以通过网络流畅地访问这些数据库查找相关市场与技术信息，了解市场需求和技术发展的趋势。

3. 特色图书资料室

技术中心拥有专门的资料室，有大量的科技书籍和期刊报纸。书籍按照工具类、医学类、药学类、中医药类、工程技术类和普通类分为6大类，共计2 000余册。另有国内外主要医药及工程技术等科技期刊，从1982年开始订购至今，每年定期更新，累计有1万余册。再有科技类报纸，从1982

年开始订购至今，每年定期更新，累计有5万多份。根据中心的申请，公司于2006年对资料室进行了改建扩容，安装了空调设备等，改善了资料室的内部环境，使其更大程度地为中心和公司服务。

二、借助"外脑" 打开双赢局面

药企与大学、研究机构合作进行药物研究，有助于传统中药进入医疗主流市场，为中药现代化及中西医结合的产品研发提供一种新模式。企业往往没有足够的研究人才及设备，大学、研究机构则缺少研发资金。将药物研发从自主研发的制药公司模式转变成合作研发的医药网络模式，如此，双方的合作可达双赢局面。

经过多年的探索，德众药业建立了一套合作研发的管理模式，能够根据企业的生产需要而与不同的科研机构进行研发项目的合作，借助外脑来拓展企业的研发网络。

如今，德众药业已与中国中医科学院、中山大学医学院、北京协和医院、湖南中医大学、广东省人民医院、广州中医药大学等多所大专院校和科研机构建立了长期合作关系，各方优势互补，共同对国内存在空白的药品领域进行产品开发与求证。至今已取得国家药品发明专利多个，并逐步形成畅销一批、生产一批、储备一批、研制一批、论证一批的良性机制，在项目合作方面成果卓越，硕果累累。

（一）腰痛康颗粒

1989年与中国中医科学院骨伤科研究所合作，开发治疗椎间盘突出症和急、慢性软组织损伤、关节扭伤、其他腰腿痛的六类新药，现已完成临床试验申报生产批文。

（二）乌鸡白凤颗粒

1992年与浙江省中药研究所合作，对乌鸡白凤丸进行颗粒剂开发，解决原来丸剂的含糖量高、服用剂量大、携带不方便等缺点。现已取得新药证书并进行产业化大生产。

（三）肝达康片

1991年与湖南中医学院合作，开发治疗慢性乙型肝炎的六类新药，现已取的新药证书并进行产业化大生产。

（四）胃炎消颗粒

1994年与广州中医药大学合作，开发治疗慢性萎缩性胃炎以及防止胃癌前病变的六类新药，现已取得新药证书。

（五）复方依那普利

1994年与广州市医药工业研究所合作，开发治疗高血压，特别是轻中度的高血压的化学药品二类新药，现已取得新药证书并进行产业化大生产。

（六）鼻炎康的综合开发

鼻炎康片在公司一直是主导产品，对该产品的综合开发是需要关注的问题，针对其胃部不适的不良反应和服用剂量较大的问题，对其工艺进行研究，寻找产生不良反应的原因，提出最佳制备工艺，由于该项目的复杂性，通过对国内在中药制剂研究方面较为领先的3家研究单位的考察，选择了四川大学华西医学院承担该项目的研究。

（七）腰肾膏的二次开发

2001年，德众药业与中国中医科学院中药研究所合作，对名优产品腰肾膏进行二次开发。项目研发目标是显著提高产品的疗效，减少原橡胶剂型的刺激性与过敏性，同时增加产品的黏性，使之可重复揭贴，以方便患者使用。

（八）制药企业 GMP 中央空调系统优化节能改造

2005年，德众药业与华南理工大学合作，通过提高制药企业 GMP 空调系统的自控水平及参数稳定性，以达到节能和降低生产成本的目的。现已完成了对 GMP 中央空调系统的水系统、风路系统和自控系统的优化，建立了计算机远程监控系统，并提供了先进的药厂中央空调管理模式，使药厂生产内环境的温度、湿度、洁净度以及微压差达到 GMP 的要求，同时提高了参数控制的稳定性。

（九）中药橡胶膏剂自动化生产成套设备的关键技术开发

2006年，德众药业与华南理工大学开展产学研的全面合作，对橡胶膏剂载体涂敷性能、药膏涂层厚度控制关键技术、药膏涂敷缺陷图像自动识别技术、研制涂布、切片自动化生产线进行研究，以提高橡胶膏剂的生产效率，降低生产成本。现已完成橡胶膏自动生产线样机的制造。

（十）中药提取液的抗污染膜分离技术及浓缩关键设备改造

2006年，德众药业与华南理工大学合作，采用荷电膜抗污染、物理场动态强化、多目标控制等新型抗污染膜浓缩及其集成化技术，以降低膜污染和浓差极化，形成具有自主知识产权的中药抗污染膜浓缩集成化设备研制和产业化技术。中药抗污染膜浓缩集成化设备能够更好地替代传统的真空蒸发浓缩设备，通过截留有效成分来除去水分，达到高效分离并降低能耗的目的。现已完成高温膜集成系统的研究、鼻炎康提取液膜浓缩的研究，以及完成了400升/小时高温膜浓缩集成化膜浓缩设备的样机研制，在此基础上进行了膜组件和相关设备的改造。

（十一）中药厂蒸汽系统集成优化与节能技术

2007年，德众药业与华南理工大学合作研究，通过对蒸汽系统进行节能诊断分析，通过资源的优化利用，将原来作为废热的低品位热用于温度需求不高的地方。同时，研发了双效浓缩锅受热面的合理配置和受热面在汽化条件下的阻垢措施，通过节能来提高生产效率。现已对2台700升真空浓缩锅进行双效改造研究试验，取得了双效改造和运行的经验。

三、三大目标管理　创新战略迎未来

德众药业精心打造"德众"品牌，逐步形成了自己的品牌形象——承载着深厚的历史文化底蕴的现代化高新技术中成药生产企业。目前，德众药业的拳头产品维C银翘片被评为广东省名牌产品（唯一的）。同时，维C银翘片、元胡止痛片、川芎茶调颗粒、银翘解毒片被中国中药协会评为优质优价产品。2008年，"德众"品牌被评为广东省著名商标，被中国中药协会推荐为中国驰名商标，随后被评为中国驰名商标。一直以来，中心将名牌战略作为整体战略的重点来进行有针对性的目标管理，而自主创新、资源整合、强化产品质量，为企业名牌战略提供有力的技术支撑，在企业未来的发展宏图中挥斥方遒。

（一）近期目标（2007～2009年）

第一，融合药品研发、生产以及相关设备的关键技术，整合相关的资源配置，逐步建立健全企业技术中心各项措施，为实施公司技术创新战略打好基础。

第二，加强与大专院校、科研单位联合，开展2项以上国家级、省市级新产品、新技术研究项目的研究。其中包括：通过技术创新工艺改革，提升橡胶膏剂产品质量，扩大其生产规模；开展低温真空连续干燥技术研究，为该技术在行业中的推广奠定基础；继续推进企业生产的节能环保研究。

第三，对公司 2~3 三个主要产品进行二次开发立项研究，仿制 3~4 个中药复（单）方产品。例如，进行鼻炎康片的二次开发项目、中药提取液高效膜分离浓缩集成化设备研究；研制、投产 2 个用于治疗慢性萎缩性胃炎、腰椎间盘突出症等病症的中成药新药等。

第四，参与国家标准、行业标准的制定与修订工作，运用新技术新方法建立领先的国际国内控制标准，提高公司在行业中的领导地位。

（二）中期目标（2010~2013 年）

第一，继续加强对企业技术中心的建设。在近期目标的基础上，全面提升技术中心在企业技术创新中的主导地位。通过技术创新、产品创新和知识产权策略创新三者的全方位、多层次的创新，改造传统中药产业，推进中药产业现代化进程，提高公司产品的科技含量和市场竞争力。

第二，建立产业生产关键技术基础研究和开发模式。在中成药提取、干燥、制剂等方面建立专业评估系统，为产业关键技术的研究提供系统的评估平台。

第三，开展中成药中间产品防潮性基础研究。筛选有效通用的防潮辅料与制备技术，为中成药中间产品的防潮性提供基础性研究结果。

第四，建立广泛的产学研联合关系。以项目为纽带，技术为媒体，充分利用现有的社会资源，为公司的中药现代化服务。

（三）创新战略目标

目前，国际上出现了一系列关于植物药的研究新动向，像美国在2001年颁布的《植物药新药研究指南》和2004年颁布的《植物药工业产品指南》，欧盟在2004年通过的《传统植物药注册程序指令》。上述关于植物药的研究指南与生产指令的颁布，为植物药的合法生产奠定了理论基础和法律基础。由于中药绝大部分是植物药，由此也为中药走出国门，打入国际市场奠定了基础。国务院发布的《国家中长期科学和技术发展规划纲要（2006～2020年）》中指出，我国要"研制重大新药和先进医疗设备。攻克新药、大型医疗器械、医用材料和释药系统创制关键技术，加快建立并完善国家医药创制技术平台，推进重大新药和医疗器械的自主创新"、"扶持一批优势企业，加快企业技术中心建设，提高创新能力，实现从仿制为主向仿创结合，逐步走向自主创新发展道路"以及"支持引进技术的消化、吸收和再创新，支持重大技术装备研制和重大产业关键共性技术的研究开发"。这些产业政策，为自主进行创新药物研究以及创新的主体及模式指明了政策方向。在上述良好的政策背景下，德众药业根据自身的特点和优势，制定了一系列关于创新的战略性措施，其基本内容包括关键性技术的创新、产品创新以及对企业的知识产权保护三个方面。

1. 关键共性技术创新战略

在产业政策的支持下，整合多种优势资源，采用各种现代化的技术，努力突破中药发展的关键技术，实现企业自身发展和中药现代化发展相协调的可持续发展模式，并将关键创新技术转化为生产力，推动行业技术进步，提高行业核心竞争力，使行业关键技术达到国内外先进水平。

2. 产品创新战略

一是创制新产品。坚持以中医药理论为指导，现代科学技术为手段，以我公司在中药呼吸系统用药、中药外用药方面的特点和优势为依托，开发物质基础清楚、作用机理明确、安全有效、质量可控、有特色、有自主知识产权的创新中成药。

二是老产品的二次开发。坚持以临床疗效为基础的循证医学研究，阐明已有产品的物质基础、作用机理，发掘已有产品的潜在优势，采用新理论、新观念、新技术的最新成果，对已有中成药产品内在的或外延的质量和关键工艺技术的进行再开发，使已有产品更加安全有效。

3. 创新知识产权保障战略

建立创新知识产权保障模式，采用将专利保护与行政保护相结合方式，加强创新产品及技术的保护。利用公司先进的技术平台、丰富的智力资源，跟踪国际先进水平，参与国家技术标准、行业标准的制定，形成技术壁垒，使创新产品在专利标准化上受到法律的保护，从而形成三位一体的知识产权保护战略模式。目前，公司已经获得了5个发明专利授权，8个发明专利进入实质审查阶段。另有11个外观设计专利获得授权，有8个品种获得中药品种保护，正在或已经制定的国家标准共10多项。

第四节 质量管理——德众品牌和声誉的保证

产品质量是企业的生命，没有高质量的产品，企业的生命是虚弱的。在对待产品质量上，德众药业设定了"德在药中，药为大众"的追求目标。"德众"者，就是以"德"服务大众。其中，"德"体现为药品质量之"药德"。"药德"文化是药企文化的灵魂，是企业生存的基础与未来发展的精神导向。遵守制药道德，生产高质量的药品，竭诚为大众服务，是历代德众人所追求的目标，也是德众产品传承百年的根基。诚恳的做药态度与优良的做药品质，为德众公司赢得了消费者的口碑与行业的认同。2008年5月6日，广东省医药行业协会公示了医药企业自律信用等级评价（含药品安全信用等级评价）的结果，德众药业获得了三项均属最高级别的荣誉，分别是：广东省药品安全信用等级A级（A级为最高级）、广东省医药企业信用等级AAA级（AAA级为最高级）、广东省医药行业企业自律管理A级（A级为最高级）。

德众药业质量管理现代模式——GMP，指导着企业质量管理水平的飞跃。

根据国家药监局发布《药品生产质量管理规范》（GMP）和中国中药协会的《中药GMP实施手册》（1998年），德众药业制订了GMP改造计划，1999年该计划开始启动。2000年起，改制后的德众药业，将原来的GMP改造计划提升为GMP指引下进行的战略性投资。以GMP的申请认证为转折点，德众药业建立了质量管理的现代模式。

一、质量管理的新模式

按照GMP的要求，药品生产的各个工序应进行严格的现场监控，对生产的物料、中间产品和成品进行严格的检验。由于原来生产条件的相对落后，进行GMP改造初期，德众药业在质量管理工作上遇到了不少困难，如检验室场地小、质检设备设施缺乏与专业人才不足等，大大阻碍了GMP的认证进程。为此，德众药业通过硬件改造、设备购进和人才招聘与培训等措施，进行了一系列的改革，大大提高了药品生产和质量管理水平，使之达到GMP的要求。2002年，为完成前处理车间和制剂车间的GMP认证，德众药业编写了GMP文件与SOP文件约共1 600多份，并于2002年1月开始实施新的质量管理模式。

首先，制定完善的管理制度，修订了一系列的规章制度，以保障生产的有序进行，确保产品质量。包括对准产证制度、清场制度、生产过程质量监控制度、中间产品审核制度和成品审核放行制度等管理章程的修订。其次，根据新颁布的《药品管理法》对药品的标签、包装和说明书以及批准文号进行规范整顿的文件精神，完成了75个文件的整理和上报工作，其中包括品种申请表、生产原始批文、质量标准、标签、说明书和包装样稿等。其三，改变以往偏重于产品检验的管理模式，公司加强了对生产现场的监控力度，并对三班生产实行全过程监控。其四，对主要物料供应商的质量保证体系按GMP要求审核。通过对现有物料供应商首先进行归类整理，然后确定主要物料供应商，并对主要物料供应商的质量保证体系进行函审，对关键的物料供应商进行现场审核。

二、质量管理职能部门的提升

做好药，要用心。本着"德在药中，药为大众"的宗旨，担负着保证药品安全有效的责任，德众药业用高科技的检测仪器和高素质的专业人员共同铸就一套符合GMP要求的质量管理制度，建立了一个三级质量管理网，做到善始善终、品质如一。同时，通过制定相关的章程、制订GMP文件（包括管理文件、技术文件和工作标准文件），以严格规范涉及药品生产的设施设备、人员、物料、卫生、验证和技术等方面的管理，做到有章可循，使三级管理制度化。

制度的落实需要人来执行。为此，德众药业成立了一个专门负责产品质量监控的部门——品质部。品质部受总经理直接领导，独立履行其职责，以科学完善的组织结构来支持质量管理的工作，将企业对产品质量的追求落到实处。依据法定标准，品质部制定了物料、中间产品、成品内控质量标准及检验操作规程，并按试验原始数据如实出具检验报告。另外，为了适应 GMP 的生产管理需要，同时使部门人员的分工合作达到最优化，德众药业取消了原属车间管理的车间质检组，成立了车间质量监控组，隶属品质部。原车间质检组检验中间产品质量的职能归入中心化验室，对生产过程的监控职能由新成立的车间质量监控组承担。

品质部新的管理架构如下：

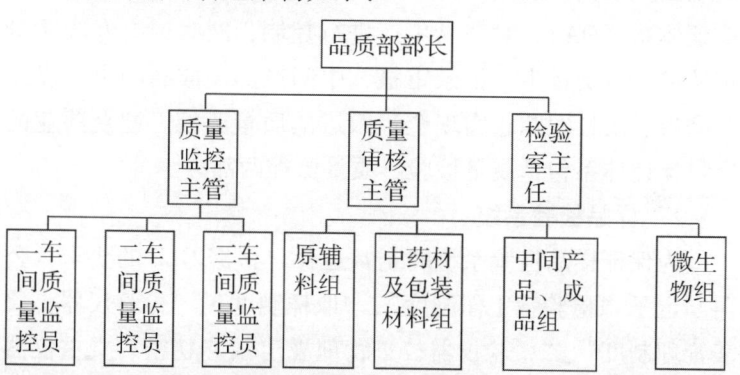

如今，在德众药业的质量检验体系中，从事检验工作的有 26 人，现场监控人员 9 人，另外还有众多一线现场管理者。强大的质控队伍，使得药品从物料供应商的选择、购进物料的检验、生产过程管理至成品的检验均受到严格的监控。德众药业在采购、养护与制药上步步为营，将"德在药中，药为大众"的经营理念完美熔铸在良好的药品质量中。

三、质量管理的新体系

（一）建立健全的质量保证体系

质量保证体系下设药材与包装材料检验组、原辅料检验组、中间产品与成品检验组以及微生物检验组等四个检验部门。检验组隶属品质部，由总经理直接领导，其日常管理工作则由品质部负责。中心检验室下设留样观察室，留样室负责对公司所用的物料、中间产品、产品按规定贮存条件进行留样并考察，定期对留样样品进行检验，并写出详细的质量稳定性分析报告，为确定物料及中间产品贮存期、药品的有效期提供依据。品质部属下设有质量控制体系（QC）和质量保证体系（QA），对药品生产进行控制，同时设有专职质量审核员，负责批生产记录审核，中间产品、成品的审核以及产品售后质量跟踪，实现全程跟进的质量监控。德众药业的质量保证体系包括质量检验、质量监控两部分。

1．样品检验系统

为保证样品检验系统的正常运作，根据 GLP 的要求，公司制定了"检验室工作制度"、"取样制度"、"检验仪器、仪表管理制度"、"检验仪器校正管理规定"、"精密、贵重仪器管理制度"、"试剂管理规定"、"检验用标准品、对照品管理制度"、"对照菌种管理规定"、"滴定液、对照液、试液、溶液管理规定"、"检验用特殊管理药品及贵重物品管理制度"和"留样观察制度"等文件，并通过严格的执行以有效地规范检验室的管理工作。

在检验过程中，对未能通过检验的物料、中间产品或产品，启动不合格品处理程序，由品质部根据不合格品的种类及不合格项目做出或退货或销毁或经处理再检验合格后再次投入使用的决定。对于那些通过检测却在生产过程中出现偏差的物料和中间产品，启动偏差处理程序进行处理，同时将关于偏差的具体情况进行记录保存。样品检验系统遵循"三不"原则，即不符合规定的药材、原辅料等，不得投产使用；不符合规定的中间产品，不得流入下一工序；不符合规定的产品，不得出厂销售。

2. 质量控制系统（QC）

质量控制小组（QC）主要负责对药材、原料、辅料、包装材料、中间产品和产品进行质量检验。依据法定标准和严密的控制要求，品质部制定了物料、中间产品、成品内控质量标准及相关的检验操作规程。首先，品质部有关人员按"取样制度"进行取样，并送样品至检验室进行检验，检验合格后由QC小组的工作人员发出合格报告书。依据供应商名单和工序批生产记录的审核结果，再由品质部质量监控人员签发"物料合格证"或"中间产品传递证"，具有物料合格证或中间产品传递证的物料和中间产品才能用于生产。成品经检验合格后，由品质部质量审核员对该批生产记录进行审核签名，审核内容包括配料、称重过程中的复核情况、各生产工序检查记录、清场记录、中间产品质量检验结果、偏差处理和成品检验结果等。审核结果符合规定后，由品质部长签发成品放行单，成品入库，从而进入销售程序。此外，为保证药品质量，QC小组对企业的日常生产设备的清洁卫生情况进行检验，包括定期对洁净室的尘粒数和微生物菌落数进行测定和对纯化水系统进行每周一次的水质检定。

3. 质量保证系统（QA）

质量保证（QA）系统实行三级质量管理模式，即以班组质量监控员、车间质量监控员与公司质量监控主管为主体的三级管理。生产现场的质量监控,由各班带班长(或组长)兼任班组质量监控员,负责本班组生产全过程的质量监控。品质部质量监控组人员分管各个车间,任专职车间质量监控员,负责车间内生产全过程的质量监控。公司质量监控主管负责对车间质量监控员进行业务管理。通过这种上下贯通、层层把关的管理方式,物料采购、贮存、发放与使用,生产的各个车间、各个班组以及各道工序的流程,均在品质部的严密监控下进行,体现了质量监控的严密性与系统性。

4. 自检程序

公司制定了"GMP自检程序",由品质部负责组织。成立GMP自检小组,由主管质量的总经理任正组长,由主管生产、技术的副总经理任副组长,品质部部长、生产部部长、技术部部长、设备部部长、营销部部长、公司办公室主任和各车间主任为组员。一般情况下,每年下半年对全公司进行一次GMP自检,由品质部组织制定每年自检方案,经自检小组组长批准后实施。各部门、车间按自检方案先开展内部软、硬件情况检查,写出部门自检报告,内容包括总体现状,检查出的问题及整改措施,然后由自检小组开展现场检查,对检查出的问题自检小组提出整改措施和完成时间。

(二)建立严格的药品标准制度

药品标准是衡量药品质量的尺度和准则,是药品的质量和检验方法的技术规定,是药品生产、销售、使用和检验部门共同遵守的法定依据。为保证药品质量,药品质量控制与检验技术应与时俱进,不断提高和发展。由于中成药品种多,除少部分收载入《中华人民共和国药典》,大部分都是按中华人民共和国卫生部药品标准(即部颁标准)来执行。2004年,国家食品药品监管局和国家药典委员会开始实施提高国家药品标准的行动计划。德众药业积极响应国家和省有关部门的号召，与广东省药检所签订协议，承担起鼻炎康片、维C银翘片、复方珍珠暗疮片、喉舒宁片、肝达康片、胃安宁片、鼻炎滴剂（喷雾型）、源吉林甘和茶、七宝美髯丸、腰肾膏和金龙伤湿止痛膏的药品标准提高工作。在新标准的制定工作中，德众药业采用先进的检测技术，使标准控制更全面规范、更科学准确，为提高药品质量作出了杰出的贡献。

（三）建立完善的药品售后服务质控体系

公司质量部门及销售部门均设专人负责药品售后服务及质量信息反馈收集工作，建立药品售后服务质控体系及质量反馈信息网络，这是产品质量持续改进的最重要的依据。其中，按召回制度规定，当发现产品存在质量问题或收到关于产品质量的投诉问题时，立即报公司总经理批准启动产品召回程序。产品召回工作由品质部负责，营销部从旁协助，根据批销售记录逐一向销售单位发出召回该批产品的通知，按规定实施召回，并向有关部门报告。由于德众药业在质量监控上一贯谨慎，公司至今尚未发生过药品召回事件。为了及时收集、掌握公司产品上市后的质量情况及不良反应情况，确保消费者的用药安全，公司建立了"药品质量投诉及处理制度"与"药品不良反应监测制度"。一旦接到质量投诉，由品质部负责药品不良反应资料的收集、报告和管理工作，并填写投诉记录表，及时对投诉进行调查处理工作。

四、质量管理的施行

百年品质，以"德"贯之。德众药业秉承用良心做药的优良传统，对药品的质量十分重视，视之为企业的生命线。质量管理，每一步都是关键。完备的质量管理体系，将从原辅材料选购、检验、储藏、生产、到产品的包装以及进入流通领域的每一个环节都纳入严格的质量控制系统之中。德众药业用先进的设备、有效的人才培养制度以及严格的原辅材料采购系统和严密的生产监控管理为产品质量安全筑起了一道强大的防御墙。德众药业制药工程师、品质部负责人张伟南在德众从事质量管理20多年，他说："作为药品质量管理的人员，我每一天都保持着高度的警惕，真有如履薄冰的感觉。"

（一）质量监控第一道：上山下乡，精选道地药材

作为"中华老字号"医药企业，德众药业有系统的、成熟的原材料采购体系，在全国有稳定的道地药材供应商。从供应商的资格考查、地道药材的考察，到每批药材、原辅料、包装材料等进厂前的质量检查、每道工序的现场监控，每一级都遵照高于国家标准的内控标准进行，所有选购的原材料需检验合格后才入库。在质量监控上，德众药业始终遵循"不合格产品绝不流入下一道工序"的原则。经研究比较，德众药业选购的药材有效成分的提取率高于同行业水平。

佛山虽然地处药材集散地，但本着精益求精的做药原则，德众药业并不便宜行事，公司所采用的药材都是万里挑一的优质药材。中医最推崇使用"地道药材"，认为"诸药所生，皆地有境界"。现代的检测结果也表明，地道药材的有效成分含量明显高于非地道药材。为生产出高质量的药品，德众药业对主要原料的产地进行考察，并从中选出最佳产地作为定点采购点，实现了地道药材的产地控制。精选地道药材，加以先进的工艺制作，使德众药业出品的中成药的有效成分明显高于同类产品，确保了产品的质量与疗效，因此赢得了广大消费者的良好口碑。

德众药业秉承药材乃中成药之本的原则，在药材采购上，有一套严格的标准与明确的采购宗旨：所采购的药材必须是取自特定的气候和季节的地道药材，必须是生长在原产地的优质药材，必须是经过药典标准严格检验的合格药材。

1. 药材基地的确定

通过对药材产地多年的跟踪研究，在大量数据的基础上，确定药材的最佳产地。以连翘为例，其主要产地是山西、陕西和河南。德众的采购人员亲自到山上地头，采集最真实最直接的样品，进行质量检测。经过历时三年的考察研究，最终确定了连翘的最佳产地。如今，德众药业所采购的连翘的有效成分含量远高于药典要求。此外，还有鹅不食草和桔梗等药材，采购人员更是踏遍大江南北，从河南、河北到云南，再到海南，凡所有种植出产这些药材的地方都一一遍寻。每到一地，采购员都是直接到药材生产的第一线进行考察，收购新鲜样品，自己加工，收集第一手资料，用以指导药材的种植、采收工作。因此，德众药业所确定的药材基地，都是有质量保证的。

2. 药材基地的药材加工规范

药材基地确定后，药材在当地进行加工也是生产链中一个非常关键的环节。德众药业首创了在药材产地用同一水洗除杂的方法。以鹅不食草的加工为例，早在十年前，采购人员就做过一个水洗可行性的考察研究。据调研结果所示，其一，鹅不食草一般生长在水库水塘和大河两岸，产地附近水资源丰富；其二，当地群众对水洗的建议接受快，容易推广；其三，当地的劳动力充足，成本低廉，价格优势明显。在确定水洗方案的可行性后，采购人员又对产地水洗药材的实施进行了研究。首先，让多批药材在产地进行清洗，考察不同的清洗方法和清洗次数对药材质量的影响，积累大量数据，研究出最佳的水洗方法。同时，在药材清洗用水、清洗池的结构、水洗操作和药材晾晒场等方面，对当地的药材供应商——作出具体要求，务求在加工过程中保证药材的质量。最近，德众药业的采购人员又发现药材的新鲜水洗能更好地保持其色泽和气味。目前，新鲜水洗的方法正在推广中。

3. 药材基地的管理

在药材基地的管理中，供应商为主要责任人，定期向公司通报产地的药材信息。

在药材的采收期，质量管理人员亲自到产地考察、监督采收情况，针对具体情况实行现场调度，务求使采购工作顺利完成。例如，前两年，由于连续的旱灾，雷州半岛的广藿香未到采收期便出现了部分枯死的现象，如不提前采收，则后期的产量和质量将难以保证。接到供应商提供的信息后，采购人员迅速前往雷州半岛考察灾情，对未到采收期的广藿香质量进行研究。得到质量合格的检测结果后，公司同意了提前采收的申求，由此避免了一场危机。

（二）质量监控第二道：物料供应

为使企业能购入符合质量标准和工艺要求的物料，以确保不会因物料变化而导致生产的药品质量受损，公司制定了严格的供应商选择制度并严格执行。首先，建立了包括企业业绩、业务结构、生产能力、质量系统以及企业环境等四项一级指标的供应合作伙伴评价体系。同时，公司成立了供应商评估工作小组，专门负责供应商评估工作。小组由主管总经理、品质部、生产部、技术部等相关人员组成，品质部质量审核员任组长，负责对供应商进行质量保证体系的总体考察评估。

第一步，实地考察。对供应商的评估是建立在实地考察的基础上的。一般情况下，由评估小组组织人员对原料、主要的辅料及内包材生产的厂家进行实地考察，考察内容包括生产场地、仓储环境、生产设施、检验室、管理文件、管理人员素质等。考察过程中，需供应商提供加盖企业公章相关证照一套，除营业执照外，原料药生产单位必须持有药品生产许可证、原料药生产批文、药品 GMP 证书等；药用辅料生产单位必须持有药品生产许可证、药用辅料生产批文、卫生许可证等；内包材生产单位必须持有该产品的药品包装材料注册证；印刷包装材料生产单位必须有印刷经营许可证，需印刷商品条形码的单位还必须有商品条码印刷资格证书；中药材供应商必须持有药品经营许可证、药品 GSP 证书；中药饮片生产单位，必须有药品生产许可证和药品 GMP 证书；对于毒性中药材和中药饮片的生产单位或经营单位其许可范围还必须包含毒性中药材或中药饮片生产或经营；对于经营性质的供应商，需提供营业执照、药品经营许可证、药品 GSP 证书复印件并加盖企业公章；经营危险化学品的单位还应提供危险化学品经营许可证。

第二步，资质审核。评估小组先对供应商所提供的材料逐份进行审核，并在国家法定部门的网站查核其资料是否真实。在资料审核通过的情况下，生产部应向供应商索取小样，送检验室检验，由品质部确认其物料符合质量标准后方可进行工艺试验。从质量审计结果符合要求的单位采购少量、能生产 1~3 批成品的原辅料进行工艺试验，用它制成 1~3 批的产品，技术部负责跟踪生产过程是否出现偏差异常，记录生产过程的工艺参数和产品质量情况、物料平衡及成品检验情况，并与正常生产的产品进行比较写出报告，符合质量要求者，可判为合格。必要时进行产品稳定性考察。工艺试验符合要求后，技术部出具试验合格报告，生产部根据工艺试验报告提交增加供应商申请，由品质部确认增加供应商并填写供应商确认表一式三份，作为存档及分发仓库组、QA组各一份，作为新增供应商依据。

第三步，资质复审。根据GMP要求，公司每年需对供应商的质量保证体系进行复审。如果该企业质量保证体系规范、以往所供应的物料质量稳定，可不进行实地考察，而以函审的方式进行复审。特殊情况下，如对于所提供的资料有所怀疑、质量保证体系不规范或过往提供的物料质量不稳定，或由其他原因难于下定论、作出取舍的，供应商由评估工作小组到实地进行考察，考察内容包括原料控制、生产工艺、管理制度、生产环境、检验室环境及检验设备仪器、批检验记录、批生产记录、仓库环境设施、经营条件和质量保证体系情况等。根据考察结果填写《供应商质量体系评估报告表》，然后由评估组长填写评估报告表（在资料审核时向供应商发过整改函的，必须收到对方整改复函后评估组长才能填写评估报告表），并对所评估的供应商是否符合要求作出明确的结论。评估报告应由评估工作小组的成员签名，品质部长审核，主管总经理批准。品质部在经批准的评估报告表的基础上以文件的形式列出供应商的名单，交生产部执行采购。

（三）质量监控第三道：科学仓储，精心养护

在采购地道药材后，还需要进行精心的仓储与养护工作，才能确保药材在制药环节仍保持良好药效，品质如一。对中间产品、成品同样需要悉心的照料，稍有疏忽，都会给企业造成资源的极大浪费，增加生产成本。经过多年的探索，德众药业人在实践中积累经验，钻研出一套适合企业自身生产

特点的药材、产品的仓储、养护方法。如今，借助现代科技设备，更能将仓储养护工作做到精益求精。

1. 仓库养护的主要设施

仓库养护的主要设施有用于通风换气的排风系统、用于保持药材储藏空间恒定温、湿度的恒温恒湿系统和排除空间高湿空气中水分的除湿机等。

恒温恒湿系统包括螺杆式制冷系统、风机盘管和冷冻水、冷却水系统。其中，螺杆式制冷系统用于取低温的冷冻水，以供抽湿系统用。风机盘管是用于热、湿交换的设备，它在短时间内将空气冷却至露点温度，使空气中的水分析出，通过排水管排出室外，由风机盘管出来的干冷空气与室内热空气混合，温度升高相对湿度降低，使室内保持符合要求的相对湿度和温度。冷冻水、冷却水系统由冷冻水泵、冷却水泵、凉水塔、冷冻水箱及相应管道系统组成，它们主要作用是不断制取冷冻水和向风机盘管提供低温的冷冻水，保证抽湿所需的温度要求。除湿机是一种能够去除空气中的水分，使空气干燥的电器设备，它适用于室温15~36℃，相对湿度90%以下的场合，相对湿度低于50%或空气露点温度低于4℃时不宜使用。如果使用场所空间不大，可选用直吹式的除湿机；如果使用场所空间较大，则选用风管式的除湿机，用风管送风以达到气流均匀分布的目的。

2. 库养护的存放要求

公司制定了《仓库管理制度》，对物品的存放、养护、管理等进行了严格的规范。物料来货经仓管员按预接收要求检查合格后进仓、编批、请检，经检验合格才办理入库手续，不合格物料移至不合格区挂上红色标志并按规定及时处理。

（1）严密的药品标签仓储管理，标签的入库、发放、使用和销毁都有详细的记录。生产使用的标签、说明书需与药品监督管理部门批准内容、式样、文字相一致，经品质部核对无误并签名批准后才能进行印刷。进仓的标签、说明书经检验室包装材料检验员检验合格后才能办理入库手续，不合格的标签、说明书由品质部监督销毁。标签、使用说明书有专库存放、专人管理，领用凭批包装指令按实际需要量发放。标签发放时严格计数，并由领、发双方签名确认。批包装生产结束后进行标签使用平衡。使用数、残损数及剩余数、取样数之和与领用数要相符，印有批号的剩余标签或残损标签逐张计数并由车间QA确认后专人负责销毁。

（2）入库物料实施定置管理，按不同性质的物料及不同仓贮条件在不同库房中贮存。对于同一库中的固、液体物料分区储存，毒性药材、贵细药材及易制毒化学品（盐酸麻黄碱）分别设有专库按规定管理，挥发性物料也设有专库贮存。加工整理或炮制后的净药材，使用洁净的双层包装，贮于净药材库中。库存物品分别采用黄、绿、红色标牌，分别表明物料待检、合格、不合格状态。根据仓库养护的存放要求，物料（原料、辅料和包装材料）、中间产品、成品按规定分别储存于各温度库，并存放在地台板上，不得直接接触地面。数量少的品种可上货架存放。进仓的所有物料、中间产品、成品应按品种、规格、批号分别堆垛，堆垛应符合下列规定（上货架的除外）：垛与墙的间距不小于50厘米、垛与梁的间距不小于0、垛与柱的间距不小于30厘米、垛与地面间距不小于10厘米、主要通道宽度不小于200厘米。

3. 特色养护方法

（1）中药材的养护　中药材所含成分复杂，有水分、淀粉、糖类、挥发油、盐类化合物等物质，容易受自然因素的影响而发生变化。如受到气候影响、或是遇到害虫等寄生物、霉菌繁殖时，中药材就会出现虫蛀、发霉、泛油、变色、气味散失、挥发、潮解、黏结、腐烂等变异现象。因此，中药材的养护是一项复杂、专业技术性强的工作。从事这项工作的人员，必须具有高度的工作责任感。为此，公司建立了养护人员的岗位责任制等一系列的规章制度，以规范养护人员的工作，实现确保药品质量、保护公司财产的管理目标。

在坚持"以防为主、防治结合"的原则下，养护人员必须切实做好防止中药材霉烂、变质及虫蛀等工作，根据贮藏、保管的品种、性能、存量、季节以及设备条件的不同，因地制宜地采取密封、通风、翻堆、转包、烘焙、熏蒸、加固包装及"以药养药"等科学保管方法。此外，加强库房、货堆温湿度的管理，实现定期检查制度，及时发现问题、及时处理问题。

目前，公司对中药材的仓储管理主要有八大养护法。

第一，通风防潮法。通过调节仓库内部空气流通，调节温、湿度，从而起到降温防潮的作用，使药材不致受潮、受热。公司制定了《仓库温度、相对湿度管理规定》及《仓库温湿度控制标准操作规程》。根据规定要求，仓管员每天上下午两次巡查并记录仓库内外的温湿度，填写《仓库的温度、相对湿度记录调节表》。当库内温度、相对湿度均高于库外时，要开启排风扇，反之，应关闭排风扇。当库外温度高于库内3℃以下，相对湿度低于库内时，可开排风扇通风，一般较适宜的通风时间为上午8～12点。库外温度高于库内3℃及以上，即使相对湿度低于库内，也应关闭排风扇，以防干热空气进入库内。当库外相对湿度高于库内，温度低于库内时，应关闭排风扇；如遇雨天、大雾、雨后初晴、刮南风、东南风时,不宜通风;库内温度在35℃以上,相对湿度在75%以上时,可用抽湿机在库内抽湿,开启抽湿机时应关闭排风扇。相对湿度在45%以下时应拖地,以增加库内空气湿度。除另有规定,对仓库的温度和相对湿度有不同的要求,原辅料仓、药材仓、中间产品仓相对湿度应在45%~75%之间,包装材料和成品仓相对湿度应在75%以下,普通仓温度应在0~35℃之间,阴凉库的温度则不能超过20℃。

第二,密封法。将药物严密封闭,可避免外界的空气、水分、温度、光线、微生物、害虫等因素影响中药材的质量。通过减少外界自然因素的影响,保持药材原来的品质。在密封前必须注意药材本身要足够干燥,没有虫蛀迹象。对含糖易潮的药材要在未潮时提前进行密封。对贵重药材,采取无菌真空密封法。

第三,烘焙法。主要用于不适宜曝晒的药材。另外,天气阴雨时对于待晒的药材也可以使用烘焙法,以达到散潮干燥的目的。烘焙时须注意温度不宜过高,一般在45~50℃(保持此温度5~6小时,可将药材内的害虫杀死)。根据不同药物的性质特点,应分别采取不同的温度或先高温后低温等方法进行烘焙。烘焙时要勤翻动,使受热均衡,防止烘焦烘枯。含挥发油的药材不宜烘焙,以免油分散失、影响质量。

第四,化学药剂熏蒸法。即利用有关化学药剂散发的气体杀死害虫、霉菌的方法。主要有磷化铝熏法,通过磷化铝在空气中与水发生反应生成剧毒气体磷化氢,通过呼吸道进入害虫、微生物体内而杀死它们。

采用化学药剂熏蒸法以防治中药仓虫、霉菌,确实行之有效,但也有其弊处,主要是药材本身有可能留有残毒而不利于药用,迎风排毒会污染、环境。仓库操作人员会因吸入毒气而影响身体健康；毒杀不死的仓虫会对化学药剂逐渐形成抗药性而使以后施药熏蒸失去作用。因此，目前有的地方防治药材虫霉已不采用化学药剂熏蒸法而改用气调养护法。但仍有不少地方，鉴于化学药剂熏蒸杀虫快速效果显著，于是在确保药材残留化学物质不超过允许量的前提下，在加强安全、防护措施的严格要求下，继续采用化学防治。目前，德众药业对发现有活虫的药材也是采用化学药剂熏蒸法来养护，具体操作由广东省昆虫研究所负责。

第五，气调养护法。气调，即"空气组成的调整管理"的简称。气调养护法就是将药材置于密闭的环境中，人为地把这个环境中的氧浓度降低到规定的指标，或将空气中的二氧化碳含量提高到规定的指标，配合温度和湿度，在一定的密闭时间内，使药材与外界隔绝，避免害虫、霉菌的侵蚀，防止药材发生质变的养护方法。实践证明，气调养护药材是一种投资不大、简便易行、见效快、无毒气污染而又安全的优良方法。

第六，冷藏法。指在低温环境下存放药物的贮藏方法。有些药材质地娇嫩，在暑热季节很容易变色、生虫，既不宜摊晒，又不能烘焙，也不宜采用熏蒸办法来预防生虫，这种情况下，药材就要贮藏在阴凉库里。阴凉贮存的药材主要是含挥发油、芳香性、含糖分的药材，如丁香、八角茴香、小茴香、牛膝、地黄、熟地黄、黄精、玄参、当归、当归尾、辛夷、青蒿、胡椒、枸杞子、荆芥、薄荷、紫苏叶。

第七，毒性药材、特管药品的贮藏保管法。德众药业库存的毒性药材有雄黄、生草乌、生川乌、生马钱子等，特管药品有盐酸麻黄碱。在其购、销、存各个环节上，都必须加强对毒性药材及特管药品的管理。一是要在每件包装上打上明显的标志如毒性药材都有"唛头"和"骷髅"标志,且每件包装无破损,做到轻拿轻放。二是除了根据不同品种采取相应措施进行养护外,还要做到"四专、四不得"。同时,对毒性药材实行专库单独贮藏,封装严密,不得与其他药物混合堆放。并且要件件标明品名,防止取错。另外,配备2名熟悉药性的人员负责严格保管,药柜配备双锁,2位负责人各自掌握钥匙,进库时共同开锁。加强对毒性药材质量的检查,不得任意报损和私自销毁;经批准报废的毒性药材必须报请品质部监督销毁。

第八,贵细药材的贮藏法。公司的贵细药材主要有人参、三七和羚羊角等。贵细药材必须贮藏于安全可靠的专库或专柜内,由专人负责管理。进出库时,要有2人以上在场互相监督,共同负责。在贮存过程中,应注意检查包装是否牢固。梅雨季节时,对易发霉生虫的品种勤加检查,每次作出详细的检查记录,做到发现问题及时处理。

(2)中间产品的养护　在中间品的仓储环境方面,需严格执行仓库温湿度管理规定。普通库温度应在0～35℃,阴凉库应在20℃以下,相对湿度应在45%～75%,稠膏、蜂蜜应入阴凉库。在中间产品的入库与配送方面,从运输到堆叠,整个过程都要小心搬移,避免碰撞。在库的中间产品应注意堆叠整齐,堆叠过程中应控制适当的高度,避免倒倾。同时,注意外包装的洁净,特别是潮湿天气情况下,更要严格把关,保证外包装的清洁度,发现破损要及时更换。对在库的中间产品应注意勤巡查,严格执行中间产品关于贮存期限的管理规定,贮存期限前一个月必须将中间品送检复验。

(3)包装材料的养护　包装材料在正常情况下能够起到保护药品的作用,而一旦受潮或受到污染,会影响到药品质量，所以，包装材料应存放在环境良好的库房，库房里要注意防潮，相对湿度不得超过 75%。

（4）成品的养护　保管成品，首先要做到包装完整，封口严密；其次要调节好库内温、湿度。成品库内温度一般应不超过 35℃，相对湿度不宜超过 75%，若超过这个指标，应采取通风散潮和降温等措施进行调节。要搞好库内外环境清洁卫生，防止害虫潜生繁殖。对少林跌打止痛膏、肝达康片、清咽片等具有芳香味的中成药药品，需选择不通风的阴凉库房进行贮藏，库内温度不宜超过 20℃，相对湿度不宜超过 75%。

（四）质量监控第四道：百年品质，用德制药

药品质量是设计和生产出来的，必须认真对待生产过程中的每一个细节，发扬丝缕求细、点滴求精的制药精神。特别是中成药的生产，流程繁琐工序精细，每一个环节都必须严格按照标准进行生产。作为药品生产企业，药品质量就是企业的生命。每一片药、每一粒药，都代表着企业的品牌形象。为确保药品质量，德众人坚持在药品生产过程中认真对待每一个细节，严格按照 GMP 要求，全力做好药品的生产过程质量监控，从而确保药品的质量。

药品生产过程质量监控是指从原材料进厂到生产出最终产品的整个过程中实施的质量控制。根据质量控制的要求，公司按照药品质量标准和有关技术文件规定对影响药品质量的诸因素在生产过程中进行有效的监控，把可能产生的偏差和污染消灭在生产过程中，以确保生产出高品质药品。

第一，加强原材料的质量控制，从源头强化药品质量。首先，必须保证所有的物料均符合相应的规范和质量标准，杜绝不合格药材、原辅料投入生产。其次，生产前要核对物

料的批号、数量、检验报告书号与包装外观等,看与生产指令和物料领用单上的描述是否一致,同时做好物料标识,以防混淆。质量监控员按时按规对仓库进行巡查,发现异常情况立即采取相应措施。

第二,强化生产过程的复核管理,明确重要操作的复核程序及有关计量规定,保证投料准确、生产过程按规定技术参数执行,质量监控员在质量监控中对其进行督导,及时指正不符合要求的操作。

第三,认真做好生产前的卫生检查工作。包括对生产场地和操作人员的卫生状况的检查。为了防止污染和交叉污染,公司更是将卫生管理作为一个系统工程,分别由生产部和行政部负责,制定环境卫生、厂房卫生、工艺卫生、人员卫生等多个管理文件并予以严格执行。例如,物料进入洁净区必须经过脱外包、吸去或抹去表面浮尘程序,生产过程中对物料的操作必须轻而稳,产尘点须使用捕尘设施、避免出现交叉污染。针对生产情况和洁净区净化要求对操作间、各功能间、设备、地漏、容器等制定了清洁SOP,其内容包括清洁方式、清洁程序、清洁间隔时间(频率)、使用的清洁剂或消毒剂种类以及消毒剂使用方法、消毒周期、清洁工具等。同时,制订了"工作服装清洗、消毒管理制度",规定了洁净区与一般生产区工作服装的清洗时间、清洗方式、消毒方式、消毒周期、理衣方式及工衣的收集和发送方式等。

第四,严格按《生产过程质量监控制度》对产品进行质量监控。其中包括:严格按处方投料,监控原辅料称配是否准确;核对各工序的生产工艺参数是否与标准操作规程相符;按照各剂型各工序的质量指标对药品进行生产过程的在线质量监控;若在线监控时发现异常情况,则要将该监控时段或再扩大到前一监控时段生产的产品进行抽样检查。出现异常的产品按《偏差及异常情况处理制度》作出处理。

第五，建立三级质量监控管理体系。三级质量监控管理体系由公司级监控、车间级监控和班组级监控组成。生产过程中的产品质量监控工作层层分工，确保药品生产的每一道工序、每一个环节均全程受控，并根据不同剂型的质量监控规程按规定频率进行质量控制指标的检查。公司在药品生产过程中认真落实各项监控措施，边管理边总结，把药品生产质量管理过程中行之有效的方法加以总结提炼并及时上升为文件规定，使其发挥长效的作用。

第六，建立成品质检体系。德众药业使用了高效液相色谱仪、气相色谱仪和紫外分光光度计、薄层扫描仪等先进的检测仪器对成品进行严格的检验，确保产品的质量。

第五节 保持企业持续竞争力的人力资源管理

德众药业坚持以人为本，视人才为企业在竞争中生存、发展的核心动力，把员工队伍的建设视为企业发展的一项长期战略，在人才培养与开发方面作出巨大投入，合理用人，更用心育人。公司为员工的工作和职业发展提供优越条件，通过培训、轮岗、奖励、良好的福利等一系列的激励措施，充分调动公司员工的积极性与创造性，使员工对公司有良好的满意度和归属感，从而达到"事得其人、人适其事、人尽其才、事竟其功"的人才管理目标。

一、三"招"显示企业唯才是举

(一) 内部招聘 增强企业认同感

实行内部招聘是德众药业的特色用人模式。其优点体现在：第一，得到升迁的员工会认为自己的才干得到组织的承认，他们的积极性和绩效都会提高。第二，适应较快。内部员工了解组织情况，为胜任新的工作岗位所需要的指导和训练会比较少，人才的培训费用较低，离职的可能性也比较小。第三，激励性强。可以提高所有员工对组织的忠诚度，使他们在制定管理决策时，作出比较长远的考虑。第四，准确性强。上级对内部员工的能力比较了解，能够有效选拔合适的高质量人才。

例如，2005年5月，公司在内部职工中招聘了营销部行政类管理人员一名，车间统计员一名，药学管理人员一名。同年6月，面向所有临时员工及在企业实习的药学中专应届毕业实习生招聘职工，经过车间班组推荐、笔试、面试共招聘到8名职工。为了更好地调动公司管理人员的积极性，2005年末，德众药业出台了《主管、高级主管评定方案》，此评定方案适用于公司内部的全体管理人员。评定包括晋升评定和复评评定两种类型。晋升评定的员工级别由下至上依次为：主管一级、主管二级、高级主管一级、高级主管二级、高级主管三级。除破格晋升外，一般情况下需通过严格的考评程序后逐级晋升。复评，指除了员级以外的任职期已满的任职者，不参与晋升但要求继续保留原有级别的评定。这一方案的出台得到了广大职工的好评，使能力强、工作业绩突出的管理人员随着企业的发展逐步实现自己的职业发展规划，最终使公司优秀管理人员队伍不断壮大，为公司下一步发展储备人才。

（二）社会招才　注入新生力量

吸纳人才，壮大生力军队伍，是提高企业整体素质，向现代化管理迈进的重要条件。德众药业重视人才，近年来陆续地从社会上招聘大学毕业生，不断壮大公司的人才队伍，为企业增添新生力量。随着德众药业生产力的飞跃，加上GMP管理上的需要，企业需要更多高素质的人员。德众药业在优先选用原有职工的前提下，从社会上招收各类人才，以尽快适应企业生产力的新发展。其优点在于：第一，提高成本效率；第二，能够最大限度地吸引合格的人选；第三，通过提供现实的工作预览来降低流失率；第四，有助于为公司创建一支在文化上更加多样化的人才队伍。

（三）效绩淘汰　强化竞争机制

为实施营销部门的改革，德众药业在营销部试用外资企业的招聘模式，以社会上的薪酬模式招聘人才，充实至销售队伍中。对于未能达到业绩要求者即时解聘，通过实践证明其确有能力、能做出业绩，且能融入德众文化，能与德众共患难者，可成为德众药业大家庭的一员。在其他部门，也逐步建立了绩效淘汰法，以提高部门的工作效率。德众药业在2005年就开始了职工与临时员工之间进入和退出机制的尝试，将优秀临时员工转为职工，绩差职工转为临时员工或解除合同。在招聘中，遵从"公平、公正、公开"的原则，首先由车间认真听取班组意见，充分酝酿，发扬民主，将车间或部门内部公认的优秀临时员工推荐出来，继而进行药剂学知识的考核，最后再进行面试，挑选综合素质强的优秀临工转为职工。在年末员工的绩效考评中，进行末位评议，先由各班组评议出本班组绩效最差的职工上报车间，再由车间评议出绩效最差的职工，然后提交公司评议小组考评，经过评议将个别长期工作不认真，经多次调岗后工作态度仍无明显改善，已不再适合在公司相关岗位继续工作的职工，在原合同期满后改签半年期的临时员工劳动合同，实现绩效差职工转为临时员工。通过职工与临时员工之间的进入和退出机制激励员工们努力工作、敬业爱岗、认真学习，不断进取以提高自身素质，以期为公司做出更大的贡献。

二、与时俱进的职业培训理念

（一）人才培育　终身学习三部曲

由于药品及其生产具有特殊性，德众药业特别重视人员培训方面的工作，培训主要以 GMP 培训为中心，包括传统质量教育和道德教育，广泛涉及药品管理培训、技术培训、企业文化培训、药品的清洁生产及环境管理体系的培训、药品的安全生产及职业健康安全管理体系的培训等等。同时，通过多层次分级培训来提高人员素质，例如，GMP 培训的形式主要有三种。

1. 入职培训

入职培训是针对新员工所进行的培训，以综合培训为主，包括企业文化的启蒙培训教育以及对企业的基本情况和企业的相关规章制度的学习，使员工了解企业所生产的药品的特殊性和产品质量的重要性。此外，还包括对 GMP 的基本知识和微生物学基础知识学习以及个人卫生习惯的教育。

2. 岗位培训

岗位培训又称基础培训，以 GMP 对生产及质量管理的基本要求为培训的核心内容，对所在岗位专业知识、技能要应知应会，能够按照质量管理要求和 SOP 要求做好本职工作，实现工作的标准化与规范化。

3. 继续培训

培训内容以药品监督管理法规及国家有关政策、新的管理理念和办法、新的 SOP 及操作系统为主，同时巩固和深化原来的培训内容。公司定期制定员工培训计划并采用多种形式进行培训。随着法规性文件、行业最新理论和技术、管理知识及技能等知识的更新，教材内容会不断地调整培训，以适应发展的需要。以公司生产状况为基础，编写专业知识培训教材，加强教材内容的针对性，使教材内容与生产品种、检验仪器等相适应，符合企业的实际生产需求。此外，进行培训后的考核，通过笔答、口答、现场操作、主管领导的评价、问卷调查等等形式考核培训的效果，根据考核结果颁发上岗证，考核不合格不能上岗。

（二）因地制宜　特色培训造德众栋梁

1. 自编教材　内部学习

根据以往培训的经验和效果以及公司未来发展的要求，德众药业确定了新的培训落实措施。其中，在操作员工的培训方面作出较大的调整。以往的培训着重于培训员工如何执行文件，即是如何做；而新的培训方向转变为既要让员工知道怎样做，又要让员工明白为什么要这样做，即达到"知其然，知其所以然"的目的。

德众药业组织了 24 名技术人员，历时 3 个多月编写了《德众药剂学》一书。该书将药剂学、微生物学等专业知识与公司专有的工艺流程和设备特点相结合，作为普及药品制剂工艺原理、设备原理和质量要求的特色培训教材，并利用生产淡季组织全体员工进行了《德众药剂学》的培训和相关考试。整个培训历时七天，参加人数 460 多人，是公司成立以来参加人数最多、历时最长、授课老师最多（35人）的培训。此外，公司还邀请了佛山科技学院和广东外语外贸大学的老师分别对班组长和中层管理人员进行了相关管理技能和管理技巧的培训，以提高各级管理人员的管理水平。

1. 案例讨论　开放式学习

2008年，德众药业的生产工人培训与以往大不相同。此次的员工培训通过案例讨论的形式，让生产员工主动参与到学习中来，实现教与学的良好互动。从2008年4月起，在公司的组织下，各相关部门开始准备培训用的教材。设备部负责整理工伤事故、设备事故案例与启示；生产部负责整理生产事故案例；品质部负责整理质量事故案例与启示；技术部负责准备偏差、工艺查证中普遍存在的问题与启示；各车间包括行政和设备部属车间组织班组长针对本组的情况，寻找在本班组内有关班组管理、安全生产操作与意识、工艺、设备、产品质量方面、员工心态等存在的问题并针对问题提出解决方案，编写员工培训的教材。

培训课上，班组长充当讨论会的主持人，以不同的方式组织员工们积极参与到讨论中来。有的通过案例相互启发，共同提高；有的班组集中对本班组的工艺、设备的问题提出改进意见，并与本班的管理人员进行初步的讨论；有的班组以面对面沟通的方式消除了以往的误会。开放式的讨论学习不仅让员工了解公司对生产管理的态度，也给员工提供了一个表达心声的平台。

培训课后，组长们和一同参与培训讨论的管理人员们整理出讨论中提出的问题、心得以及员工们提出的合理化建议，50多页的总结，展示了德众员工们一如既往的认真求实的工作作风。公司珍视员工们提出的意见和建议，实事实办，将合理的意见改进落实；暂时未能落实的，由管理人员做好解释工作；对员工不能理解的问题，由各车间管理人员做好疏导工作。作为一个良好的开端，讨论式的培训有助于保持员工间良好的信息传达和思想沟通，在广纳贤言中求同存异，让员工们齐心协力为公司的发展各施所长，各尽其能。

第六节 信息化管理——高效之网

一、e 时代的 QC 网络化管理

网络计划技术的应用、QC 管理小组的成立，标志着德众药业在企业管理上已经开始走上现代化的快车道。德众药业的网络化管理，首先用于鼻炎康片、维 C 银翘片、牛黄解毒片、腰肾膏等 A 类产品的管理上。1999 年，德众药业面临全面的 GMP 改造升级。在不停产的情况下，企业通过精密的计划和周密的部署，引入了网络计划技术，建立 QC 小组并在职工中广泛开展 QC 活动，积极创造名优产品。网络化管理的完成与 QC 小组的建立成为 1980 年以来企业进行质量攻关与药品技术开发工作提供了良好的技术支持，也成为德众药业进行现代化生产管理的重要措施之一。

在这个信息化的时代，如何进一步提升、优化现有经营管理模式、引进先进的管理思想以增强企业对市场的快速反应能力，成了决策者面对的重大课题。基于其统一、迅捷、畅通、高效的特点，信息化无疑成为解决此难题的一把钥匙。由此，进入新时代的德众药业开始大力推进企业的信息化建设。2002 年，公司为了适应 GMP 认证管理工作的需要，与电脑专业公司合作开发了 GMP 文件管理系统、GMP 培训管

理系统、按批发货管理系统。通过上级与下级和执行人与管理人之间透明无缝的链接，德众药业在管理集成、信息公开和整合方面作出新的调整，致力于消除信息梗阻与消灭信息孤岛，确保各类信息在公司各层级、各业务单元之间的高效流转与共享。通过建立"防火墙"和设置管理权限，保证信息安全、可靠，使关键信息能够快速、准确传递，实现对上透明、对相关部门、单位和人员透明的目的。以信息流程优化业务流程，以信息集成提高决策效率，增强企业的整体反应速度。利用信息化管理工具，建立全社会信息管理体系，对于内、外部顾客，通过信息管理体系，定期、不定期沟通，更好地了解企业内、外部顾客的需求，在实现共同目标的过程中平衡他们的利益和需求。

按照企业对信息化系统的需求整理，德众药业的信息平台建设内容分为协同办公系统、人力资源管理系统、领导决策支持、客户关系管理系统和知识管理系统等模块。企业在生产流程、质量检测、物流、后勤、绩效考核等方面大力推行信息化管理，使生产效率得到了极大的提高。

二、日常事务管理的信息化

1997年，随着信息管理体系的引入，原有的管理软件越来越不适应公司的生产经营需要，在公司领导的大力支持下，公司电脑工作人员和电脑专业公司共同开发设计了一套名为"生产经营一体化信息管理系统"的管理软件，实现了供销、仓库、车间与财务的信息一体化管理。系统随着公司生产经营实际情况进行更新变化，在公司的生产经营管理中发挥着举足轻重的作用。

（一）仓库管理信息化

1995年，德众药业聘请了专业的信息管理人才，他们通过近1年的仓库实习，在充分了解仓库管理的实际情况后，精心设计了一套适应仓库管理实际需要的仓库系统管理软件，并成功运行，由此拉开了德众药业在企业信息管理的序幕。1999年，公司的计算机网络升级到100M，建立了比较完善的公司内部网络，在办公大楼、车间大楼与仓库大楼之间实现了光纤互联，为公司信息管理化打下了坚实的基础。2008年，公司成功运行了包括五金采购、仓库进出管理、生产开单等在内的仓库一体化系统。

（二）设备管理信息化

2005年，为了适应公司对设备的计划性维修及备品备件最佳库存量管理的需要，经有关部门人员近9个月的努力，公司的设备申购、入库、贮存、领用等均已实施网络化管理。具体的工作流程包括按需下单、编码入档、购买入仓和核实储存等。当有关部门车间需要购进某种设备配件时，由各设备主管或设备员负责录入需购进的备件申购单，并由仓管员编制相应的编码，系统随即把该申购单的内容传到采购员处，采购员按申购单的内容购进后便可将申购单转化为进仓单，再传到仓库，仓管员按进仓单核对实物并确定信息与电脑上显示一致后确认，该单据的内容便已成功记录在公司五金库里。各车间设备员打开电脑即可看到自己申购的物件是否已经到库。领用时仓管员把物件生成出库单打印出来留档，使账物一致，并可以随时查询有关备件的实际库存情况等。目前，设备备件库电脑管理系统正式启用，软件功能较齐全、稳定、容量大、查询方便，可选择中文查询、数字查询、字母查询等方式进行输入查询，只要输入所查找物料名称的其中一个字符,系统便会自动寻找出有包涵该字符的所有物料。

(三) 品质检验公告系统

2006年,公司完成了德众药业信息平台的建立,并在平台上成功运行了品质检验公告系统。质量检验公告系统成功开发引进,使得原来完全靠人工书写与传递信息的繁琐的检验工作得以简化。送检、报告可以通过网络查询与确认,不仅节约了大量的纸张,也减少了由检验信息的多次传递造成的停滞,各车间班组及检验室的工作效率得以提高。而且,这个系统实现的质量信息统计功能,使原有的手工统计转变为电脑统计,使质量管理更上一层楼台阶。此外,公司还建立了德众信息平台,为以后其他软件的开发引进打下了基础,为实现德众药业的ERP迈进了成功的第一步。

(四) 财务管理信息化

2000年,德众药业添置了功能更加强大的专用服务器,实现了与国际互联网的互通。同时,财务部门引进了安易财务软件,使公司的应收账款管理更加完善。2001年,公司将ADSL宽带接入国际互联网,并引进了金算盘财务管理软件,实现财务电算化。2005年,公司继续信息化管理的步伐,实现了金算盘的升级,成功搭建了金算盘8e ERP的信息平台。

2009年,为了优化企业的财务管理流程,加强企业管理的可控性,德众药业引入了新的企业资源管理系统——用友ERP系统。它与旧系统的主要区别是:新系统不仅拥有财务系统,还拥有采购、生产、销售、成本计算等子系统,并让各子系统紧密地衔接在一起,使数据能及时、有效地在各系统中传输。它是对金算盘与b2的功能的整合和扩大。

在用友系统开发初期,财务总监向各部门了解德众药业在采购生产、仓储管理、对外销售等环节的操作习惯和运行特点，并据此为生产、仓管、销售等各部门设计了一系列适合企业管理特点的系统操作流程和汇集信息的报表。一切准备就绪后，财务部以及相关管理人员便开始录入财务数据、仓储数据、生产工艺等资料。由于采用数据导入的方法，将可能导致数据丢失，所以大部分的数据都是采用人工输入的方法进行录入。为了避免数据录入时的错漏，还要对已录入数据进行核对，以确保录入的数据与原系统数据一致。在两个月的时间内，德众药业的员工们加班加点，在维持正常的生产经营前提下，圆满完成了大量的数据输入工作。初始化完成以后，用友公司的顾问便对公司各部门进行了基本的用友操作培训。经过不断地操作、学习，德众药业的员工们不仅掌握了用友系统的操作，还在实际操作中发现了用友系统不足以满足营运需要的地方。经过征求意见、不断改进后，用友系统现在已基本能满足公司运作的需要，在生产、销售、仓管、设备管理等各方面实现了有效而稳定的运行。在总经理和财务总监的大力支持和有效领导下，在公司财务部、设备部、仓管人员以及车间主任、车间统计的积极配合和共同努力下，用友系统的成功实施已初见成效，主要表现在：能更好地控制各客户的信用期限和信用余额，使拖欠货款风险率符合公司的可接受水平；设备的折旧额与成本计算真正挂上钩，使成本计算更为准确；优化了生产材料和产品的管理流程，使管理更加有效。

三、生产管理的信息化

德众药业致力于提高设备的自动化和信息化水平，以减少故障率，提高工艺质量和生产效率。随着设备工艺技术的不断发展，德众药业从2002年开始采用自动化、高参数精密度的提取设备、真空浓缩设备和喷雾干燥设备,以先进的设备促进工艺创新,在中药现代化生产工艺的自动化与信息化改造上,取得了一定的成果。

(一) 提取工艺

2003年,原来由人工操作的提取工艺实现自动化控制。自动化提取工艺系采用全过程DCS系统控制,实现药材提取自动化控制,包括自动加水、自动出液,温度和提取时间的自动控制,从而确保每料提取加水量、温度、时间达到药品标准要求,保证产品质量均一。

(二) 浓缩工艺

2004年,常压浓缩工艺实现自动化控制,改造为真空浓缩工艺。浓缩过程中,实现自动控温,使药液温度小于75℃,防止药液中热敏性有效成分的分解,从而保证药物的有效性。

(三) 干燥工艺

1985年,烘箱干燥工艺改为喷雾干燥工艺。喷雾干燥工艺采用全自动控制的GLP-D46中药喷雾干燥机干燥药液,干燥速度快,在几秒至几十秒内获得干燥物料,减少了药液中热敏性有效成分的分解,保证了药物的有效性;干燥的产品流动性与溶解性好,对改进药物的溶出速度有很好的效果。

(四) 制粒工艺

1999年,湿法制粒工艺改造为干法制粒工艺,实现自动化控制。该设备采用高效的真空输送系统进行物料的输送,通过各位置的检测装置,可实现自动送料。在主机进料口设有螺杆输送,可有效控制输送的速度,并在此位置设有排空装置,可将物料中多余的空气排出,保证物料的平稳输送。主机压辊两侧设有片厚检测装置,可测量压出药片的厚度,通过调节物料输送速度及压辊压力，可有效控制药片的厚度，以保证后面的成粒质量。设备成粒部分成两级，先进行粗制粒再进行精制粒，从而生产出较细的颗粒。在产品出口部位设震筛，可筛分不合格的药粉，震筛可无级调速，以生产出不同成粒率要求的颗粒。控制方面，采用触摸屏操作，方便直观。系统可提供故障分析，维护提示等设备相关信息，并连接打印机，以保存相关信息。系统还设有网络配置，可进行远程监控及维护。

此工艺能够在室温下直接将药物细粉压制成颗粒，保证了药品对热（温度）较为敏感的有效成分不被破坏。同时，制成的颗粒压片崩解时间短，体内溶散快。

（五）压片工艺

2000年，单层压片制粒工艺改进为双层压片制粒工艺，解决了处方中维生素C含量下降的难题，并实现了生产全程自动控制，每片药品都经过检测，不合格品自动剔除，确保了每一片重量及含量均符合标准要求。这是德众药业首创的压片工艺技术。

双层压片工艺采用德国Fette公司制造的P3200C/79型79冲高速压片机，可压单层或双层片，从上料到压片全过程自动控制。该压片机由变频控制AC直流3相电机，可随意控制冲台旋转速度。装配79组冲模，理论生产速度高达每小时100万片。压片区采用防腐蚀材料制造，容易清洗。准确的填料是压片技术中非常重要的环节，该设备配备三腔式填料器，此独特设计令颗粒在最少摩擦撞击情况下进入中模，填料的速度可根据需要进行无级调节，以适应不同流动性的物料。整机可两边出片，每边配备了预压站和主压站两组压力站，压轮可分别通过伺服电机进行压力的调节。压片时，先对颗粒进行低压力的预压成形,再进行高压力的压制,这样有效地避免了高压力带来的冲击与配件磨损,同时提高了药片的成形质量。药片的重量可通过药片成形时的压力进行检测,并可自动对填料进行相应的调节以生产重量合格的药片,此系统采用高精度的元件执行,真正做到对每粒药片进行检测和控制,相应药片重量的精度也非常高,对不合格的药片,系统可单独识别并进行准确剔除,以确保产品质量。通过压力的检测,还可以进行设备的保护,一旦压力高于设定值范围,设备立即自动停机。在控制方面,该设备控制柜采用 VME 总线微处理器,触摸屏操作,电动调整高度,除文字以外还有图像显示,操作简单,一般操作人员可以快速掌握。采用综合的过程记录,可记录生产数据、故障诊断记录、故障解决帮助等,给生产情况、设备故障等的调查带来便利。其他如设备及人员的安全保护、减低噪音、清洁便利等方面,该设备均有有效的设施来确保。

(六) 包衣工艺

2000 年,包糖衣工艺改造为薄膜包衣工艺。薄膜包衣工艺采用全自动控制 BG350 型高效包衣机包衣,操作温度低(小于 50°C),包衣时间短(约 3 小时),保证了中药中对热(温度)较为敏感的有效成分活性。同时,公司采用美国 Colorcon 公司提供的薄膜包衣材料 Opadry(欧巴代)进行包衣,薄膜衣层牢固光滑,衣层重量增加少(薄膜衣片增重 4%),对片剂崩解影响小,有利于药物的溶出释放。

另外,在铝塑包装工序上,德众药业采用意大利 CAM 公司的 M92 型铝塑泡罩包装机。该设备适用于国产 PVC/铝膜。其中,包装材料的行进由 4 个往复运动的同步牵引气动机械夹完成,以保证消除国产包材非稳定收缩的问题。同时设有成型膜牵引长度同步精度检测装置，膜成型的同时在膜边缘同时成型一小泡眼，机械检测装置检测膜每次牵引长度，保证膜传送的精度。在热封机构上，采用气缸作用于封合板产生稳定的压力，通过此压力增加泡罩密封性，最大限度地降低密封时的温度，以保障药品及泡罩不产生化学变化，保护了药品的性能。此外，配有独特的物料充填设备，可与膜同步移动以进行高效的连续充填工作，并在一定程度上进行药片的筛选；配套的摄像检测系统，可对缺损的药片进行识别，并识别该药片所在药板，最终通过剔除装置剔除，确保每板药片的质量。整机采用高精度的元配件，确保了生产的顺利进行。

第七节　产品营销策略篇

一、德众商标源起

1998 年，佛山德众药业有限公司自佛山市制药二厂转制成为一家中外合资企业。1999 年，"德众"商标［注册商标号 1342720，核定使用商标第 5 类］注册成功。"德众"鼻炎康片、"德众"维 C 银翘片、"德众"牛黄解毒片、"德众"腰肾膏等一大批名优产品承载的"德众"品牌，成为了家喻户晓的驰名商标。随着大量的德众牌产品进入市场，并为百姓送去健康，"德众"品牌也开始在中国医药历史舞台上绽放光彩。

　　设计德众商标图案的时候，为了充分体现岭南地方特色以及传统文化气息，最终确定以佛山代表性传统建筑"祖庙"牌坊和"仁寿寺"佛塔的剪影作为图案的主体部分，配

"德众"标志

以山、水画面，再加上"德众"的字样，总体上给人透出历史文化韵味。商标里的"DEZHONG"拼音既有装饰作用，也有防伪作用。仔细观察的话，可以发现在整个画面中，这个拼音共有10个，除了一个很明显的之外，其余9个围绕在圆弧内侧的上方，起到了一定的防伪作用。

二、申请品牌保护　打造品牌核心价值

德众人热爱自己的品牌，在保护专利，创建优质品牌方面付出了很大的努力。

德众药业的多个品牌产品都获得了国家发明专利。2007年德众牌腰肾膏、鼻炎康片获得国家发明专利证书，意味着德众药业将拥有这两个品种今后17年的独家生产权，这对于

提高这两个品种的市场竞争力有重大的意义，也提升了德众药业的科技形象。2007年和2008年是德众品牌的丰收年。在这两年期间，除了德众牌腰肾膏、鼻炎康片获得了国家发明专利外，2007年，源吉林甘和茶被认定为国家级非物质文化遗产，德众牌维C银翘片被认定为广东省名牌产品，德众牌维C银翘片、银翘解毒片、元胡止痛片、川芎茶调颗粒四个品种被中国中药协会评为"优质优价"品种。2008年德众药业更是硕果累累，鼻炎滴剂（喷雾型）获得国家发明专利证书，"德众"商标（图案）被认定为广东省著名商标，源吉林甘和茶、少林跌打止痛膏获得"广东省岭南中药文化遗产"称号。2009年"德众"商标获国家工商行政管理总局商标局认定为驰名商标。

这些成果的获得，不仅保护了德众拳头产品的知识产权，提升了德众药业的品牌形象，在一定意义上更是对消费者利益和人民群众健康的维护。申请发明专利，目的是借助发明专利的保护来防止本品种被其他厂商仿制，或者说是要防止一些低水平的厂商仿制出低劣的产品从而危害人民群众的健康。凭借鼻炎康片、腰肾膏等多个专利，以及这些专利产品带来的丰厚经济、社会效益，加上对知识产权工作的良好管理，德众药业更是获得了佛山市政府授予的"知识产权示范单位"称号。此外，德众还积极向省、市政府部门申请成立技术中心，以加速企业内外技术资源的整合，促进企业的科技发展，提高企业的知名度。

三、适时调整营销架构　保证销售渠道畅通

有感于医药市场的复杂以及竞争异常激烈，德众药业领导层清晰地认识到必须全面提高营销管理水平和引进新的营

销理念,才能在如此变幻莫测的市场上立足发展。德众药业邀请了广东外语外贸大学国际工商管理学院营销博士罗纪宁、杨晓燕、张红明等组成专家团,参与德众药业市场调查分析,对德众药业的营销系统进行分析优化。德众药业在罗纪宁博士等专家们的大力支持和精心指导下,由2004年开始,对营销组织结构、营销策略、广告促销、资源使用及激励政策等多方面进行了重大的战略改变。

为使营销工作得到更好的落实,2006年德众药业对部分销区进行了重新划分,确定了19位销区经理及6位销区经理助理,将两名商务和终端促销经验丰富的销区经理由外省调回广东,加强广东的销售力量。在2006年营销计划的指导下,各销区密切注视产品销售通路的竞争发展态势,与当地强势经销商密切合作,坚持终端促销和经(分)销商商务推销两条腿走路的市场推广方针,积极地开展2006年的各项营销工作。理顺销售渠道、调控产品价格是该年营销工作的重要任务。德众在销售计划中统一了经销商返利率,取消了自提返利,在经销协议中规定了主要产品的最低销售价。对于分销商也规定了主要产品的销售价格,使分销商向终端的供货价维持在一个合理的水平上,保证了渠道的利润率,同时又保证终端进货价的稳定。通过限价来提高渠道中经销商和分销商的利润空间,从而提高渠道经营公司产品的积极性。终端的零售价格维护,直接纳入办事处业务员的日常工作内容,促使零售价格维持在相对稳定的水平上。

2008年,为适应不断变化的医药市场,加强对销区工作管理、协调、监督、策划的力度,使产品销售不断扩大,德众药业对本企业的销售架构和广东的销售渠道进行了重大调整。

首先，明确划分了华东、华南、华西、华北四大销售大区的管辖范围，并规定了四大销区销售总监的主要职责。各销售大区销售总监的职责为：以不断扩大本区销售为目标，根据本区市场情况，组织制订本片区销售拓展计划，经批准后组织实施——大区每年的销售实绩应有所增加，以此考核销售总监的销售开拓能力；将营销部下达给本大区销售任务合理分配到各销区，并指导、监督各销区经理按计划开展销售工作，尽职尽责确保销售任务完成——销售总监对片区的销售任务负全部责任；根据德众药业有关销售费用使用的指引及营销部下达给本片区的年度销售费用额度，结合各销区的销售情况和市场开拓需要，制定出各销区年度及季度促销费用使用方案，按季下达给各销区，监督实施并及时协调解决各销区在执行过程出现的问题；密切关注市场竞争态势，指导销区经理构建简捷、高效、覆盖全销区、经分销商紧密衔接的销售体系；根据德众药业年度广告费用使用的指引，结合本销区情况及市场拓展需要，制定本片区广告投放方案，经批准后协助实施；掌握本片区主要经销商的商务推广状况，及时协调处理低价冲货和渠道断货等问题。

其次，对广东区渠道和销售架构进行调整，设置广东区经理、分销经理、经销经理、办事处经理四大职位，并对其职责和权限进行划分。广东的办事处经理由德众药业职工担任。办事处管辖区域分为广珠、粤北佛山、粤东以及粤西四大办事处。在广东区的销售渠道调整上，从广东现有30多个经销商中选择了10个实力较雄厚、目前销售德众产品量较大、认同德众本次销售渠道调整做法的经销商作为一级商；其余的现有经销商转为分销商，再尽量将各辖区内占主流配送地位的大销售商及影响大的连锁药店发展为分销商，努力构建简捷、高效、覆盖全辖区分销体系。

这次架构调整、人员变动的幅度之大是德众药业近年少有的，由于事前策划周详，思想工作到位，调整顺利进行。新架构加强了对销售一线的组织、监督、协调、策划的力度，使德众药业在应对南方特大雪灾、四川汶川大地震、对已销售的产品加贴"运动员慎用"标识、扼制各销区间低价冲货等事件的处理及时到位。同时，各销售总监通过细化、完善片区的管理制度，使销售工作更有序进行：华东片区根据德众药业营销部的政策，结合本片区的实际，起草了华东区的管理实施细则；贵州的分销体系单凭云贵销区不能建立，华西片区正开展将贵州的分销商归笼到重庆和四川，力求改变自然销售的情况；华北片区组织区内经销商成立了价格联盟，以联盟的控价条款对经销商进行销售价检查考核，德众产品的市场价格比以前更稳定了。广东销区的销售架构虽新组建，但团队能默契配合，克服各种困难力使销售跟上德众药业的进度，并在组建货流清晰、基本能覆盖终端的分销体系中大胆尝试，初有收效，为德众药业积累了有用的经验。

第四章 企业文化

本章导读：

工艺诚可贵，文化价更高。德众药业以儒家的"仁德思想"作为企业文化之根，在"自立不馁，自强不息"的新中国时代精神当中，确立了"以人为本、以干取胜、以德兴业、以实扬名"的精神要义，并以"弘扬中华医药、贡献人类健康"为宗旨，形成了"求真务实、团结进取、诚信奉献"的企业价值观，凝聚成企业宝贵的精神财富，为企业的持续发展植入了充满活力的文化根基。

◆ "德"、"众"同根
◆ 治业宝典
◆ 大爱永流传

第一节 德众的品牌文化——
以德制药，服务大众

德众药业一直以来秉承医药行业"大医精诚"、"以德为先"的职业伦理道德，奉行"团结、求实、奋发、进取"精神，"德在药中，药为大众"即是企业的经营理念，也成为企业文化的精髓。

一、朴素的中医药文化传承

1998年11月1日公司成立之时，将公司取名为"德众"，释义为"德在药中，药为大众"，延续了德众药业的前身——佛山市制药二厂几十年来所遵循的以德制药的经营理念。德众人认为，"德"和"众"均为制药企业的根基，同根同芽，"德"是药的源泉，用高尚的道德制药、入药，才能制出好药，才能为大众服务；"众"是药的归宿，用好药良药为大众带来健康，才能实现德，发扬德。因此，德众人把"德"和"众"这两个药厂的根基彰显出来，作为公司名称，把"德在药中，药为大众"作为公司的经营理念，它寓意着：德众人严格遵守行业道德，以最先进的现代中药工艺、设备、规模生产的优势，生产出疗效高，价格相宜的药品，尽心尽力地为普罗大众服务。如今，"德在药中，药为大众"已经成为德众药业和德众人的精神坐标，所有的科研、生产、销售、管理等工作都紧紧围绕这个精神展开。

十多年来，德众药业一直遵循着"德在药中，药为大众"的企业文化理念，以德制药，制出好药来服务大众。公司密切关注着人类健康的需求，针对群众的各种病痛积极研发产品，采用先进的工艺和设备来生产药品。生产过程求真务实，从原料采购到药品生产，从包装到销售，都实施严格的质量监控，保证药品的安全、高效。销售过程重信誉、重服务。药品价格低廉，保证大家都买得起；各大药店都有销售，方便大家购买；注重跟踪反馈，保证大家正确用药，让药品发挥疗效。百年的精神传承，德众药业用自己的敬业和实干精神在医药行业闯出了一片天地。

二、CIS 系统　彰显企业风貌

CIS 系统，是从日本企业导入的一整套企业形象识别系统，其目的就是建立鲜明的企业个性形象，形成企业品牌的独特传播和文化。企业形象识别包括企业理念识别、企业行为识别和企业标识的识别。在德众药业，这套系统不是由社会品牌传播机构汇集出来的，而是由企业在实践中形成的一套自觉意识，内容更加丰富。

（一）德众药业的理念识别系统

1. 企业目标

根据企业的历史传统、现有资源、工艺特色和设备力量，德众药业的企业目标是：以"广东省医药产业 50 强企业"和"广东省中成药生产 20 强企业"这两个平台为基础，打造一个全国著名的片剂现代化企业。

2. 企业精神

德在药中，药为大众。

3. 古训

德义德艺德信凝聚现代新药，药廉药美药效服务普罗大众。

4．宗旨

弘扬中华医药、贡献人类健康。

5．企业作风

求真务实、团结进取、诚信奉献。

求真：真真切切的投入，做高品质的产品，这是立厂之本。

务实：踏踏实实做事，做有把握的事，这是兴厂之基。

团结：上下相通，内外协作，互相配合，互相支持，这是事业成功的保证。

进取：勇于开拓，不断创新，争创一流，这是事业不断发展的动力。

诚信：望利思义，以真诚待人，以信誉处事，这是事业长青的秘诀。

奉献：用优质产品、优质服务为人类健康长寿作贡献，用高效率、高效益为城市和国家作贡献，这是生产经营的出发点和归宿点。

6．企业价值观

学习观：永不停步的学习型企业。

责任观：责任心是我们制胜的法宝。

求实观：踏踏实实做事，做有把握的事。

质量观：质量，立厂之本。

信誉观：信誉是企业的生命。

创新观：创新，永远要先人一步。

节能观：节约成本，提高效益。

人才观：企业和员工是利益共同体，对人才应善用之，呵护之，激发之。

（二）德众药业的行为识别系统

德众药业的行为识别系统，贯穿于产品管理、质量管理、流程管理和检验管理的一整套企业流程当中。"质量关乎民生："，这一理念贯穿于每一位德众员工的心里。

1. 管理理念

一切行为有依据、一切行为有记录、一切行为有复核、一切行为有监督，做到有法可依和有法必依。

对德众药业而言，"德众"的精神，除了以厚德制药，以好药服务大众之外，还涵盖公司的管理和社会责任方面。在公司内部，德众药业强调以人为本，像对待自己的亲人一样关爱每一位员工，努力营造舒适怡人的工作环境和团结进取的工作氛围，积极为他们提供各种学习、提升的机会。而德众药业的员工也像爱护家庭一样爱护着企业，尽职尽责竭诚为企业的发展担风雨、奉力量。如今的德众药业，上上下下、里里外外都拧成了一股绳，齐心协力要把"家"做大做好。在社会上，德众药业谨记一位企业公民所应尽的责任，除了做好本职工作，保证产品质量和经营信誉之外，还密切关注社会上需要帮助的个人或群体，尽自己的能力为他们伸出援手送上温暖。正德厚生，关爱天下，是所有德众人的圭臬，也是他们的心愿。

2. 责任执行

德众品牌的企业行为系统落实在"责任"二字。

在人力资本越来越成为经济发展决定因素的今天，强烈的责任心是德众药业的核心竞争力之一。德众药业的发展离不开公司领导的正确指引，离不开全体员工的共同努力，大家在各自不同的岗位上，认认真真、勤勤恳恳地工作，为企业的发展默默地奉献着。德众人把强烈的责任心与使命感融入到自己的工作中，以看似平凡的成绩，推动着企业稳步的增长。

德众药业的每一位员工都非常吃苦耐劳。在药材整理工序，一般都要把药材切短或切碎，这就造成操作室粉尘飞扬，有时戴了口罩也作用不大，就是在这种情况下，他们也不会畏首畏尾，只在鼻上多放一点棉花又继续工作了；在药材干燥工序，室内的温度是较高的，他们经常是汗流浃背，就是在这种情况下，他们也只是擦一下汗又继续工作了；而在洗药工序，经常是衣服全湿，这已经分不清是汗水还是洗药的饮用水了，就是在这种情况下，他们也只是回更衣室换了衣服又继续工作了。正是有一批批吃苦耐劳的德众员工，才有德众药业今天的成就。

2003年2月20日，QA组叶群欢和提取组杨瑞用、郑强升员工在进行03009批腰肾稠膏醇提药料的投料过程中，认真执行投料复核制度，发现该批药料中，缺少一味药材，立即停止生产并报车间进行确认，经仓库核实相关账，证实是少配出该味药材，按要求进行处理后，恢复生产，防止了一起质量事故的发生。在制粒组，许多品种用的是传统的湿法制粒，生产中用到许多的提取稠浸膏，黏稠的浸膏厚厚地粘在桶壁，每次操作的时候，工人们都会小心地把浸膏洗下来，全部地转移到混合机中，不会因嫌麻烦而草草了事。双层片与单层片的一个重要的不同点，是单层片的次片能用于返工，而双层片的次片不能再用于返工。2001年刚开始生产双层片时，压片组的员工在工作中不断思考，想出了新的取样方法，减少了取样过程中产生的次片数量，提高了成品收率。

制药车间的生产，就像其他所有的制造业，以不断提高生产效率和产品质量、降低生产成本、提升企业的竞争力为目标。每一滴水、每一度电、每一粒药片、每一张纸、每一分打印的油墨,都是从德众的员工们手中流过的成本。每一位员工都怀着高度的责任心,接过德众前辈们节约的文化,珍惜流过手中的每一份资源,为提高生产效率和降低成本尽自己一分力。

在控制生产质量方面,德众的员工也一样认真细致。在一车办张志欣的办公台上,有一个胶袋,那是他专门用来收集班组员工交上来的问题产品,这些问题产品中,有药材细粉及辅料中带来的杂质、有生产过程中设备密封件或容器的磨损脱落物。有一个月,张志欣和同事们共收集了56片问题产品,发现和阻止了3次包装材料质量问题,及时上报处理,防止质量事故的发生。通过收集,他们不但阻止了问题产品流入下道工序,而且通过对问题产品进行及时的分析和跟踪,可以不断地改进相关的管理方法,改进制造工艺,使产品的质量不断得到提高。

企业2004年企业转制后,营销部成为最重要的部门之一。营销部有24个区域经理负责所属区域的销售、渠道维护、促销等商务和OTC促销工作,工作面更广,工作量比以前增加了一倍多。各地的营销队伍,都是从市场铺货的基础工作做起,在激烈的医药市场竞争中迎难而上,硬是克服了重重困难,完成了企业下达的任务。

当时,湖北区域经理刘明轩一进驻武汉,马上就进入了工作状态。白天要出去筹备办事处、招聘业务员、拜访经销商和分销商、调查武汉市的网络终端。晚上回到办事处后,要处理和分析市场调查来的资料、编制各种业务表格和办事处管理规章制度。白天忙,晚上更忙,以至于没有时间睡觉,养成了在坐公交车时补睡眠的习惯。有座位的时候要睡,没有座位的时候，手拉住吊环，头靠在手臂上照样睡得香，有时候甚至错过了站，随着公交车直到终点站。

安徽省区域经理孙兴林在阜阳市进行农村 OTC 促销工作时，面临着本地配送体系尚不完善的窘境。为了提高铺货效率，孙兴林亲自和同事们用单车进行铺货。他们用橡皮胶带将装满了公司 12 个促销产品的纸箱绑在单车后架上，穿行在阜阳市的大小药店之间。时值寒流袭击，鹅毛般的大雪落在他们身上，凌厉的北风又把雪花从身上吹落。路上的行人搓着手、跺着脚，急匆匆地回家躲避严寒，而孙兴林和他的团队却丝毫没有顾及到寒意，一种创业的精神正在使他们热血沸腾。

责任文化成为德众药业领导层和普通员工的向心共识，从各工序环节到各地营销部队，无一敢对"责任"二字懈怠。员工责任心，成为企业一种积极进取的精神状态和力量。这种精神状态使德众人对工作、对生活、对他人、对自己都会表现出热情和活力，想尽办法克服重重困难，保质保量地出色完成任务。在德众药业，有很多能干的人，能够在艰苦的条件下积极工作，独当一面，为公司创造最大的效益。

第二节 永不停步的学习型企业

一、务真务实 踏实学习

21 世纪是知识经济时代，科学技术日新月异，管理模式不断创新，一个企业只有成为一个学习型组织——让企业的全体员工一起学习，不断学习，提升企业整体运作的"群体智力"和持续创新能力，使企业成为可以不断创造未来的组织——才能适应新的变化,参与新的竞争,做出新的业绩。德众药业一直都非常重视人力资源的管理和开发,认为企业能否在未来的竞争中求得生存和发展,关键是人才。因此要不断提高员工的整体素质,使员工的发展适应企业的发展,并促进企业的发展。德众药业非常重视对员工的教育和培训,公司上下都积极营造一种全员学习、终身学习的氛围和环境。如今,德众药业已经初步形成了较为完善的培训教育体系和机制,开创了多种学习途径,运用各种方法引进知识,形成一个多元反馈和开放的学习系统。公司全体员工基本都拥有终身学习的理念,乐于学习,并基本形成了学习共享与互动的组织氛围。更为重要的是,公司员工在共同学习的过程中,对企业文化的理解加深了,对企业的认同感和归属感增强了,公司上下形成了共同的奋斗目标且都在为这个目标而不懈奋斗。可以说,工作学习化使得公司成员的生命意义被活化了,人的潜能被激发出来,人生价值得到提升。而学习工作化则使得企业获得不断创新发展的动力。

在公司看来,人才是无价之宝,应善用之,呵护之,激发之,使之为企业创造价值。而人才需要不断地培养和磨练,因此公司为他们建立了完善的培训教育体系。目前,德众药业对员工的培训是多层次、全方位、灵活多样的,既有以学习操作技能为主的基础培训,也有以学习经营、管理知识的高级培训;既有体验式的训练活动,也有理论式的课堂学习;既有将名师引进来,举办各种类型的讲座,也有把员工送出去,让他们参加各种研讨会,增长见识。为了方便公司全体员工的学习,公司还开辟了资料室,订阅了超过60种的医药行业的相关杂志。同时在内刊《德众人》上刊载与技术、设备、经营、管理相关的资讯,供全体员工学习借鉴。丰富多彩的培训，全方位的沟通、交流和学习，员工的素质和能力得到了提升，公司的凝聚力、向心力也得到了提升。

在员工看来，学习就像呼吸和吃饭一样，是生活中必不可少的东西。唯有不断学习进取，用知识来武装自己，才能跟得上时代的步伐而不被社会所淘汰。因此，无论是领导还是管理人员，无论是基层工作人员还是实习生，都非常自觉学习新知识，积极利用一切时间来学习，争取在各种考核中获得好成绩。2002年11月1日星期天，公司的全体管理人员为了参加一年一次的岗位技能理论知识考试，一大早便冒着刺骨的寒风和凄冷的雨丝赶往考场。这次考试的内容是不少管理人员平时较少或完全没有接触过的主要设备的基础知识和公司A类产品的主要工艺的基础知识，具有一定的难度。为了迎接GMP认证，连续几个月来大家均日以继夜地工作，只能疲惫地利用晚上一些空余时间进行复习。然而，在勤奋好学的精神的感召下，不仅全部参考者都顺利通过了考试，还有相当部分人员取得优异成绩。特别是生产部一位女士，虽然退休在即，仍学心未泯，刻苦复习，考取了91分的好成绩，为自己站好最后一班岗画上了一个完美的句号。

酿得百花成蜜后，为谁辛苦为谁甜？公司着力为员工创造学习的环境和氛围，加大对员工的教育培训的投入和力度，换来的是一支茁壮成长的高素质的人才队伍，能够为公司创造更大的效益。

二、知识武装　跟上时代

德众员工通过不断的学习，多种方式的学习，不仅掌握了专业的知识，而且能够触类旁通、举一反三，帮助公司改进工艺和流程，提高生产效率。压片组副组长谭凯旋就是个喜爱钻研设备工作原理的有心人。他在平时的工作中不断学习设备的工作原理，往往能及时发现对设备上的微小变化，并及时反映问题，还能够向维修组提出关于设备改造的建议。2001年下半年BB4压片机开始用于压维C银翘双层片的时候，按Manesty英国工程师教的方法，取样时是先停机，再转换至手动状态，取完样后再次停机转换回自动状态。频繁的取样和停机，产生的次片数较多。谭凯旋在较深刻理解设备的工作原理后，提出了取样时不停机，直接在开机时转换手动或自动状态来取样，这样的取样方式，减少了次片数量，也方便了操作，同时不对设备的安全造成影响。2003年3月，鼻炎康片03082批压片时，上一班的员工认为不能压片需要返工处理，谭凯旋接班后，调整了压片机的预压压力，使压片生产顺利进行。另外，谭凯旋通过比较三台进口压片机，发现并提出BB4的操作系统也有压力过载保护设置，这在设备维修人员的试验下得到证实和应用，使BB4压片机得到了更好的保护。这些建议的提出使得设备的使用更正确，保养更到位，从而能够提高生产效率，对公司作出积极的贡献。

三、勤于总结　不断提高

员工在热爱学习的氛围中，不仅自己积极汲取知识，还乐于将自己的心得、经验总结出来，根据公司的实际情况创作属于德众的"本土"文化，让德众药业的技术、工艺、文化、精神代代相传，生生不息。其中一个突出的例子就是德众员工自编教材《德众药剂学》。为了进一步提高员工的素质，让他们了解产品该如何生产的同时，明白为什么要这样生产，德众药业于2004年4月组织24名技术人员，历时3

个多月编写了《德众药剂学》一书，该书将药剂学、微生物学等专业知识与公司专有的工艺流程和设备特点相结合，共分为13个章节。这是公司第一本自己编写的教材，相当于中专教育程度，为公司培训操作员工提供了统一的教材，极大地方便了公司药品制剂工艺原理、设备原理和质量要求的普及，为德众药业操作员工整体素质的提高，起到良好的作用。

第三节 温馨"家"文化 精诚德众人

一、温暖大家庭

德众药业把员工视为企业的利益共同体，把员工视为企业不可分割的一部分，尊重员工，关心员工，在公司内部实行民主管理，有事情大家一起商量，倾听各方的意见，尽量满足方方面面的需求。企业的关怀获得员工的赞赏和信任，员工也把企业当作家庭一样来珍惜爱护，珍惜企业的资产，爱惜厂房设备，精心钻研技术以提高劳动生产率，厉行节约，提携后进。一句话，德众药业是一个精诚团结的大家庭，每一个德众人都是这个家的守护者。

（一）发扬民主，建立通畅的沟通渠道

在德众药业，到处可以感受到民主的氛围。公司召开会议，一般都会通过内部刊物《德众人》或者其他途径向员工传达会议精神和会议内容，让员工及时了解公司的动态，这有助于员工时刻和公司保持同一个方向和同一个步调。在制定规章制度时，也要倾听员工的声音之后再作决定。比如2001年在修改《员工手册》时，就在《德众人》上详细刊登了修改方案，在公司内部进行员工意见的调查，并即刻将

员工的意见反映到公司的管理层，随后将员工的意见和领导的答复逐条刊列在报纸上，如此通畅的意见流通渠道和如此高效的意见流通速度在医药企业中是少见的。正是由于企业的开诚布公，员工对企业更加信任，更加认同自己和企业是利益共同体这个观念，更加积极地为企业服务。

（二）关爱员工，设立员工救助基金会

为了发扬团结友爱、互助互济和慈善为民的优良传统，帮助身患重疾或意外重伤的员工减轻在医疗方面的经济压力，德众药业特意建立员工救助基金会（简称救助基金会）。该基金会由公司和工会各出资10万元组成，属救助性质，不属于一般性质的困难补助。凡是公司的合同工并加入了工会成为工会会员者，都是救助基金会会员，有权利享受基金会救助。救助基金的救助范围及金额包括：①会员家庭发生意外和灾难、家庭成员患病需要治疗导致家庭经济出现特殊困难，基本生活开支难以维持，经公司给予最高生活困难补助仍未能解决时，基金会根据其困难程度一次性予1 000元至10 000元的困难补助金。②员工在挽救国家或公司财产损失、抢救人民生命财产和见义勇为等行为中致伤（亡）的，基金会给予会员（家属）1 000~3 000元的慰问金。基金会收到会员手续齐备的申请后，在5个工作天内核实并给付救济金。

2008年5月12日汶川地震发生后，四川籍员工王启明的老家房屋发生局部坍塌，公司立即给他派专人了解其家中受灾情况，并及时提供了一笔困难补助，并发动内部募捐。

现在回想起来，王启明仍记忆犹新。他说，由于他的家并不处于重灾区，受灾的程度也不是特别严重，只是由于某些原因在经济上暂时有些困难，因此原本没想过要依靠公司的帮助解决这次的问题，但公司的决定却让他十分感激，领

导和同事的关心更让他感受到了那份真诚。

二、生活多姿彩

为了让员工在紧张工作之余,身心能够得到全面发展,公司举办了丰富多彩的文化娱乐活动。

(一)文艺——轻歌妙舞悦耳目

在德众药业,与音乐相关的活动总是那么丰富多彩。2001年7月,公司组织了庆祝"七一"歌颂党的卡拉OK大赛,活动参与人数多达350人。

同年圣诞平安夜,公司团总支举办了一场别开生面的化装舞会。此次平安夜圣诞舞会,大家的参与度异常高涨,每个人的尽情投入让大家度过了一个令人难以忘怀的圣诞平安夜。

每年春节前,公司都要举行新春团拜会,奖励先进,展望未来。在新春团拜会上,德众员工和退休前辈齐聚一堂,共庆即将来临的新春佳节。会上还进行了"德众之星"颁奖仪式及创新、技改、挖潜项目颁奖仪式。在与会领导祝酒后,各科室、车间和退休员工表演了丰富多彩的文艺节目,展现了德众人"团结、求实、奋发、进取"的精神面貌。

(二)体育——竞技场上展风流

公司十分重视员工的身心健康,不仅支持员工开展各项体育活动,还为员工的体育健身活动提供了有利条件,如购置了大量的体育设施和体育器材,还设立了专门的体育资金,并且成立了足球队、篮球队、羽毛球队、乒乓球队等。

自从2001年开始,公司工会每年都要组织体育运动会。体育运动会以发展体育运动,增强员工身体素质为宗旨,以广泛性、群众性为基础,开展各项体育活动,具体包括乒乓球比赛、篮球比赛、足球比赛、羽毛球比赛、拔河比赛等。体育运动会各比赛项目均有奖励，坚持以精神奖励为主，物质奖励与精神奖励双结合。

德众药业于2001年成立了乒乓球队，安排了专门的教练，并制定了乒乓球队年度训练计划：第一季度以基本技术练习为主要内容，务必使队员练就较为扎实的基本技术；第二季度以基本技术和战术训练为主，使队员掌握发球、接发球、搓中突击，左推右攻等专项技术；第三季度根据基本功和技术战术的基础，按每个队员的技术特点和风格进行针对性的训练，使每个队员的打法更加完美；第四个季度主要是组织各项比赛，通过比赛来提高队员的技术水平。乒乓球队认真执行训练计划，队员每个星期训练2次，每次为2个小时。为了继续发掘乒乓球后起之秀，培养后备力量，公司还于同年5月份组织了乒乓球学习班。

另外，羽毛球运动在德众药业也是广泛开展。为了以更高的水平、更好的状态参加2003年佛山市"汤姆逊杯"外资企业职工羽毛球比赛，公司邀请了佛山著名运动员庞衍波对羽毛球队进行为期4个月的指导和训练，取得了全市第六名的好成绩。

除了在公司内部开展体育比赛之外，德众药业的体育健儿们还积极参加佛山市的各项赛事。2002年6月3日，公司男子乒乓球队与佛山市机动车协会男子乒乓球代表队举行友谊赛，以4∶1大获全胜。2003年1月26日，德众药业队与汤姆逊彩管队进行了一场足球赛，双方握手言和。

全民参与体育锻炼是德众药业的优良传统和作风。鉴于员工在体育运动方面的杰出表现，德众药业被评为广东省体育运动先进企业。

（三）旅游——舒缓身心促友谊

除了在公司内部开展文娱活动之外，公司还适时地组织员工外出旅游，促进同事间的交流，增强员工之间的友谊。

三、精神花园《德众人》

德众药业自1998年成立以来，将佛山市制药二厂期间的内部刊物《药二工人》改名为《德众药业报》，用以向公司员工传递公司动态，宣传公司的决定。2002年，德众药业的品牌战略及企业形象、企业文化建设已经全面启动，当时负责企业品牌及企业CI建设的中山大学专家组认为，《德众药业报》这个名字太生硬了，不能体现公司的企业文化，他们建议采用更加贴近员工和企业文化的人性化的名字，比如"德众人"。专家的建议得到了公司领导的重视，在1月5日召开的编辑部讨论会上，大家一致通过用"德众人"作为新的报纸的名称。于是崭新的《德众人》于2002年1月8日正式与广大职工见面了，它迅速成为传递公司动态、宣扬公司文化、沟通员工心声的好阵地、好桥梁，是德众人的精神花园。

《德众人》主要分为公司要闻、综合信息、管理论坛及市场营销、员工生活等四个版面：公司要闻版主要介绍公司的最新动态、领导层的最新决定、行业法律法规以及关键时事；综合信息版主要介绍各个部门、各个车间、各个班级的工作情况和有趣故事，介绍各类专业知识及其最新发展；管理论坛及市场营销版主要介绍企业管理、市场营销、企业文化等方面知识，一方面总结公司在企业管理和企业发展各方面的做法和经验，一方面推荐专家学者的理论、知名企业的实战经验，以达到中西结合，古今贯通，内外互鉴，促进公司的进步的目的。近几年来，这一版块分别推出了"全球第一CEO 杰克·韦尔奇自传"、"企业文化专题"、"品牌观察之联想集团三年谋划 Lenovo 标识"、"企业信息化"、"无边界学习"、"现代设备管理 TPM 的理论和实践"、"杜绝浪费行动"等专题，极大地开拓了员工的视野，丰富了员工的知识；员工生活版则主要刊登娱乐哲理性文章，以反映员工在工作和生活中的点点滴滴，所思所想，是员工心灵上的亲密伙伴。经过用心的经营，《德众人》在继续成为公司向员工宣传工作的窗口的同时，还成为普及知识、让员工及时了解外部环境变化的一个园地，成为德众员工展示工作、生活和才能的一个舞台。

为了让《德众人》有充足的稿源，公司充分调动广大员工的积极性，每月向广大员工征稿，录用后给作者支付稿费以体现对作者的一种肯定。年终根据一年的供稿情况，评出优秀供稿者，给予较大的奖励。同时，为了提高通讯员、记者队伍的水平，编辑部也多次组织培训会议，向大家传授采写经验。

四、员工心声　德众为我，我为德众

优秀的企业就像一方沃土，为员工提供源源不断的营养，员工在这方土地上生根发芽，茁壮成长，相应地也对企业倾注了无限的感情。下面这些文章都刊登在《德众人》（2005年）上，从中可以反映出公司对员工的关爱，以及员工对企业的深情。

我在德众中起航

来公司已经一年，时光匆匆。在这一年中，在专业知识、思想境界中,我都觉得自己有了很大的提高。"我在德众,尽职尽责……"公司的训导词,是我们工作的指导,是我们做人的指导,是我们生活的引导。

做业务苦,没业绩更苦!在办事处,业务员中我的年龄最大,故面临的生活压力更大,我最怕的就是每个月办事处的销售业绩排比,很怕名次被排在后位。也许是几年的OTC工作,令我有点缺乏自信心。是公司领导在思想上开导我,给我人生的定位,并且在工作中指导我,使得我的销售业绩一直有着稳步的上升,也从中得到自信。没有一个互相关心的团队,就不是一个能战的团队。记得有一次,那是刚进来公司不久,有一天早上回公司开会的路上,由于没带自行车证件,被警察处罚了50元,回到公司心情不太好,办事处吴助理看出来了,问我发生了什么事情,我告诉了他,然后他说,没事,公司给予报销,只是下不为例。后来我才知道,是吴助理自己掏腰包给我报销的,是为了我能开开心心工作。说真的,50元虽然不是什么大事情,却真的让我从心底感动,这件事我一辈子都不会忘记。从那以后,我就暗暗发誓,一定要努力工作,不辜负公司领导对我的期望。从这些细节看得出来,我们上海办事处是一个大家庭,周末开完会议就一起做饭吃,然后探讨生活的真理。互相之间都关心着,都有着一种归属感。领导的平易近人及工作上的指导,使得我们努力地工作。

德众是帆,我是船。乘风破浪,不远的将来,为德众,为自己,创造更美好的明天。

普陀区OTC代表　李起发

我与德众同成长

回忆起刚进公司的时候，我就像一个13岁的小孩，做任何事情都是凭自己的感情去做：我掉过眼泪，红过脸。然而进入公司不到一年，我的成长就像度过了10年，我变成了一个23岁的成熟、稳重的姑娘。是这里的大哥、姐妹，让我成为一个自信负责的女孩。

刚进来公司时，我负责闸北区，应该说，这是个基础相对较好的区域，然而我仍背负很大的压力，我根本不知道如何下手，整个人变得消极，这时候，办事处领导开导我，告诉我会给我时间去熟悉市场，叫我不要操之过急。同时他们在暗地里不断鼓励我，教我如何去面对客户，如何去拿下客户，教我如何去制定自己的目标计划，然后去执行。我知道，在办事处，我是最令领导用心教的一个，每周的计划，领导都得一点一点帮我修改，然后告诉我怎样去执行，完了还得看我的执行结果，做得好的，给予我极大的鼓励，做得不够好的，也会当面批评。然后要求我在什么时间内得出结果。其实在办事处，我真的很怕见领导，他们给我的感觉对工作很严肃，很执著。不应该犯的错误，他们会毫不留情地批评，让你这辈子绝对不敢再犯第二次同样的错误。但做得好的，也会大大加以表扬，在会议上点名是大家学习的榜样，也会让你一辈子不会忘记。

上海办事处的训导词这样写道：我在德众，尽职尽责；谦虚做人，踏实做事；挑战自我，追求卓越；携手奋进，传递健康。这是一份伟大的健康事业，这是我们理想的追求，这里涵盖了我的一生！

闸北OTC代表　刘媛媛

德众，我的亲人

屈指一算，我来到德众公司这个大家庭已经一年多的时间。我虽然学的是医药专业，但对 OTC 销售这个行业一无所知，没任何经验，很感激公司的领导，给了我一次最好的锻炼机会，使得我在这个行业中成长起来。

在这个大家庭里，我的领导就如我的亲大哥，在我遇到任何的困难，不管是工作上，还是生活上，他们都会给我人生的指导，教我如何选择人生的道路，就如在跑药店时，遇到难以攻关的客户时，他们以实际的经验，告诉我们如何下手。比如先从侧面了解客户的背景，然后再见面拜访了就能一一说出他的爱好，给他一个惊喜，如此一来，就拉近了双方的关系，为下一步的销售工作打下很好的客情基础。

在我的工作中，我永远不会忘记我领导常跟我们讲的两句话：做任何的事情都要从细节做起；认真做事情只能把事情做对，用心做事情才能把事情做好。其实真的是这样，往往别人衡量你的工作是否做得好，都是从细节上来看问题，德众公司为我们创造了一个优良的竞争团队，是一个除了有激烈竞争，还有着友爱、互助的团队。我为自己是其中的队员而感到自豪！

虹口、杨浦 OTC 代表　苏美虹

除了写文章来抒发对企业的感激和喜爱之外，文学爱好者们也纷纷借诗歌抒发自己的情怀。

沁园春——德众

佛山故郡，

接天新港，

人杰地灵，
数药企新秀，
映日荷花，
健康所系，
缘分相投，
济羸弱获安，
拯人寿域，
德众挚爱洒神州，
仁者寿，
愿天地赐福，
平安长久。
风雨兼程卅秋，
集药与文化共一炉，
展华夏风采，
冲天鹰隼，
橘杏广韵，
誉满千秋，
振兴国药，
报效祖国，
山水齐贺我丰收，
俱往矣！
须继挂云帆，
沧海知周。

品质部　张花

心中的港湾——德众

我听到你的呼唤，

是母亲对儿子的呼唤，
是港湾对小船的呼唤。
与无情的风浪搏斗时，
您是我动力的源泉。
顺风弛航时，
您指导我前进的方向。
德众！
是您让我明白生活的哲理——德在心中，
是您让我知道生存的意义——药为大众，
是您让我学会与命运搏斗——永不放弃。
德众！我心中的港湾。

方培钦

第四节　奉献社会　企业公民

医药产品的质量关系到人的生命安危与社会的和谐稳定。德众药业在追求正当经济利益的同时，积极承担起企业公民责任，赢得了公众信任。

一、关切社会　奉献爱心

医药行业作为与人体健康密切相关的特殊行业，一直就承担着较多的社会责任。一直以来，德众药业密切关注着社会上的动向，时刻准备为社会奉献自己的力量。

（一）健康直通车，送药到农家

2002年3月，德众药业团总支代表公司运送一车66件总值4.5万元的药品捐赠到广东青年卫生医药志愿者扶贫接力行动组委会。这是公司积极响应广东省药品食品监督管理局、省卫生厅和团省委号召，支持解决特困群众"四难"问题的一大义举，也是"健康直通车"——广东青年卫生医药志愿者扶贫接力行动的重要组成部分。

（二）为大学军训赠饮品

广州大学城里每年都会有大量的新生入学，这时候正赶上夏季高温的天气，不少学生还没有适应广州的气候环境，就要投身到紧张辛苦的军训中去，身体会受不了。每年这个时候，德众药业都会组织人员专门为他们送去源吉林甘和茶。源吉林甘和茶有防暑、清热的作用，可预防中暑，还可以防治水土不服。源吉林甘和茶受到了师生和官兵的热烈欢迎，大家都把它当作最佳的防暑饮品。

（三）参与食品药品安全宣传

2005年12月3日是佛山市食品药品安全日，由佛山市药品食品监督管理局以及佛山市食品安全委员会主办，禅城区食品安全委员会、佛山市经贸局、佛山市卫生局、佛山市农业局、佛山市质监局、佛山市工商局、佛山市检验检疫局、佛山日报社、佛山电台、佛山电视台等单位协办的大型活动"关注食品药品安全、共建和谐平安佛山"在佛山东方广场举办。应佛山市药品监督管理局的邀请，德众药业也参加了本次活动。品质部杨部长代表公司签署了《佛山市食品药品生产企业确保食品药品质量安全承诺书》。

在杨部长的带领下，由品质部和营销部的部分同事组成活动小组，在现场组织了以更换过期药品及药品知识咨询为主要内容的服务。除此之外，公司还开展源吉林甘和茶免费赠饮和德众药业产品知识有奖问答等活动，吸引了不少市民。

2008年10月26日，由佛山市民政局组织的"佛山市直民间组织为民服务日"活动在佛山市禅城区东方广场中央展区盛大进行，德众药业也参与此盛事，与佛山市医药保健品行业协会和其他医药企业一起，向络绎不绝的观众介绍了如何识别假伪药品、保健品的方法，并以实物展示真品与赝品的差别，向群众进行了药品分类管理、禁毒等方面的宣传，受到与会群众的欢迎。

通过这次活动，公司不但宣传了德众药业的产品，提升了企业品牌形象，还向市民普及了一些安全用药、有效用药的知识，为社会作出了应有的贡献。

（四）大雪无情，德众有爱

雪灾，春运，滞留……这些活跃于2008年第一季度的字眼，刺激着全国人民的神经，社会各界都纷纷伸出援手，奉献爱心。面对2008年1月中下旬安徽、江西、河南、湖南等全国14个省（区、市）所遭受的50年不遇的大风雪灾害，德众药业秉承"德在药中，药为大众"的经营理念，迅速行动起来，连夜召开紧急大会，迅速发起"大雪无情，德众有爱"抗冻救灾爱心捐赠活动，向受灾省份的红十字会、民政局等部门赠送维C银翘片、板蓝根颗粒、加味藿香正气丸、金龙伤湿止痛膏等治疗感冒、消化道不适以及伤痛类疾病的药品，救援饱受雨雪灾害的人们，为他们送去关怀和温暖。

（五）众志成城，抗震救灾

2008年5月12日四川省汶川地区发生8.0级地震，影响了大半个中国。对于受灾地区来说，无论是现阶段的救助工作、防疫工作还是将来的重建工作，都需要大量人力、财力、物力的支援。

德众药业在灾害发生的时候迅速反应，以捐款、捐药、捐血的形式表达对在最前线救助人民的工作人员的支持和对灾区人民的关心。德众药业迅速捐出价值15万元的维C银翘片、少林跌打止痛膏、板蓝根颗粒等药品。全公司职工自发捐款2万多元，并踊跃为灾区人民献血。全体职工都希望能尽一分微薄之力，给灾区人民提供一点帮助。

（六）一杯药茶送交警，警民鱼水情谊深

2008年9月12日，虽近中秋，广东地区却依然烈日高照，酷热不减。交警们为保障行车通畅，确保市民的安全出行，在北京奥运会、北京残奥会以及紧接着的中秋节和国庆七天长假这段时间内，一直都在无休假的状态下兢兢业业地工作。有感于交警们的辛勤工作，德众药业给佛山交警大队赠送了源吉林甘和茶1 500盒。几位德众爱心代表还于烈日下给部分正在值勤的第一线交警们将源吉林甘和茶亲手奉上，以慰问他们多日来的辛劳。德众药业的源吉林甘和茶是佛山的传统良药，具有防暑消食治感冒的功效，很适合交警们饮用。交警们收到德众药业的慰问药品后都非常感动。

（七）无偿献血，常献常新

自《中华人民共和国献血法》实施以来，德众药业涌现了一大批关心、支持和积极参与无偿献血的人士。他们每年都积极参与无偿献血活动，德众药业为此而屡获殊荣。

2001年，献血英雄罗后楷、陈兆汉获得"2001年度佛山市区无偿献血先进个人（奉献奖）"金奖的荣誉称号。

2002年，佛山市人民政府于11月19日颁发了"佛府[2002]66号文《关于表彰佛山市区公民无偿献血先进单位和先进个人的通报》，德众药业获2002年度佛山市区无偿献血先进单位。杨许作、黄镇辉、杨兴缘、林淑明、陈月聪被评获2002年佛山市区无偿献血个人表彰铜奖。毛福林被评为2002年度佛山市区无偿献血个人表彰促进奖。

2003年，公司参加无偿献血者83人，2004年47人，

2007年36人,总献血量为10 800毫升,创造了公司历次献血量的新纪录。公司将继续鼓励各位热心人士一如既往地支持和积极参与无偿献血活动、参加社会公益活动,以营造一个良好的社会氛围、构建一个和谐的社会。

二、保护环境　绿色标兵

德众药业历来崇尚关爱自然,保护环境。在新时代之下,公司更是将环境保护当作头等大事,积极制定节能减排的举措,为共建绿色家园作出贡献。

首先是解决企业的排污难题。制药企业在生产过程中,难免产生二氧化硫、烟尘、废水(主要污染物为悬浮物和化学耗氧量)和固体废物等。为了治理污染,公司于1990年建立污水处理站(日处理能力120吨)。该工程采用原生化处理工艺,工程投资50万元。1991年建成麻石水膜除尘塔并于同年经过验收,占地约200平方米,总投资约50万元。随着时间的推移,由于废水治理系统连续运行多年,部分设备、材料老化已不能满足新的要求,于是2002年对废水治理系统进行了工艺技术改造(新增日处理能力300吨),工程投资约128万。据2003年由佛山市环境监测中心站对经处理后的废水采样监测,监测结果全部达到广东省地方标准——水污染物排放标准(DB44/26-2001)的第二时段二级标准,并于2003年通过佛山市环保局的验收。

2005年公司开展了排污口规范化的整改工作。在此次整改中,专门绘制了排水管网图。公司所有排污口经过整改后,现设置的废水排放口、废气排放口和固废临时贮存场等,全部符合国家环保规范。

此外,德众企业还按照环保的要求,建立健全了相关的环保管理制度，制定了废水和废气处理的岗位责任制、操作规程等。

公司对环保治理方面相当重视，建立了公司总经理负责的环保管理制度。从2001年以来，公司在环保方面投入600多万元，包括厂内排水管全部清污分流、污水站扩建、噪声治理、粉尘治理、生产车间的外墙密封等，通过大资金投入及治理使厂区厂貌焕然一新，厂区环境清洁、干净，取得了良好的环境效益和社会效益。

第五章
德众之星

本章导读：

作为广东中医药的知名企业，德众药业不是一天建成的，几度风雨几度春秋，一代代的德众人始终以做良心药和创新药作为自己的使命。在这几十年的发展中，德众精英代代表率，德众之星年年辈出。本章将选择员工中的代表和典型，以此管窥德众的群英谱。

第一节 2006 "德众之星"

一、为争取关键项目挺身而出的唐旭东

2006年8月，粤港合作关键领域重点突破招标项目发布招标公告，其中"中药现代化生产关键技术与设备产业化"招标项目中，中药制药关键设备产业化子项目没有将"膜分离浓缩设备"列入，这意味着德众一直在研发的"膜分离浓缩设备"项目，想跻身粤港合作的重点项目将十分困难。但

第五章 德众之星

"膜分离浓缩设备"项目是公司已经开展的工作,应该尝试去争取政府资助。

为此,作为设备部长的唐旭东积极与华南理工大学有关老师联系,提出与华南理工大学联合申报"中药提取液高效膜分离浓缩集成化设备"项目,并与相关老师进行了申报资料填写分工。可是,当他完成了招标文件的商务部分和一些技术部分招标文件的起草工作并交给华南理工大学老师补充有关技术部分的材料时,却发现华南理工大学老师迟迟不能将资料补充好。最后得知,本项目在华南理工大学未得到学校申报许可,不能与华南理工大学联合申报该项目。由于多方面工作已准备就绪,凭着一股韧劲,唐旭东极力劝说华南理工大学老师参加申报,终于打消华南理工大学老师的顾虑。

他想出了用独立申报的形式，即华南理工大学老师以技术顾问身份的形式参加本项目，解决了此申报问题。另一个更为紧迫的问题随即出现：说服华南理工大学老师参加申报后，离上交资料的规定时间只有3天，可是这时华南理工大学老师的资料尚未准备好！唐旭东发动大家努力补充资料，填写相应的文件，他和同事们不分昼夜晚，加班加点进行资料整理工作，在投标前一晚完成了资料整理工作，为使投标工作形象更为正规，他还联系专业装订单位连夜对整理好的投标书进行装订。

投标过程中，全省有17个单位竞投"中药现代化生产关键技术与设备产业化"，竞争十分激烈。经过省专家组评标，德众药业投标课题"中药提取液高效膜分离浓缩集成化设备"项目入围"三甲"，顺利进入下一轮的专家现场考查与答辩。为顺利通过专家现场考查与答辩，请来了有丰富投标工作经验的专家进行指导，模拟专家现场答辩并经多次演练，最后成功通过专家现场考查与答辩。

就这样，公司在2006年粤港关键领域重点突破招标项目"中药现代化生产关键技术及设备产业化"的子项目"中药制药关键设备产业化"的投标课题"中药提取液高效膜分离浓缩集成化设备"项目中一举中标，获得省政府资金资助300万元。投标的成功，降低了企业技术改造的成本，提升了企业的知名度，开辟了借助政府力量进行技术改造的新途径。在整个项目的申报中，唐旭东为了公司的利益挺身而出，主动承担重任，为企业争得了利益和荣誉。

二、中央空调节能优化改造功臣蔡智辉

蔡智辉是一位戴着金边眼镜的儒雅书生,从提取罐系统自动控制项目、压力自动控制、超压报警、罐底安全栓监控、蒸汽调节阀工作选择、液位显示、水泵监控、故障信息记录显示,到3 000升浓缩罐提高产能改造项目、锅炉PLC与变频控制改造项目,到2006年完成的空调系统改造,无不体现出他的智慧和创新。2006年的整个企业中央空调系统改造项目中,蔡智辉更是劳苦功高、呕心沥血。

针对公司生产车间空调电能耗用大的现状,他提出在全公司生产车间推广变频节能新技术。

在这一年中蔡智辉放弃了大量的节假日及班后休息时间开展中央空调节能优化改造工作。该项目投资较大,涉及各车间空调的7台主机、21台风柜、13台电控柜、3套计算机监控系统、大量的风路、水路、电路及部分土建等方面的工作。

蔡智辉本身是学自动化专业的,他完成了较高技术含量

的中央空调节能优化改造。在公司领导的支持下，蔡智辉作为项目负责人代表公司与高校合作，进行中央空调节能优化改造。

通过组建项目小组，蔡智辉作为项目负责人调动整合各方人力资源，工作中与各方人员充分进行技术与管理上的沟通，发挥车间设备员的主动性，合理安排施工时间保障生产的正常进行，保障了中央空调节能优化改造项目的按质及时完成。

该项目2006年8月底完成三个车间的主体空调改造后，9月开始进行电耗对比统计，从9月1日至12月30日，各车间空调比改造前的同期已省电29万度，节约电费约21万元。一年为公司节约电70万度。

三、创新业务模式　创造经济效益的郑卫

在德众药业营销部，有一位被大家视为乐山大佛的川西营销大将郑卫。他在营销方面对企业的贡献总结起来有以下几点：

（一）组建了一支优秀、高效的营销团队

完成了渠道、终端的疏通，经销商、分销商、终端客户的维系以及消费者的宣传促销等多项工作。

（二）建立了相对完善的各级管理制度

按照公司总部《2007年办事处管理规范》的要求，制定了适合本销区的各项管理制度。根据各业务员的岗位，制定合理的提成制度。在公司原则性的制度框架下，根据具体情况灵活制定了管理制度，极大地调动了人员积极性。

（三）应对变幻莫测的市场难题，为公司创造的经济效益

在2006年的销售工作中，在经销商布局完成后，由于西部医药及重庆桐君阁的资金紧缺，断货现象时有发生。在与经销商协商寻求支持的基础上，通过加快其他经销商的销售进度，弥补了由于断货造成的不良影响，完成了公司的任务。利用经销商及分销商搭建的平台，通过终端促销会议、人员上门拉订单以及渠道内的促销，使产品铺货面逐步扩大，销售量逐年上升。

（四）商务、终端、分销等营销各方面工作的创新

在郑卫的带领下，营销团、队在商务促销、渠道建设终端开发等方面都有不少创新之举，为企业带来了丰厚的利润。

四、新组合新战场的"新官"孙兴林

海浙销区是公司2006年新组合的销区，"新官"孙兴林的海浙新品促销正在快速地走过市场导入期，为进入成熟期做准备；还有海浙的营销团队也在轰轰烈烈的市场开发中得到锻炼和成长。以下5个创新是对孙兴林在海浙销区的工作总结。

（一）结算方式创新

原有的"压批付款"方式不能满足要求，他的做法是：用该经销商的资信额铺底，年底前一次性结清。超过资信额度进货时，一律要经销商打预付款。在各级价格管理方面，他统一经销商的出货价，先确定华东公司的出货价，再以其为蓝本，要求各个地区的经销商保持一致，规范分销商的出货价，规范同一区域终端的零售价。

（二）分销商工作创新

1. 对分销网络建设进行创新指导，用《海浙分销商布局图》来指导办事处的分销工作。

2. 创新分销商促销办法，包括会议营销、订单式营销、厂矿医务室营销诸做法。

（三）终端工作创新

1. 创新地提出了拉单的开发终端办法。

2. 提出了"老店拉老品、老店拉新品、新店拉新品"拉单工作口号。

3. 用《终端拉单促销进度表》来指导、检查、监督拉单工作。

（四）海浙促销战略管理创新

1. 抓大。要求在促销工作中把人财物诸要素用在"大"的终端。

2. 有选择地放弃。放弃代价高且效果不明显的终端。

3. 开发县乡市场。从2004年开始，他就把促销重点放在对县乡市场的开发上。从茫然到逐步获得成功的经验。2006年，他逐步扭转了浙江省的促销方向，全力发动对浙江农村市场的开发。

4. 创新促销品种。把所有促销品分为三类，分别给予不同的重视程度，重点开发了暗疮片，暗疮片在2006年海浙区销售了1 800多件的规模，我方对手清热暗疮片的市场不断下降。

（五）激励创新

实行无底薪＋高提成的办法，拉大业务员收入差距，调动他们的积极性。

在销售团队建设中，始终贯彻"1＋1＋N"的原则。①"1＋1＋N"团队建设原则：优秀的团队必须有一个称职的带头人、外加一个榜样，这样带领团队其他成员前进。②一个称职的带头人：必须精通业务、公平公正、进取乐观、守法廉洁、乐于助人，还要求看得远。同时，有意识地成立一个集体的带头人。这就是"五人团"集体领导制度，"五人团"由孙兴林和四个办事处经理组成。③树立榜样：在业务员的管理中，他非常注意树立好的业务员典型。为跟随者树立好的榜样有利于激发跟随者的斗志。

第二节 2007 "德众之星"

一、坐镇东岳的销售大将李明涛

李明涛负责山东销区。2007年度总任务1 343万元,其中新品种270万元,鼻炎康1 073万元,回款任务1 295万元。为了能够很好地完成工作,他年初制定了山东三个办事处的促销方案、任务指标分解。

(一)合理布局,带好队伍,超额完成销售指标

山东省有17个地市,李明涛在其中6个地区建立8个一级客户,使得一级经销客户的网络覆盖了全省17个地市。针对各办事处不同的市场特征,根据公司以终端促销为主的前提,李明涛和他的团队在一些区域巩固和提高了以前终端促销的成果,积极寻找到渠道促销和商务推广的好路子,为了山东销区完成任务打下了基础。他们在济南办事处管辖的济宁地区积极摸索和寻找最合适的促销办法。他们第一步建立分销单位,和分销上积极沟通,并且给予从经销商到分销的销售环节给予商务推广的政策和支持;再接下来第二步为了

给分销商消化库存，体现他们的经营利润，针对他们网络的终端客户实施渠道促销的模式，这大大地提高了分销商的销售积极性，保证了公司的产品渠道通畅和终端铺货。

（二）用将之道，教化为先；用兵之道，教诫为先

团队的管理好坏直接决定着市场操作的好坏，最主要的是团队销售积极性的调动。李明涛2007年调整了办事处经理的人员，按照一切以市场销售为目标，同时注重办事处经理综合素质的要求来安排。招聘到符合公司文化、市场销售特征的优秀的办事处经理是个难题。他从各个渠道经过五六轮的面试和一两个月的试用，最终招聘到认可德众文化、做事踏实、积极进取的优秀员工。本着"用将之道，教化为先；用兵之道，教诫为先"的原则，他对办事处经理从思想、理念到具体市场操作、客情公关、团队管理、人员培训手把手地教给他们。本着共同的理念和目标，他把这种精神和方法灌输到团队里的每一个成员，经过两年的培养和磨练，形成了今天山东销区24人规模的精兵团队。

（三）减小投入产出比，扩大销售增效益

李明涛在山东的营销策略是全面撒网、终端捕捞。他注重培养公司优势较大的品种的销售，2007年鼻炎滴剂比2006年增长50%左右，羚羊感冒片、金龙伤湿止痛膏都增长了100%之多，少林跌打膏、牛黄解毒片等品种的销售也增长了40%以上。

李明涛在2007年的销售中本着务实求真，讲究实效的精神要求，力争少花钱多办事。

在2007年度工作中使用各项促销费用没有一项超标的前提下，实现了新品种实际销售超任务额52万元，鼻炎康实际销售超任务160多万元的目标，为公司节约了资源创造了

效益。

二、勇于创新的"智多星"万斌

作为车间设备主管，当生产班组遇到困难时，万斌总是深入调查了解，积极探索，带领员工解决一个又一个技术难题；在对维修组的管理中，他以身作则，和维修组的师傅一起探讨、动手解决各种维修难题。工作中他总是以高效率出色地完成各项任务，工作之余，他亦没有间断对提升自我的追求。

（一）巧改压片机刮粉板

压片机刮粉板不易保存，导致刮粉板的更换过程中产生浪费，耗时较长，并且刮粉板的变形易导致压片机的可见损耗较多。针对上述情况，万斌根据上冲的行驶轨迹，改变了单层片和双层片刮粉板的尾段形状，设计出一种易于用板材夹住的形状，针对木板易变形的缺点，及时改用了不锈钢板夹住保存，并减少每次采购和加工的数量，降低因保存时间过长导致塑料王变形而产生的影响。

（二）勇于尝试，改变进口设备监控形式

2006年11月，3号压片机触摸屏出现故障，万斌开始思考尝试采用液晶显示屏加鼠标控制的方法，不但不会影响到生产，也可以节省维修费用。经过尝试，事实证明他的设想完全行得通。在2007年，另外两台FETTE压片机触摸屏也先后出现了触摸功能损坏及花屏现象，同样采用液晶显示屏加鼠标的方法，同样取得了很理想的效果。

（三）自行设计纯化水双液位保护

2007年上半年，一车间生产班组反映出现多次无纯化水使用的现象，纯化水出现缺水将直接影响包衣和洗桶。

万斌意识到纯化水缺水的严重性，组织维修组进行仔细检查，发现造成这种现象的原因主要有两个，一是因为纯水箱水位浮子卡死，导致EDI没有制水；二是因为中间水箱实际供水量不够EDI实际制水量，导致EDI自动停机，但中间水箱满水后EDI不能自动恢复制水。为保证班组纯化水的正常供给，他向设备部提议改造，并设计了电路接线图，修改了EDI的PLC程序，组织维修人员进行施工，将中间水箱、纯水箱改造成了机械浮子和电子液位双保护，实现了EDI缺水后的自动恢复制水功能。

（四）压片机润滑油路改造，消除安全隐患

2006年"五一"期间，设备部组织完成了BB4压轮支架的修复工作，但修复后实际使用的过程中发现压片机两边上压轮还是有较大温差，右上压轮还是有较多的超温现象，造成生产过程中停机检查清理压轮轴的情况较多，降低了生产效率，而且超温后压轮及压轮轴的使用危险性很高。

鉴于这种情况，万斌在组织维修人员检查压轮的过程中，

发现右上压轮的润滑油路阻力较大，在当时的操作方式下很难做到开机过程中的正常润滑，2007年3月他向设备部提议将左上压轮及右上压轮的润滑油路分开，组织维修人员将原润滑油路改为两路润滑，并修改了SOP，改变了操作人员的润滑操作方式和时间。

改造后保证了两边上压轮的正常润滑，温差很小，减少了压轮超温现象和压轮轴的磨损，尽量避免了开机过程中停机检查清理压轮轴的情况，降低了设备使用的危险性。

（五）主动协调设备部开展工作

在设备部组织的中央空调改造中，万斌充分发挥自身的主动协调性。改造期间，他放弃大量的节假日及休息日监督跟进一车间的中央空调改造工程，而在中央空调的调试阶段，他身体力行。硬件上，从各管路的阀门到PLC、变频器功能的测试，软件上，从温湿度、静压差到冷冻水压力等各参数的设置，他思考和摸索在中央空调节能和空调设备的稳定运行中软硬件设置的最佳参数。在中央空调改造完毕后，他亦没有放松对工程的跟踪和管理，在不影响生产工艺的条件下，他从节能的角度出发，组织倡导维修组合理运行空调系统，令改造后的一车间中央空调在节能方面取得了明显的成效。

（六）不计得失，抢修设备

万斌经常牺牲自己休息时间去抢修设备，用万斌的话："只是工作的本分而已，不值一提，设备管理上的前辈才真正值得学习。"正是因为这份谦虚和不计得失的责任心，在枯燥琐碎的基层管理工作中，他才能不厌其烦，在多次接到故障需要排除的求助电话时，牺牲自己的休息时间，到现场和维修人员一同排除设备故障。

三、护"花"使者 申报专家冼少华

德众药业的知名度很大程度上来自于鼻炎康等名牌产品。这些名牌产品的知识产权保护对德众药业来说是重中之重。冼少华在这方面付出了大量的努力，为企业的正常发展做出了重大贡献。

（一）知识产权保护，申报不遗余力

2004年初，公司开始对鼻炎康等品牌的保护进行立项，具体工作由开发部的冼少华负责。

经过冼少华等的努力，德众药业于2007年7月、12月分别获得腰肾膏和鼻炎康片的专利证书，使得腰肾膏和鼻炎康片的有效保护期分别到2024年和2025年。鼻炎滴剂2008年2月也获得授权。在几个品种获得专利证书影响下，冼少华等趁热打铁，又把乳结康丸、乌鸡白凤颗粒等品种也申报了专利。

（二）申报新药艰辛，方"冼"英雄本色

在完成专利申报工作同时，小冼作为胃炎消颗粒新药研究项目的负责人，参与了公司新药研究工作。当时胃炎消颗粒是德众药业一个在研的创新药，已经完成了临床试验，新药生产申报阶段。经过冼少华等的努力，申报工作得以顺利进行。

在公司知识产权保护工作方面"专心"，在工作态度上"用心"，在处理对外事务的时候有足够的"耐心"，对事"细心"，对公司的前途和命运充满"信心"，这就是冼少华的真实写照。

四、企业神经系统的护理师黄仕煊

黄仕煊是1978年就到佛山市制药二厂从事电工工作的老员工,已于2008年底退休。在德众药业工作的30年里,黄仕煊历经了公司发展的各阶段,见证了公司的成长与发展。

长期以来,黄师傅工作上兢兢业业,业务上勤奋,从一名普通电工成长为技师、高级技师,维修过包括锅炉仪表电控系统、喷干机仪表电控系统、粉碎机组、制冷空调机组、公司第一代国产压片机、干压机、水泡机、检验仪器等大量的设备,用他的汗水和智慧为公司设备的正常运行付出了艰辛劳动,作出了贡献。

(一)兢兢业业站好最后一班岗

2007年11月,已经临近退休的黄仕煊,接到全厂仪表系统拆旧换新的艰巨任务,他带领电工勘查现场,熟悉仪表线路和信号走向,预备好各种信号线、编码套管。在2008年元旦期间带领电工紧张有序地施工,圆满完成了任务。

2007年12月某日凌晨,电房总开关配电柜中为提取大楼配电的主开关突然跳闸,而车间正亟待开机生产。黄仕煊接到电话,冒着寒冷的黑夜从家赶回公司,指导当班电工准确测试,用最快的时间从各种故障因素中锁定故障位置,果断启用备用开关,恢复车间正常供电。

(二)绘制原始资料,留下宝贵财富

厂区不断发展,原有通讯和电力线路日益不适应形势需要,线路时间久远,缺乏资料,给使用和维护造成困难。近几年,黄仕煊亲自勘查原有线路,仔细对线,绘制出原始图;将各通讯电箱、通讯端子详细编号,并贴上标签,将原有繁杂的线路整理、归类。他将通讯系统和电力线路整理得井井有条,提交给设备部清晰的原始资料,保障了维护和以后改造的资料需要。

第三节 2008 "德众之星"

一、勇于接受挑战 功勋卓著的孙加亚

广西人口较少，经济水平较落后，作为地区销售经理的孙加亚，经过近3年的努力，销售取得了突破性的发展。

2008年，受奥运期间鼻炎康及少林跌打止痛膏贴上"运动员慎用"标签事件的影响，加上广西地区年初遇上冰雪灾害，该地区的药品销售量有所下降。多方压力下，面对公司下达的798万元的销售任务，孙加亚随即在广西办事处号召全体业务人员团结一致，明确宣传与贯彻2008年各项工作的目标，通过提高产品商业销售价格、要求经销商使用现款结算、培养重点经销商、储备待发展经销商、转变促销方式、加强促销效果、确定重点促销品种、保持和扩大提价品种的销量、打造精英业务团队、积极应对业务困难及突发状况等多项措施，以889.1万元的成绩超额完成任务，为企业发展增添一份力量。

除了这些日常工作任务外，孙加亚深度开发广西销区的空白市场，把原来主要集中在玉林的销售区域扩散到南宁、梧州、北海、百色等地，并取得了良好的销售成绩。孙加亚还拓展社区服务站、卫生站等销售，把产品推进社区，从而进入社区及新农合目录。这就为公司再开拓出新的销售市场。孙加亚作为其中的一员，也同样敬业乐业地努力着。

二、致力于节能减排的锅炉专家欧阳健安

和欧阳健安较熟悉的同事都知道，在球场上他是绿茵好手，灌篮、射门样样在行；在家他用心地烹饪菜肴，悉心地照顾好家庭，是大家公认的大厨、好男人。工作中的他也同样优秀。

欧阳健安于2004年从省专业的锅炉安装公司转来德众公司。在管理工作上他细心、认真，在专业知识领域他不断追

求创新,从每月的能耗分析到计量管理、锅炉管理,从冷凝水回收系统改造到冲凉房热力系统改造、锅炉空气预热器改造,无不体现出他高度的责任心与对自身提高的追求。

其中,冷凝水回收系统改造,每年节约自来水8 500吨,节约蒸汽1 200吨;冲凉房热力系统改造,每年节约蒸汽120吨,节约自来水8 400吨,节约用电2 000千瓦时;锅炉空气预热器改造,每年节约用煤277吨。

公司各车间的生产污水经污水站生化处理后,泵到锅炉喷淋集水池用作除尘用水。污水通过烟气中的粉尘吸附进一步降低水中的COD,然后再经过物化处理后排放,这种处理方式污水排放基本达标。但公司锅炉没有安装脱硫装置,烟气排放中的二氧化硫没有得到有效的处理,经常超标。如果采取简单的方式,在喷淋水中加碱,二氧化硫量排放可以明显降低,但脱硫除尘后的污水碱度升高,又会影响后面污水的物化效果。针对以上矛盾情况，欧阳健安通过试验，提出使用中水脱硫措施，在不投入脱硫设备的情况下，在原有的除尘塔内增加3组防堵除尘喷头，即加大烟气除尘的水量。经过测试发现，加大水量后不仅排放烟气中的粉尘明显减少，而且烟气中的二氧化硫含量也降低了约150毫克/立方米，锅炉烟气排放基本能够满足环保的排放要求，缓解了公司环保方面的压力。

随着锅炉使用时间的推移，锅炉空气预热器开始出现堵塞、腐蚀、漏风等现象，如果不及时处理，可能会影响锅炉正常运行。考虑到修复投入大，而且原来的设计不太合理，欧阳健安进行重新设计，使空气预热器换热面积增加19%，烟气流通面积增加10%。经改造投入运行后，平均排烟温度降低超过40℃，热风温度提高接近20℃，每小时回收热量相当于25千克煤，即全年可节约用煤147吨。按每吨煤900元计，每年可节约超过13万元，设备运行3个月可收回投资。

欧阳健安专业的锅炉管理，减少了维修率，将轴承故障监测仪应用在设备检测故障上，对计量器具进行科学管理。他合理组织安排日常维修以及维护保养工作，每年按时向地方质量技术监督局申报锅炉检验，并顺利通过考核。

对于平时的工作，欧阳健安总是不愠不火地对待，让我们看到了他韧性与耐心的态度。同时，一张张能耗数据、一份份计量表格、一项项节能改造，则是他工作能力最有力的说服。

三、顾全大局的知心大姐黄远女

黄远女，车间一位普通而平凡的铝塑包装组组长，她以身作则，处处严格要求自己，团结带领班组各成员共同进步，

工作上顾全大局，兢兢业业，每一项工作都力求做得又快又好。她辛勤的工作，无私的奉献，在平凡的工作岗位上，做出不平凡的事，赢得了同事的尊重，领导的信任。正如同事们常说的那样："有什么事情交给远姐做，放心！"

黄远女带领的铝塑外包装工序人员多，流动频繁。每逢春节前后，都是公司的生产旺季，也正是外来工回家过年高峰期，招工往往会比较困难。当出现生产与人力不平衡时，一般会通过适当加班来解决问题。有时部分员工对加班会出现抵抗情绪，甚至采取极端行为抵制。通过及时的安抚和协调，远姐稳定了包装队伍的工作情绪，为包装员工争取了合理的报酬，使车间顺利完成生产任务，实现员工与公司的双赢。

铝塑包装组职工4人，临工18人，外工44人，几乎是清一色的娘子军，教育背景差异较大，是全公司人数最多和人员流动最大的班组。为了能够管理好这样的一个大班组，处理好各方面的关系，黄远女努力学习管理方面的知识和技能。

为了不断提高自己处世技巧、交际能力和管理水平，能够更深刻地认识人性，建立乐观的生活工作态度，培养健康的心理，带领班组成员更健康地成长，黄远女她利用业余时间，学习不少管理的知识。其中有一本叫《方与圆》的书，这本书她并不以读一般小说的心态去读，而是每一字一句去斟酌的。她不但能够把在书中学习到的道理用在自己的为人处世中，还在工作中经常引导教育各位带班长和同事："人无完人，肯定会有错，但做错了要承认，错了一定要改"、"同样一件事情，说话的方法不同，导致的结果就截然不同。""做事情时要换位思考，多站在对方的立场上来想"。这些都是远姐经常对她所带领的员工说的话。

不断学习，与时俱进是远姐对自己的要求。黄远女通过勤奋学习，细心钻研，不断提高自己的知识水平，使自己的技术水平和管理能力日益精进。同时，她带领身边的同事一齐进步，使铝塑包装组成为一个高效有序的优秀班组。

黄远女颇具钻研精神。针对3号泡罩包装机在调试时出现的铝箔起皱问题，她凭着自己对包装材料和多年来对泡罩包装机的钻研和理解，提出铝箔起皱原因在于机器的温度过高引起PVC收缩而铝箔不收缩。但这个原因却得不到外国工程师的认同。考虑到公司的正常生产运作，黄远女大胆向上级领导请示，要求降低温度调试，公司领导考虑到她提出的建议确实可行，同意了她的要求。当黄远女把温度降下来，铝箔起皱的问题就迎刃而解了。第二天，工程师再来调试时，不得不对着她竖起了大拇指。

远姐就是这样时刻保持着"精心钻研，不断创新"的理念，不断对班组内设备、工艺、管理等提出改进，使班组不断进步，力求让大家在工作中取得突破，实现事半功倍的效果。

车间班组是公司生产任务落实的基本环节。能否良好地执行公司要求，需要每一位员工的共同努力，如果班组员工没有良好的工作习惯，则可能经常会出现各种工作差错，甚至是事故，给公司和员工造成不必要的损失和伤害。

因此，对公司提出的节能减排工作，黄远女总是身体力行。不仅仅是对节能减排这项工作，黄远女对于公司内的每一项规章制度、工艺、设备、质量要求等都是认真的实施并耐心教育每位员工。她常说："自己都做不好，有什么资格去教人"。正是因为这样，她从各个方面都严格要求自己，同时也不厌其烦地向大家解释每一件事，让公司的各种规章要求，成为班组员工好的自觉行为，使员工形成一种良好的工作习惯。

四、兢兢业业的污水处理站长何景明

"污水"，大家一听就避之不及的名词，但是何景明与"污水"一伴就是30年。

污水站位于德众公司的西南角，公司的所有生产污水都集中到该处进行处理。何景明1980年进公司，一直从事污水处理工作，大家都亲切地称呼他为"站长"。30年来，何景明兢兢业业，不仅没有嫌弃污水处理这份工作，还不断摸索，提出改造意见，使公司污水处理系统不断完善，污水处理效果亦逐渐提高。

中药污水本来就成分复杂,加上设备清洗过程中加入的化学试剂,一并流入再生池和好氧池时,被底部的暴气管喷出的气泡带起,在池面形成一层厚厚的泡沫。要处理污水,首先就要"消泡",于是何景明就提出用水喷淋的办法,在池面上安装喷头,用水滴将生成的泡沫破坏掉,水源则用二沉池中处理后的污水,消泡成本大大降低。除此之外,何景明还提出乙醇废水分开处理,从而使中药污水片化处理达到较理想的状态。针对污水生化处理系统的问题,何景明提出在污水生化处理后增加一级物化处理。经过这样处理的污水相对干净,可考虑实行中水回用,减少排污量的同时又降低公司的水资源能耗。

污水处理的工作又脏又累，但何景明仍然一如既往地坚守着自己的岗位，坚守着这个既平凡又重要的工作。在环保要求越来越苛刻的情况下，他努力探索，不断寻求进步，使污水处理系统逐渐完善，保证了公司污水的达标排放。

上述这些"德众之星"，只是普普通通的德众员工，他们勤勤恳恳、细致工作，默默地奉献着，为德众公司的茁壮成长出谋划策。他们用自己勤奋学习、兢兢业业、不计得失、勇担责任、敢于创新的工作行动来诠释"团结、求实、奋发、进取"的德众精神。他们在令人折服的同时亦让我们坚信：有我们每一位员工的添砖加瓦，德众的明天会更好！

德众药业正是由这些企业群星托起，为人民服务的同时，他们也实现了自身的价值。

第六章
企业大事记

1886年,梁家园少林真传膏药(即今日的"少林跌打止痛膏")问世,谱写了德众历史的第一笔。

1892年,源吉林甘和茶始创成功。

1907年,源吉林甘和茶祖铺正式定名为"源吉林",产品包装也固定为红、绿、黑三色纸盒装璜。

1910年,新加坡香港街46号开设源吉林分号,甘和茶从此走出国门销往东南亚各地。

1932年,源吉林甘和茶发展到了新中国成立前的全盛时期,年产150万盒,销往中国南方各省及香港、澳门地区;马来西亚、越南、泰国、老挝、菲律宾、柬埔寨、缅甸、印度尼西亚、美国、加拿大等国。

1956年1月,佛山市人民政府宣布对全药行业105家私营厂店实行公私合营。

1957年3月1日,佛山中药厂、源吉林制药厂、三联药厂合并成立佛山市联合制药厂。

1966年5月,佛山市联合制药厂改名为佛山市人民制药厂。

1971年3月16日,佛山市人民制药厂设立分厂方案。

1971年7月7日，成立佛山市制药二厂革命委员会。

1973年佛山市制药二厂自行设计、制造和安装时产18~20公斤浸膏粉/台的离心式喷雾干燥器投入使用。

1974年越南卫生局长及专家数人到佛山市制药二厂参观。

1975年越南中医中药学习团一行到佛山市制药二厂参观。

1975年5月，扎伊尔、伊朗、伊拉克等国医药考察团一行到佛山市制二厂参观。

1975年，佛山市制药二厂自行研制1000型糖衣机14台投入使用；自制的薄膜蒸发器2台，1 000升真空浓缩锅2台投入使用。

1976年5月，美国医学考察团一行到佛山市制药二厂参观。

1976年12月，佛山市制药二厂技术员卢继宗参加全国9人组成专家组考察、支援柬埔寨，至1978年4月回国。

1977年5月19日，邓颖超在柬埔寨金边中国大使馆接见援柬中国专家。佛山市医药援柬人员有制药二厂副厂长卢继宗、制药一厂生产科长李森、供销科长邝庆受到接见和合影留念。

1977年5月，伊朗、巴基斯坦、斯里兰卡医药卫生团一行到佛山市制药二厂参观。

1977年6月，美国医药工作者一行十多人到佛山市制药二厂参观。

1977年9月，为迎接联合国世界卫生组织来访，佛山市制药二厂厂区部分翻新。10月26日，联合国世界卫生组织副总干事兰波和非洲六国卫生部长到佛山市制药二厂考察。

1977年11月,佛山市制药二厂的"广东蛇药"获全国科学大会奖。

1977年秋季,就读于广州中医学院的越南、老挝、柬埔寨等留学生(中药专业)被分配到佛山市制药一厂、制药二厂实习。

1978年3月18日,佛山市制药二厂召开首届职工代表大会。

1979年,佛山市制药二厂参加市医药行业恢复性企业整顿工作,到1982年完成,并取得了"企业整顿合格证"。

1980年1月,佛山市制药二厂的工程技术人员建成了甘和茶生产机械流水线,使甘和茶的产量和质量都得到了提高。

1980年2月,佛山市制药二厂把甘和茶包装生产工序从庆宁路40号祖铺迁往佛平路佛山市制药二厂内进行扩大生产。

1982年12月6日,佛山市制药二厂召开第五届职工代表大会,首次民主选举厂长。

1983年6月21日,佛山市制药二厂何建桐研制的PBT—100A圆盘式多工序片剂包装机经鉴定,获通过。

1983年,佛山市制药二厂荣获"广东省医药行业全面整顿合格证"。

1985年10月18日,佛山市制药二厂"鼻炎康片"获投产证书,并于1986年1月正式投产。

1985年,佛山市制药二厂"肥儿糖浆"获省"四新"产品奖和全国儿童保健药品金鹿奖。

1985年8月,佛山市制药二厂45名从事中药专业并工作了30年以上的老药工领取了《老药工荣誉证书》。

1986年3月8日,佛山市制药二厂召开第七届职代会二次会议，民主选举第二届厂长。

1988年11月，法国多尔多聂省议会代表团，由省、市外事办负责同志陪同到佛山市制药二厂参观。

1989年12月，佛山市制药二厂投资达1 000万元的"药材前处理提取大楼"改造工程破土动工。

1989年12月27日，佛山市制药二厂通过市医药总公司会同市统计局进行统计规范化验收。

1989年，佛山市制药二厂获"省级先进企业"称号。

1990年3月，佛山市制药二厂成立党总支部。

1990年6月，日本伊丹市经济交流调查团一行14人到佛山市制药二厂交流参观。

1990年8月，佛山市制药二厂荣获1989年度"全国医药行业企业思想政治工作优秀企业"光荣称号，并获颁荣誉证书。

1990年9月，法国多尔多聂省医务专家一行，由省卫生厅外事办公室、市卫生局负责同志陪同到佛山市制药二厂参观。

1990年10月20日，佛山市制药二厂召开第八届职工代表大会，民主选举了第三届厂长。

1990年11月29日，国家医药管理局副局长王远等一行85人，到市各药厂（含制药二厂）参观。

1990年，佛山市制药二厂获"全国医药行业优秀企业"光荣称号。

1991年12月，佛山市制药二厂牛黄解毒片、银翘解毒片再次荣获"省优质产品"称号。

1991年12月，佛山市制药二厂荣获全国医药系统第二届"双先会""先进集体"光荣称号。

1993年，佛山市制药二厂的鼻炎康片、鼻炎滴剂、腰肾膏等独家生产的产品，被国家卫生部批准为"国家二级中药保护品种"。

1993年8月，越南胡志明市中央药厂黎明点先生一行4人到佛山市制药二厂参观访问。

1994年6月，佛山市制药二厂原来在《中国大型企业排序》（1992年版）一书中的"中国医药工业最佳经济效益企业排名"中排在第66名，1994年12月名次跃升为第43名。

1995年2月，佛山市制药二厂"佛山牌商标、安宁牌商标"荣获中国首届商标商品国际博览会优秀商标奖称号。

1995年6月，佛山市制药二厂荣获1994年度"广东省工业企业经济效益200强"称号。

1996年，佛山市制药二厂被国家贸易部认证为"中华老字号"。

1997年12月5日，佛山市经委根据市政府决定，佛山市医药总公司，将佛山市制药一厂、制药二厂的51%产权出让给香港佛山发展有限公司，进行中外合资经营。

1998年3月13日，佛山市医药总公司向市经委呈递《关于出让企业产权组成合资企业及市医药总公司体制改革方案》；1998年4月6日，市经委批复同意佛山市医药总公司属下的制药一厂、制药二厂出让51%产权给香港佛山发展有限公司，余下49%产权，由各厂决定购买与否，组成董事会，成立有限责任公司。

1998年6月，禅山资产评估公司以1998年4月30日为评估基准日，对佛山市制药二厂的资产进行了资产评估。经国资办批准，将评估基准日调为7月31日。8月13日，资产评估结束，资产评估报告书。

1998年7月起，全厂职工征选定了"德众"作为新公司字号。

1998年8月26日，佛山市国有资产管理办公室对制药二厂资产评估结果进行了确认和批复。

1998年8月27日，佛山市制药二厂第十届四次职工代表大会全体代表讨论一致通过了转制方案，除香港佛山发展有限公司购买佛山市制药二厂51％产权外，决定购买余下的49％产权和职工购股原则等。

1998年9月26日，佛山市企业改革领导小组对制药二厂转制方案予以同意并批复。

1998年9月26日，安宁有限公司召开第一次候任股东代表大会。

1998年9月28日，佛山市工商局准予佛山德众药业有限公司"登记证书"。

1998年10月2日，佛山市安宁有限公司第二次候任股东代表大会通过安宁公司章程，股权转让合同和德众公司合同、章程等。

1998年10月8日，佛山市工业投资管理有限公司根据市企业改革领导小组同意批复，致函市禅山会计师事务所，准予由佛山市安宁有限公司与兴兆工业有限公司（香港佛山发展有限公司的全资子公司）共同组建新的中外合资企业——佛山德众药业有限公司。

1998年10月12日，佛山市安宁有限公司第三次候任股东代表大会会议。

1998年10月13日，佛山市工商局颁发安宁公司营业执照，安宁有限公司正式成立。

1998年10月13日，佛山市安宁有限公司授权代表何兆琇与兴兆工业有限公司授权代表杜日成共同签名确认德众药业有限公司的合同、章程和股权转让合同。

1998年10月16日，德众药业有限公司向佛山市工商行政管理局申请外商投资企业登记注册。

1998年10月16日，经佛山市对外经济贸易委员会（佛经贸引〔1998〕128号）文批准德众公司所报股权转让合同、合资合同和章程。

1998年10月19日，佛山市对外经济贸易委员会颁发《中华人民共和国外商投资企业批准证书》。（批准号：外经贸粤佛合资证字〔1998〕0020号）

1998年11月1日，佛山德众药业有限公司取得佛山市工商行政管理局颁发的"营业执照"，公司正式成立。11月28日佛山德众药业有限公司举行开业仪式。

1998年11月20日，德众公司"中药全浸膏颗粒车间"基建项目开工。

1998年11月24日，德众公司取得广东省卫生厅颁发的"药品生产企业许可证"。

1998年12月31日，佛山德众药业有限公司颁发首版《员工手册》。

1999年2月10日，佛山德众药业有限公司向佛山市博物馆捐赠铜铸"三头鹤香炉"两个。

1999年6月8日，中共佛山市委组织部同意成立中国共产党佛山德众药业有限公司委员会。

1999年6月18日上午，在公司工会会议厅召开中共佛山德众药业有限公司委员会成立大会，到会党员进行投票选举德众公司党委委员。

1999年7月13日，佛山市安宁有限公司董事会在德众公司办公楼五楼会议室召开会议。

1999年7月16日，佛山市安宁有限公司召开股东代表大会，审议1999年度德众公司增加呆账准备金，其他销售费用提留比率和调整1999年度设备购买计划。

1999年11月13日，佛山德众药业有限公司正式成立团总支。

1999年12月22日，佛山德众药业有限公司党委成立六个支部。

1999年12月7日上午，佛山德众药业有限公司第一届工会委员会召开成立大会。

2000年，佛山德众药业有限公司青年志愿者服务站被共青团佛山市委和佛山市青年志愿者协会授予"1998年度、1999年度青年志愿者行动优秀集体"称号。

2001年1月16日，杜日成辞去佛山德众药业有限公司董事长一职；兴兆工业有限公司委任何浩昌为佛山德众药业有限公司董事长职务。

2001年12月1日，佛山德众药业有限公司团总支召开团员大会，进行换届选举。

2002年，佛山德众药业有限公司投资1亿多元，对前处理、提取大楼、固体制剂大楼进GMP全面改造。

2002年12月25日，佛山市安宁有限公司召开第二届股东代表大会，对公司董事进行换届选举。

2003年1月19日，国家药品监督管理局药品认证管理中心对德众公司片剂、颗粒剂、胶囊剂（含中药提取）口服固体制剂的生产和质量管理情况进行了全面认证。经检查组综合评定，符合药品GMP认证检查评定标准。并于2003年3月11日由国家药品监督管理局颁发"中华人民共和国药品

GMP 证书"。

2003 年 1 月 23 日，佛山德众药业有限公司召开董事会会议。

2003 年 5 月 25 日，佛山德众药业有限公司举办 EMBA 精选课程学习班开课。

2003 年 5 月，佛山德众药业有限公司被佛山市爱国卫生运动委员会评为"2002 年度卫生工作标兵单位"。

2003 年 7 月 23 日，佛山市安宁有限公司召开股东代表大会。

2003 年 7 月 27 日，德众公司党委召开全体党员大会，进行党委换届选举工作。

2003 年 8 月，公司党委属下 6 个党支部进行了各党支部的换届选举工作。

2003 年 8 月 18 日，佛山德众药业有限公司荣获广东省对外贸易经济合作厅授予"先进技术企业"称号，并享受国家规定的各项优惠待遇。

2003 年 8 月 19 日，德众公司工会进行了换届选举。经于 8 月 21 日上报市总工会批复，同意何巨昌等 9 位同志为德众公司新一届工会委员。

2003 年 11 月 13～15 日，广东省药品监督管理局派员到德众公司，对综合车间进行 GMP 认证，并获通过。

2004 年 9 月，"德众"商标被认定为广东省著名商标。

2004 年，德众药业销售架构转型，在全国范围内全面展开以 OTC 药品终端销售为主的销售方式。

2005 年 12 月，佛山德众药业有限公司被广东省科学技术厅认定为高新技术企业。

2006 年 1 月，佛山德众药业有限公司获保健食品 GMP

证书。

2006年6月，佛山德众药业有限公司被广东省科学技术厅认定为"两个密集型企业"。

2006年6月，佛山德众药业有限公司被评为"广东省医药产业50强企业"，以及"中成药生产20强企业"。

2007年1月，佛山德众药业有限公司董事会聘任梁燕茹担任公司总经理，程之永、江凯担任公司副总经理。

2007年3月，"德众"商标（图案）被认定为广东省著名商标。

2007年4月，通过广东省科学技术厅等四部门的高新技术企业的再次认定。

2007年4月，何浩昌辞去佛山德众药业有限公司董事长一职；兴兆工业有限公司委任黎颂泉为佛山德众药业有限公司董事长职务。

2007年6月，佛山德众药业有限公司的德众牌银翘解毒片、川芎茶调颗粒2个品种被中国中药协会评为"优质优价"品种。

2007年7月，佛山德众药业有限公司的德众牌维C银翘片、元胡止痛片2个品种被中国中药协会评为"优质优价"品种。

2007年7月，源吉林甘和茶被认定为国家级非物质文化遗产。

2007年7月，佛山德众药业有限公司的腰肾膏获得国家发明专利证书。

2007年9月，佛山德众药业有限公司的德众牌维C银翘片被认定为广东省名牌产品。

2007年12月，佛山德众药业有限公司的鼻炎康片获得国家发明专利证书。

2008年3月，源吉林甘和茶、少林跌打止痛膏获得"广东省岭南中药文化遗产"称号。

2008年3月，佛山德众药业有限公司获得广东省药品安全信用等级A级、广东省医药企业信用等级AAA级、广东省医药行业企业自律管理A级。

2008年4月，佛山德众药业有限公司被认定为广东省省级企业技术中心。

2008年5月，佛山德众药业有限公司的鼻炎滴剂（喷雾型）获得国家发明专利证书。

2008年9月，佛山市中药开发与生产工程技术研究开发中心坐落德众药业。

2008年10月，佛山德众药业有限公司获广东省医药行业协会授予的"广东省医药行业突出贡献奖"。

2008年12月，第一期佛山市药品生产质量管理沙龙在德众公司召开。

2008年12月，佛山德众药业有限公司通过了国家对高新技术企业的重新认定，获广东省科学技术厅等四部门颁布发的高新技术企业证书；维C银翘片、鼻炎滴剂（喷雾型）获广东省高新技术产品证书。

2009年4月，"德众"商标获国家工商行政管理总局商标局认定为驰名商标。

2009年4月，佛山德众药业有限公司董事会聘任杨雄辉担任公司总经理。

2009年7月，佛山德众药业有限公司董事会聘任杨泽为公司副总经理。

第七章
企业未来

本章导读：
- ◆ 根本　可持续发展
- ◆ 根基　五大优势
- ◆ 灵魂　企业创新
- ◆ 历程　升级改造
- ◆ 目标　科学发展

随着新药品管理法和我国新医改方案的实施，未来几年，整个医药行业环境将发生重大变化。德众药业改制后，经济效益大幅增长，综合实力大大增强，为德众药业适应内、外部环境的变化打下了良好的物质基础。现在德众药业已全面做好准备，企业发展战略正在全面实施，相信今后的几年里，德众的发展将会有巨大的飞跃。

第一节 根本 可持续发展

2009~2013年期间,德众药业根据"德在药中,药为大众"的经营理念,制定出发展战略的指导方针:以营销促发展,以创新求后劲,以管理增效率,提高企业整体竞争力,实现可持续发展。

未来5年里,德众药业将专心服务于大众的健康,在此基础上创造企业价值,并打造消费者心目中鼻炎用药的第一品牌;将坚持以人为本,构建高绩效的组织团队;将为传承中医药文化,不断提升企业综合实力、市场竞争力和自主创新能力,实现又好又快和谐发展。5年内,德众药业销售收入年均增长8%,至2013年实现年含税销售收入超4亿元,税前利润超5 000万元。

在德众药业2009~2013年的发展战略指导方针指引下,德众产业升级发展指导方针为:围绕德众药业5年发展计划,产学研结合,开发具有德众特色的"效果好,又实在"的新产品。巩固药品GMP改造和认证后的成果,完善生产技术、设备管理,使德众药业继续保持为国内中成药片剂生产规模最大,工艺、设备和管理最先进的企业之一。5年内总目标是:新产品开发取得3个新药证书和生产批件,新药立项4个;利用中药现代化技术,对德众药业重点产品进行二次开发,以提高产品的有效性和安全性;完成德众药业生产设备的改造,重点提高设备的节能、环保和生产效率的性能。

第二节　根基　五大优势

一、在鼻炎药领域的优势

德众药业现有治疗鼻炎的畅销药物两个：鼻炎康片及鼻炎滴剂（喷雾型），年产值高达1.5亿元。经调查，鼻炎康片在全国药店的铺货率在90%以上，各城市的药店几乎没有不销售鼻炎康片的，它是国内中药鼻炎类药的销量领军者。德众药业重点培育项目是鼻炎类药物的市场开发与新产品研发，了解鼻炎类药物的细分市场，从药物成分、工艺技术、优势剂型等各方面对鼻炎药物进行考察，形成鼻炎类药物的系列产品，以提高德众药业的可持续发展能力，保持德众药业在鼻炎药领域的优势。

二、产品工艺优势

近年来，德众药业率先将干法制粒、双层压片以及薄膜包衣等技术广泛使用在中药生产中，在同行产生积极的作用。特别是解决了维C银翘片中维生素C含量下降这个重大问题，同行们先后效仿，取得了不同程度的进步。德众药业还将不断探索高效膜浓缩、低温连续真空干燥等先进的中成药行业关键技术。在不远的将来，高效膜浓缩等项目的成功研制，将会成为中药药液环保浓缩的领头者，对行业技术进步产生深远的影响。

三、产品质量优势

产品质量是企业的生命，没有高质量的产品，企业的生命是虚弱的,努力提高产品的质量,是德众药业不断追求的目标,保证药品安全有效,解除人民群众疾病的痛苦,是服务人民,造福社会最直接的体现。现阶段,部分医药企业在利益的诱惑下,没有摆正经营理念,放弃了救治病人的神圣职责,致使药害事件频频发生。秉承"德在药中,药为大众"的经营宗旨,德众药业将严格把好药品质量关,防止质量事故的发生。

四、人才优势

要生产出高质量的药品,必须建立科学、健全的质量管理体系,培养高素质的质量管理人才。因此在巩固和发展现有质量管理体系的基础上,德众药业更把人才培养作为工作的第一要务,这是其他工作的基石。企业没有高素质的人才的支撑,不可能生产出一流的产品。在健全的考核和激励制度下,德众药业从思想、企业文化和专业技术等方面,定期对员工进行培训,努力提高员工的素质,培养出一大批高素质的人才,进行药品质量的管理工作,适应药品生产要求的挑战,满足企业发展的需要。

德众团队将继续坚持理论联系实际的作风,做到整体培训与分层次培训相结合、技能培训和现场培训相结合、理论知识学习和解决实际问题相结合,学用一致,按需施教,紧扣适应德众药业发展和促进企业增强市场竞争力,提高效益这一根本需求,打造具有竞争能力的高素质人才队伍。

五、设备优势

在德众药业战略目标的指导下,企业将发挥现有的先进生产设备的作用,推动设备升级换代,改善、提升企业产品质量，以满足德众药业发展、生产调整的需要。同时，坚持科技进步，将设备技术状况管理与设备利用状况管理结合起来，通过高科技、专业化、高效益的设备改造策略，以自主科研为主导，社会科技力量支援协作的设备科研方针，采用先进技术、优化技术装备结构，带动德众药业整体设备水平的提高，实现跨越式发展。

第三节 灵魂 企业创新

一、企业创新战略的制定

美国于2001年颁布《植物药新药研究指南》，2004年颁布《植物药工业产品指南》两部关于植物药的研究指南，欧盟也于2004年通过《传统植物药注册程序指令》。上述指南与指令的颁布，为植物药作为药品在国际上奠定了基础。由于中药绝大部分是植物药，因此也为中药走出国门，打入国际市场奠定了法律基础。国务院发布的《国家中长期科学和技术发展规划纲要（2006~2020年）》指出，"研制重大新药和先进医疗设备，攻克新药、大型医疗器械、医用材料和释药系统创制关键技术，加快建立并完善国家医药创制技术平台，推进重大新药和医疗器械的自主创新"、"扶持一批优势企业，加快企业技术中心建设，提高创新能力，实现从仿制为主向仿创结合，逐步走向自主创新发展道路"以及"支持引进技术的消化、吸收和再创新，支持重大技术装备研制和重大产业关键共性技术的研究开发"等，为自主进行创新药物研究、以及创新的主体及模式指明了政策方向。在上述良好的政策背景下，根据德众药业的特点和优势，建立了广东省省级企业技术中心及佛山市中药与生产工程研发中心（两个中心已经相关部门认定），并制定了一系列关于创新的战略性措施。主要包括：

（一）产品创新战略

一是创制新产品。坚持以中医药理论为指导，现代科学技术为手段，以德众药业在中药呼吸系统用药、中药外用药方面的特点和优势为依托，开发物质基础扎实、作用机理明确、安全有效、质量可控、有特色、有独立知识产权的创新中成药。

二是老产品二次开发。坚持以临床疗效为基础的循征医学研究，阐明已有产品的物质基础、作用机理。发掘已有产品的潜在优势，采用新理论、新观念、新技术的最新成果，对已有中成药产品内在的或外延的质量和关键工艺技术的进行再开发，使老产品更加安全有效。

（二）关键共性技术创新战略

在产业政策的支持下，整合多种优势资源，采用各种现代化的技术努力突破中药发展的关键技术，实现企业自身发展和中药现代化发展相协调的可持续发展模式。并将关键创新技术转化为生产力，推动行业技术进步，提高行业核心竞争力，使行业关键技术达到国内外先进水平。

通过对企业设备管理全系统的分析，吸收国内外先进的设备管理精髓，规划设计出适合企业发展的最佳设备管理模式，充分发挥设备的综合效率，使企业生产设备及其管理处于国内中成药制药企业设备的领先水平。

由于生产设备繁多，设备运行过程中发生越来越多复杂的技术性问题。如何科学地把企业生产的核心要素设备管理好，用好企业赖以生产经营和参与市场竞争的物质基础设备，确保设备的功能、精度，充分发挥设备的综合效率，克服专业维修人力资源短缺，基本技能和专业知识相对薄弱的障碍，将直接影响企业的长远发展和效益，影响企业战略目标的实现。通过对前期的设备管理、工程建设总结、分析，德众药业借鉴国内外先进设备管理理念，不断探索、实践，开创出适合企业发展的最佳设备管理模式，使设备管理能适应企业跨越性发展的需要，实现企业的战略目标。

（三）创新知识产权保障战略

创新知识产权保障模式，采用专利保护、行政保护相结合的方式，加强创新产品及技术的保护。利用德众药业先进的技术平台，丰富的智力资源，跟踪国际先进水平，参与国家技术标准、行业标准的制定，形成技术壁垒，使创新产品在一定程度受到技术保护，从而形成三位一体的知识产权保护战略模式。

二、技术创新的基本框架和内容

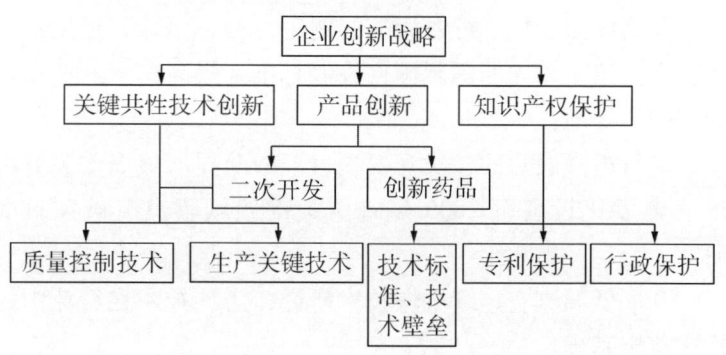

三、企业创新的目标

(一) 近期目标 (2009~2012年):

以广东省级企业技术中心与佛山市中药与生产工程技术研发中心为平台,融合药品研发、生产以及相关设备的关键技术,整合相关的资源配置,逐步建立健全技术中心各项措施,为实施德众药业技术创新战略打好基础。

研制、投产两个中成药新药,用于治疗慢性萎缩性胃炎、腰椎间盘突出症等病症。

对德众药业两至三个主要产品进行二次开发立项研究,仿制三至四个中药复(单)方产品。

加强与大专院校、科研单位与本单位联合,开展两项以上国家级、省市级新产品、新技术研究项目的研究,并将涉及化药与保健品领域的研发。

通过技术创新工艺改革,提升原橡胶膏剂产品质量,扩大生产规模。

参与国家标准、行业标准的制定与修订工作,运用新技术新方法建立领先的国际国内控制标准,提高德众药业在行业中的领导地位。

进行鼻炎康片的二次开发项目、中药提取液高效膜分离浓缩集成化设备暨2006年省港关键领域重点突破项目的研究。

开展低温真空连续干燥技术研究,为该技术在行业中的推广奠定基础。

继续节能环保研究。

拓展研发思路,为德众药业主要产品进行非准字号药品的全方位产品配套,包括源吉林凉茶系列剂型的研发,保健食品、保健药械或化妆品的研发也将列入其中。

（二）中长期目标（2013~2016年）：

继续加强企业技术中心建设，在近期目标的基础上，全面提升技术中心在企业技术创新中的主导地位。通过技术创新、产品创新、知识产权保护策略创新的全方位、多层次的创新，改造传统中药产业，推进中药产业现代化进程，提高德众药业产品的科技含量和市场竞争力。

建立产业生产关键技术基础研究和开发模式，在中成药提取、干燥、制剂等方面建立专业评估系统，为产业关键技术的研究提供系统的评估平台。

开展中成药中间产品防潮性基础研究，筛选有效通用的防潮辅料与制备技术，为中成药中间产品的防潮性提供基础性研究结果。

建立广泛的产学研联合关系，以项目为纽带，技术为媒体，充分利用现有的社会资源，为德众药业的中药现代化服务。

四、管理创新

（一）全员工的管理组织

以人为本，以设备为基础，建立全员工设备责任管理体系，实行全员工信息化管控，强化设备基础管理，推进团队学习培训，提高系统分析能力，创建高效一流队伍，不断持续全面地创新。

（1）通过建立"专业点检包线，维护检修点检包片，生产工人分岗位对设备负责"三位一体的设备维护、保驾体系，来完善设备管理区域体系布局，强化操作队伍对设备基本日常维护、检修队伍对设备的专业维护、专业技术队伍对设备的精密维护。

（2）通过建立以设备维修管理综合系统为支点的TPM5S管理委员会，推进TPM5S现场管理，使得现场管理制度化、标准化，提高全员参与设备管理的深度和广度。

（3）激发全体员工自主管理意识和自主管理能力，创造洁净、整齐的设备管理现场。

（4）建立操作人员"点检、清洁、保养、润滑"的标准化指导作业体系。

（5）建立全体员工信息化反馈管理体系。

依靠设备信息系统创新工程，收集、整理、分析、统计各类设备信息，并反馈到相关责任部门，使信息得到管理和控制，并保证设备系统的持续生命力，以提高企业的整体竞争力。

（二）全过程的管理范围

德众药业采用设备全过程管理"一贯制"方式，对设备维修全过程协作循环管理，对产品质量进行全过程跟踪，对员工培训进行全过程管理。

从设备引进谈判到设备正常投入使用、运行、维护的全过程，由专业维护人员承担。强化设备"一贯制"管理，将先进技术迅速消化吸收并创新，从而提高设备人员技术水平，以快制胜，持续增强竞争力。

（三）全手段的管理技术

运用现代科技手段开展设备诊断工程技术；运用设备管理宏观调控手段促进设备资源的有效利用和优化配置；运用先进的信息化技术提高企业的整体竞争能力；利用良好的社会环境建立生产科研教育三位一体的人才培养格局

（1）建立有效的设备状态监测体系　以状态监测为手

段,在线与离线相结合(通过局域网对现场设备实时监测),设备运行与设备防腐监测相结合,收集现场运行设备数据,强化重点设备状态及劣化倾向的监控,做好预知维修,抑制设备劣化的发生。

(2)强化设备基础管理 通过建立、健全设备管理程序文件及制度,完善设备岗位责任制,优化设备档案管理,健全相关紧急预案及流程,完善设备综合管理评价体系及辅助检查承诺制度,使设备管理体系有章可循、行有规范。

(3)通过建立计算机集成生产管理系统(CIPS)和办公自动化系统(OA)与基础自动化级PLC("L1")过程控制计算机PCC("L2")一道,构筑一个信息收集处理分析交换共享的平台,监测日常运作和整体绩效,实现信息交流与共享。

(4)通过建立设备零缺陷管理体系,使生产作业现场与设备运行相结合,岗位操作与设备点检相结合,按生产区域进行合理分工,规范设备缺陷管理的流程和考核,实现设备运行维修的"零缺陷",并促进观念的转变,确保生产安全。由此解决了以下问题:由于员工经验不足,点检人员不能很好的通过"五感"来判断设备的运行状态;操作点检人员不能很好把握设备运行的微小变化;中夜班、节假日设备运行人员不能对每台设备进行认真点检;并未能及时发现设备隐蔽性的隐患,使设备运行状态向良性化方向发展。

(5)建立以"点检定修制"为基础的"点检预知状态维修"的维修模式,推行检修全过程标准化管理。

通过维修队伍承诺与评价考核相结合,建立相应的检修规范细则,规范检修队伍的管理,提高检修队伍素质和检修质量。通过检修,实现各专业系统的调试自我完成,发挥自身优势,从"让我干"到"我要干"过程管理,杜绝重大维修质量问题的发生,确保产能和质量提高。

(6) 合理运用现代管理方法,强化设备管理。

①合理适时开展"视板管理":通过建立并实施目标化管理制度,通过手册、会议文件、组织学习劳动竞赛等多样化的宣传手段,实现信息可视化,管理明示化,提高各层次部门对目标的认知度,围绕目标开展工作,确保经营需求和发展方向保持一致。

②推行TPM5S实质性的现场管理改善,注重现场过程实施的管理。

③运用六西格玛管理工具,分析设备缺陷的机理,提高设备运行效率。

第四节 历程 升级改造

德众药业位于市中心区域,占地面积只有三十多亩,已难以适应扩大再生产的需要。为此,德众药业将进行产业升级改造,拟在珠三角适当地区寻找一个符合德众药业长期发展的地方,建造一个中药提取及固体制剂的现代化加工基地。利用德众药业在中药提取加工的技术优势,整合各种平台技术,将本项目建造成日处理40吨药材与制剂的生产基地,为本单位提供企业发展所需的产品,同时也为广东以至周边地区的中药保健品食品企业提供优质加工服务及技术的支持。

德众药业通过设备检查方法的结合,设备维修手段的结合,设备人员培训方式的结合,设备技术诊断的运用,设备信息化的建立,极大地发挥设备综合效率,提高企业的经济效益和社会效益。

第一，挖掘设备潜能，提高设备精度，极大的发挥设备效率。

通过完善技术保证体系，加强设备技术精度分析和功能分析，提高整体设备功能投入。通过强化设备倾向管理，有计划有重点地开展精密诊断，制定明确的精密点检内容，量化设备状态判定的考核标准。通过改善点检标准计划实施评价分析等一套基本业务流程，形成管理上的PDCA循环。通过推进设备故障诊断，利用现代分析工具对设备事故故障的定量定性分析，不断地对各种设备隐患和缺陷进行整改。通过严格计量器具周期管理，保证计量的准确性和精度。通过利用TPM的OEE方法和"Σ6"（六西格玛）分析生产设备停机消耗因素，最大发挥设备综合效率，为持续改进产品质量提供准确及时的信息，减少产品质量的非正常波动，有效降低非符合性成本。

第二，在不断优化设备检修模型的基础上，通过计划检修与预知维修相结合，探索设备单体最合理的更换、解体周期。强调维修部位的针对性、有效性，解决机器在转，维修人员在"闲"的状况，使维修时间分布更合理，从而缩短设备检修时间，延长设备检修周期，降低设备维修费用，确保生产产量和质量的提高，赢得创造价值的时间。

第三，建立以成本费用为中心的设备维修费用总额控制模式，提高设备管理综合成效。

通过维修费用的预算管理和指标控制，由上而下层层分解，再由下而上逐级落实成本目标，备件计划指标、库存储备指标、消耗指标、设备运行指标分解到班组，落实到人，使得人人肩上有指标，转变"要我降成本"到"我要降成本"的观念，严格控制各类费用开支。通过探索最佳设备维修周期和标准成本,制定检修工时定额,规范维修物料消耗基准。通过收集设备原始资料,掌握备件寿命周期,杜绝"欠"维修和"过"维修,减少设备停机时间。通过调整优化库存结构,严格备件计划,达到计划不明不报,库存不清不报,周期不定不报,以减少储备资金。运用现代管理分析工具,适时分析设备运转的能耗,最大限度降低劣质成本。

第四,建立备件生命周期管理方式,推进备件管理科学化。

对影响产品质量的备件,建立指导跟踪管理方式,跟踪收集备件制造修复质量,确保制造修复的备件达到原设备的精度和性能。对备件的存储,保养运输,运用"5S"管理方法,确保项修。对常用的易损易耗物资制定储备定额,对非易损易耗物资实行库存管理。通过强化备件计划质量管理,制订备件库存时间,强化入库检验,对暂时无法判定质量的,保证其质量的可追溯性。通过备件计算机管理系统,根据设备负荷的变化和现场实际情况适时调整项修周期和消耗。

第五,建立学习型组织,发挥团队优势。

通过知识共享,运用集体智慧,提高应变和创新能力,实现组织决策的科学化与分散化,合理授权,讲求民主科学。通过有效的业务积累,进行有效的团体学习,将个人的知识资本转化为组织的知识资本。通过"诚信进取沟通协作服务开放"的管理理念,极大地降低了关键人才流失所带来的各种经营管理风险,借助外部资源实现资源共享风险共担利益共享,以进行有效的知识创新积累与扩散,使企业的创新能力得到持续保持,不断激励员工创新能力和集体创造力。

第五节 目标 科学发展

以营销促发展,以创新求后劲,以管理增效率,提高企业整体竞争力,实现可持续发展。这是德众的终极目标,也是企业为社会做出的贡献。

一、建设具有德众特色的企业文化

不断完善创新进取、稳重和敏捷、团结包容奋发敬业的德众文化建设,优化组织结构,激活人力资源,完善制度体系,不断否定自我,超越成功。树立不懈的变革心态和创新意识,使组织有前途、工作有效率、员工有成就,推动企业与产业的不断成长,实现鼻炎药品领先者的远大抱负。

(一)创新进取

不断进行战略组织人事制度文化等方面的变革,以开放的姿态、广阔的胸襟、恢宏的气度吸收一切先进文明和思想,推陈出新,时刻保持与社会同步与世界共进。努力顺应内外环境产业结构和市场需求的变化,及时调整战略方向,让变革奠定成功,创新造就未来。

(二)稳重和敏捷

通过信息公开和整合上级与下级、执行人与管理人之间的透明无缝链接,消除信息梗阻、消灭信息孤岛,实行责任标准流程、立法执法监督三权分立、财务上稳健管理,使管理穿越复杂,走向简单。

(三)团结包容

建立德众药业"内部客户"制度,树立德众药业运营各流程中的无缝衔接,从而加强团队意识。立法、执法、监督三权分立后可充分授权于全体员工,加上便捷的渠道以广纳良言,意见反馈容易受到重视。

二、构建人力资本竞争优势

(一)完善培训体系

把人才作为企业发展的创业之本、竞争之本、发展之本,对员工提供全方位多层次的人才培训体系,作为激励人才和留住人才的法宝。将技术研发、市场营销和制药生产等三个方面的人才队伍列为企业"人才工程"的重点,有针对性地精心培训。通过构筑全方位多层次的人才培训体系,把德众打造成一个学习型企业,造就一批批与时俱进的现代制药企业优秀人才。

(二)建立教育培训基地,加强外部合作培养

通过建立高校教学基地博士后工作站等一系列外部合作培养方式,可提升德众药业员工的整体素质水平。

(三)关注管理学科中与德众药业相关的专业领域发展动态

邀请国内外专家学者,为企业的管理层和技术骨干进行经济管理技术等领域前沿理论知识的讲座,利用企业内外部知识资源培养自己的人才。

(四)完善内部培训机制

挖掘德众药业的优秀经验知识,构建德众药业特有的知识库,实现自助式培训,以员工的知识技能的广泛提升促进企业的进步。

(五)绩效管理

层层分解德众药业战略目标,使绩效管理体系成为引领员工完成德众药业工作目标的航标。通过绩效管理促进业务

流程改进和重组,坚持程序简洁化、作业标准化、职责明确化、控制关键化和效率最大化原则,以客户需要为导向,以满意服务为归宿,以核心流程为重点,积极培育独特的可移植的基本业务流程,提高组织敏捷性和客户需求响应速度。

(六)激励机制

利润分享方案。骨干员工分享企业的利润成果,用活股权激励。

以人为本,满足员工需要,健全双向沟通渠道,提供培训和参加工作项目促进员工事业发展。将绩效与组织贡献联系,增强员工对企业的归属感和自豪感,员工事业发展多样化。

三、信息化工作

完善基于现代信息技术的统一迅捷畅通高效的信息平台,确保各类信息在德众药业各层级各业务单元之间的高效流转与共享。通过建立"防火墙"和设置管理权限,保证信息安全可靠,使关键信息能够快速准确传递,达到对上透明、对相关部门单位和人员透明的目的。以信息流优化业务流程,以信息集成提高决策效率,增强企业的整体反应速度。利用信息化管理工具,建立全社会信息管理体系,对于内外部顾客,通过信息管理体系,定期或不定期沟通以更好地了解企业内外部顾客的需求,在实现共同目标的过程中平衡他们的利益和需求。

未来的日子里,德众药业将一如既往地秉承"德在药中,药为大众"的经营理念,严格按照 GMP 的要求,着眼于民生健康,用最精良的设备和最优质的药品服务天下大众!德众药业必将"百尺竿头,更进一步",迎来更加辉煌的明天!